한국어로 내려온
New Bible

새로운 성경

제44권

3부 | 총10부

하얀마음

하나님 말씀 중에서

1. 사랑의 하나님

- 세상을 창조하신 하나님은 모두를 사랑하신다. 인간만 특별히 더 사랑하지 않고, 우주 만물을 다 똑같이 사랑하신다. 그러니 하나님이 창조하신 천지 만물과 화친하고, 미물까지도 소중히 대하라.

- 하나님은 특정 종파나 민족만을 더 사랑하지 않으신다. 자기 자신만 구원받겠다는 욕심을 버리고, 자기 종파만 구원받는다는 편협한 교리에서 벗어나야 한다. 종파를 초월해서, 모두를 사랑하라.

- 원수까지 사랑하라 했으니, 이 세상에 사랑하지 못할 자가 누가 있겠는가? 종파가 다르다고 해서 부모 형제와 원수처럼 지내는 자는 인간의 근본을 모르는 자다. 가장 가까운 가족부터 사랑할 때 남도 진심으로 사랑할 수 있다.

- 한 사람을 원수같이 생각하던 마음에서 사랑하는 마음으로 돌리면, 자기 자신의 마음이 가장 기쁘고 행복하다. 하나님께서는 인간의 마음속에 무거움이 없이 기쁘고 행복한 삶을 살기를 바라신다.

- 이웃을 "내 몸처럼" 사랑하라 했으니, 마지막 한 장 남은 천국의 티켓도 이웃에게 양보하라. 자기 중심적인 신앙에서 벗어나서 남을 위해 살아야 한다.

- 독초도, 약초도, 이단도 사탄도 천사도 다 필요하기에 존재한다. 독초일지라도 극소량을 사용해서 생명을 살릴 수 있고, 약초라 하더라도 남용하면 생명을 잃을 수 있다.

- 세상 모든 것을 명약으로 활용하는 것은 인간의 지혜에 달렸다. 어떤 것이든 어떤 사람이든 적재적소에 꼭 필요한 명약으로 승화시키라.

- 사탄도 이단도 천사도 모두 하나님의 주관하에 존재한다. 진정한 하나님의 백성은 사탄과 마귀까지도 감화시켜서 천사로 거듭나게 한다.

2. 기도

- 하나님은 인간의 생각까지 모두를 다 알고 계신다. 우리의 소원도 이미 알고 계시기에, 소원의 기도를 할 필요가 없다. 우리가 받을 자격이 되면 내려 주신다.

- 죄를 짓고 아무리 회개를 해도 용서받지 못한다. 도둑질한 자는 용서해 달라고 기도하고, 도둑맞은 자는 도둑을 잡게 해 달라고 기도하면, 공의의 하나님은 누구의 편에 서시겠는가?

- 자기가 잘못한 것은 그 사람에게 직접 갚고 용서를 구하라. 그가 용서하면 하나님도 용서하신다. 땅에서 매면 하늘에서도 매이고, 땅에서 풀리면 하늘에서도 풀리는 이치다.

- "회당에서 기도하지 말고 골방에서 기도하라" 했다. 눈에 보이는 골방이 아니라, 골방과 같이 고요한 마음이다. 잡념을 버리고 하나님을 향해 마음을 집중하며, 사랑하고 용서하는 아름다운 생각만 나오도록 하라.

- "두드리면 열릴 것이다." 하는 것은 육의 소원을 위해 두드리라는 것이 아니라, 진리의 깨달음을 얻기 위해 두드리라는 것이다.

- 기도하는 방법: 생활 속에서 수시로 기도하는 삶을 살아야 한다.

- "저의 죄를 용서하여 주옵소서." 하는 회개의 기도를 하라.
- 범사에 "하나님! 감사합니다." 하라. 현재 가진 것에 감사하며, 과욕하지 말라. 자기 노력 이상의 것을 더 갖고자 기도하는 것은 도둑놈심보다. 공의의 하나님은 각자 노력한 만큼 주신다.
- "하나님 뜻대로 살아가겠나이다." 하며 마음의 각오를 다지라.

- 기도는 하나님의 말씀을 받아서 "행하는 것"이다. 하나님이 계심을 굳건히 믿고, 하늘을 향하여 한 점 부끄럼 없이 사는 삶 자체가 가장 위대한 기도이며, 삶이 곧 예배다.

3. 지도자

- 똑같이 사랑한다는 말을 해도, 순수하게 하는 말은 천사의 말이지만, 사기 쳐서 재산을 가로채려고 하는 말은 사탄의 말이다.

- 종교 지도자가 아무리 훌륭한 설교를 해도, 신도의 재물을 거둬서 더 큰 교회를 짓고 자기의 부귀영화를 바라며 설교하면 사탄의 가르침이 된다.

- "저희 교회는 만원사례요, 믿음은 다 같으니 이웃의 개척 교회에 가서 예배를 드리시오." 하며, 이웃 교회의 부흥을 먼저 생각하여 제 신도를 보내는 종교 지도자가 있다면 그를 따르라. 그가 하나님의 사랑을 실천하는 자다.

- "부자가 천국에 들어가는 것은 낙타가 바늘구멍을 통과하는 것보다 더 힘들다" 하였거늘, 지금의 교회에서는 부자가 되기만을 기도하고 소원하니, 이는 곧 천국을 포기하고 지옥 행 열차의 티켓을 사는 것과 같다.

- 예수는 빈손이었다. 종교 지도자가 예수보다 더 호화롭고 편안하게 살아간다면 잘못된 것이다. 부귀영화와 명예를 바라는 자는 절대로 갈 수 없는 좁고 협착한 길이 종교 지도자의 길이다.

- 종교 지도자는 유리로 비춰 봐 한 점의 부끄러움이 없이 살아야 한다. 의식주도 직접 일해서 해결하고, 예수의 가르침과 행함을 그대로 따라야 한다.

- 종말은 없다. 지금의 잘못 가는 종교 집단에게만 종말이 있다. 보이지 않는 하나님은 보이는 육의 종말은 관여하지 않으신다. 환경 파괴로 인간이 스스로 멸망을 자초하는 것이다. 종파끼리 싸우기 전에, 무너진 인성을 바로잡고 지구의 몸살을 해결하는 데 뜻을 모으는 게 급선무다.

4. 성전이란

- 이 세상 자체가 하나님께서 만드신 성전이다. 자연보다 더 아름다운 성전이 있는가? 보이는 건물이 성전이 아니라, 성스러운 마음가짐이 성전이다.

- 반석 위에 교회를 지으라 했다. 지상의 단단한 돌은 인간이 쪼갤 수 있으나, 마음속의 굳은 결의는 세상 무엇으로도 쪼갤 수 없다. 바르고 굳건한 믿음으로 성경의 가르침을 실천하는 것이 마음의 반석 위에 교회를 짓는 것이다.

- 손으로 지은 건물의 교회에 모여서 복음을 전하는 것이 아니라, 교회를 개인과 가정에 심어 주어야 한다. 무너지고 부서지는 건물을 짓지 말고, 마음속에 영원히 불변하는 참진리의 교회를 지으라.

5. 십계명

- 십계명은 인간이 죽어서 반드시 통과해야만 하는 열 개의 관문이다.
  - 부모를 공경하지 아니한 자는 "네 부모를 공경하라." 하는 제5계명의 관문이 열리지 않으니 구원받을 수 없다.
  - 살인, 간음, 거짓, 우상 등의 나머지 계명도 마찬가지다.

- 십계명은 하나님의 친필이다. 모기소리만 한 하나님의 음성이라도 들어 보겠다고 여기저기 찾아 헤매지 말고, 십계명부터 암송하고 지키라.

- 십계명은 영혼을 구원하는 양식이며, 십계명을 지키는 것이 구원을 받는 길이다. 인간이기에 지키고자 노력하고 또 노력한다면 지킬 수 있다.

- 십계명을 지키고 천사처럼 아름답게 살아가는 그 마음 하나면 세상에 이루어지지 않는 것이 없다.

6. 보물

- 하나님은 재물이 아니라 우리의 마음을 받으신다. 사랑을 실천하며 천사처럼 변하는 마음이 하나님께 바치는 보물이다.

- 보이지 않는 하나님께 재물을 바치려 하지 말고, 너희를 길러 준 부모에게 용돈 드리고, 찾아뵙고, 효성을 다하라. 그것이 하나님께 효도하는 것이다.

- 하늘에는 선과 악의 창고가 있다. 자기 창고에 선이 많으면 천국으로 구원을 받고, 악이 많으면 심판받아 지옥으로 간다. 그것이 바로 "선한 일을 행한 자는 생명의 부활로, 악한 일을 행한 자는 심판의 부활로" 나오는 것이다.

- "선악과를 따먹지 말라"는 것은 양심을 지키라는 것이다. 선과 악을 구분할 수 있는 양심을 최초에 인간에게 주셨다. 선한 열매는 취하고, 악한 열매는 버리며, 양심에 비추어 부끄럼 없는 삶을 살아가라.

- 가장 작은 거짓말을 하지 않고, 가장 작은 죄를 짓지 않으며, 가장 작은 선행을 하고, 가장 작은 악행을 멀리하는 것이 율법의 일점 일획도 빠뜨리지 말고 다 지키는 삶을 사는 것이다.

7. 우상

- 박물관에 있는 불상은 하나의 예술품이다. 그 조각품에 대고 제 소원을 빌 때 우상숭배가 된다. 십자가라 하여도 그 앞에서 소원을 빈다면 우상숭배하는 것이며, 하나님께 소원을 빈다면 하나님을 우상으로 전락시키는 것이다.

- 지금 기복신앙에 젖어 있는 모든 사람이 우상 앞에 절을 하고 있다. 조각품을 우상이라며 파괴하지 말고, 네 마음속에 있는 욕심의 우상을 무너트리라.

- 생수를 약초가 먹으면 약을 만들고 독사가 먹으면 독을 만든다. 같은 성경을 봐도 선한 지도자는 신도를 천사로 만드는 데 활용한다. 그러나 욕심이 가득한 지도자는 재물을 거두어들여 제가 부귀영화를 누리는 데 악용한다. 그가 바로 성경을 우상숭배의 도구로 전락시키는 거짓 선지자다.

- 성경을 한 획도 빼거나 더하지 말라는 것은, 그 가르침을 빠트리지 말고 온전히 지키라는 것이다. 성경 속에서 자기에게 유리한 구절만 보는 것은, 자기에게 불리한 구절들을 빼 버리는 것이다. 믿음이 제일이요, 행함은 구원과는 관계없다는 것은 자신에게 유리한 쪽으로 성경을 악용하는 것이다.

- 진정한 종교 지도자는 종파에 관계없이 어떤 종파든 어떤 책이든 접하고 보고 깨우쳐 견문을 넓히도록 인도한다. 참진리를 모르고 자신이 없는 자가 남을 이단이라며 배척하고, 신도들의 눈과 귀를 가린다.

8. 예수

- 예수의 재림은 없다. 예수가 다시 온다 해도, 과연 누가 그를 예수라고 믿겠는가? 예수와 같은 삶의 행함이 곧 예수의 재림이다. 각자 모두가 "재림 예수"가 되는, 차원 높은 믿음으로 가야 한다.

- 예수는 "주여 주여 하지 말고, 아버지의 뜻대로 행하라"고 했다. 예수가 전한 하나님의 뜻이 곧 "길이요, 진리요, 생명"이며, 그 가르침이 예수의 보혈처럼 소중한 것이다. 예수를 믿는 것은, 예수의 가르침을 믿고 따르는 것이다.

- 예수는 낮은 자로서 만백성을 섬기고자 했다. 만나는 모든 사람을 다 하나님이라 생각하라. 돈을 벌수록 겸손하고, 높은 지위를 얻을수록 낮아지라.

- 예수는 종파를 만들지 않았다. 인간이 만든 종교와 인간의 교리를 따르지 말고, 예수를 통해 전한 하나님의 참진리를 연구하고 따르라.

- 예수가 2천 년 전에 만백성을 위해 죽었으니, 지금 이 땅에는 예수의 가르침대로 사는 천사만 존재해야 한다. 예수가 죽어 가면서 바란 것은 만백성이 천사가 되어 예수의 자리를 채워 주는 것이지, 지금과 같이 재물을 바치면서 중언부언 제 소원만을 비는 백성들을 바란 것이 아니다.

9. 구원

- 천사가 사는 천국에는 천사만 갈 수 있으니, 천사 같은 마음을 길러야 한다.

\- "천국 열쇠를 네게 주리니 땅에서 무엇이든지 매면 하늘에서도 매일 것이라" 했다. 땅에서 천사같이 사는 자가 하늘에서도 천사가 되어 천국에 들어간다. 모든 사람에게 천사같다는 말을 듣는 삶을 살아야 한다.

- 천사의 곱고 아름다운 마음은 부모를 공경하고 어른을 어른으로 대접하는 데에서 출발한다. 효도하는 자는 형제와 화목하게 지내기에 가정이 화목해지고, 이웃과 화목해지고, 국가가 화목해지고, 온 인류가 화목해진다.

\- 그러므로 지상의 아름다운 소왕국은 가정에서부터 이루어야 한다.

- 선택된 14만 명만 구원받는 것이 아니라, 천사처럼 변하고자 하는 14만 명을 기초로 온 인류가 천사처럼 거듭나는 영적인 개혁이 시작되는 것이다.

- 천 년에 걸쳐서 하늘에서 이루어진 것같이 이 세상을 낙원으로 만들어, 만백성이 지상의 천국에서 살다가 죽어서 그대로 하늘의 천국으로 들어가는, 영원한 지상 낙원을 건설하는 것이 하나님의 계획이다.

- 이것이 구약과 신약에 이어 "새로운 성경"으로 역사하시는 하나님의 창조의 완성이다.

- 지금의 믿음으로 구원받을 수 있다면 그 길을 가라. 그러나 자신이 없다면 하나님께서 직접 내리신 160권의 "새로운 성경"을 읽고 구원의 길을 보라!

하나님 머리말씀

이 새로운 성경을 읽는 너희 모두는
이 율법에 따라 행하면 영원히 구원받을 것이니라.

너희 인간이 수년, 수십 년, 평생
성서를 공부하고 기도하는 것은
하늘나라 나의 곁으로 오고 싶은 소망일진대,

몇천 년 전의 너희 인성과 생각이
지금의 너희와는 판이하게 다르니,

꺾여 가고 병들어 가는 너희를 고칠 수 있는 길은,
오늘 내가 선지자에게 내리는 새로운 성경과 같이
너희가 변화되는 것뿐이니라.

나의 예수가 태어난 것처럼
내가 아들 선지자를 선택하여
나의 새로운 성경을 온 세계에 전하고자 하니,

묵은 것은 버리고 새로운 것은 취하여,
너희 모두는
'여호와 하나님! 저의 죄를 용서하여 주옵소서.'
하는 기도문으로 기도하고, 죄를 뉘우치라.

이 새로운 성경은
수천 년간 내려온 성서를 요약한 것이니,
너희는 이 책을 정독하여 쉽게 깨달음을 얻고,
이대로 실천하여 하늘에 오르라.

대역자 머리말

■ 하나님의 율법을 지키는 선지자로 선택을 받도다.

저는 남들처럼 그저 열심히 살아온 평범한 사람이었습니다. 그러나 50대 중반에 사업에 실패하여 많은 부채에 시달렸으며, 건강도 악화되어 눈이 잘 안 보이고, 걷기도 어렵고, 두통이 심해서 잠을 이룰 수 없는 고통의 나날을 보냈습니다. 그때 제가 선택할 수 있는 것은 육의 삶을 끝내는 길뿐이었습니다.

죽기 직전에 그동안에 죄를 지은 이들에게 용서를 빌고 인생을 끝내기로 작정하였습니다. 어려서부터 지은 죄를 빌고 빌다 보니 끝이 없었고, 죽음으로도 그 많은 죄를 용서받을 길이 없다는 생각에 하염없이 눈물이 흘렀습니다. 그 순간 '재래식 화장실의 구더기는 죄를 짓지 않는데, 나는 인간으로서 구더기만도 못한 삶을 살았구나.' 하는 생각이 들면서 괴로움에 몸부림칠 때, 갑자기 하나님의 음성이 들렸습니다.

"나는 여호와 하나님이니라. 너는 십계명을 암송하고 내가 내려 주는 메시지를 받아 책으로 만들어 만백성을 구하라." 하시며, 제 눈을 손으로 문지르게 하시고, 아픈 머리와 다리를 손으로 두드리게 하셨습니다. 그러고 나니 눈도 잘 보이고 걸을 수 있었으며 머리의 통증도 말끔히 낫게 되었습니다. 그때부터 십계명을 암송하고 나면 들려주시는 말씀을 기록하였고, 1999년 8월부터 2004년 7월까지 권당 288쪽, 총 160권을 받아서 "새로운 성경"이라는 책으로 펴내게 되었습니다.

그러한 저에게 죽기보다도 힘든 길이 시작되었습니다. 모든 교인들이 저에게 사탄이요, 이단이요, 악마요, 마지막 시대에 온 거짓 선지자라 하면서 공격하였고, 저를 짐승을 보듯이 대하는가 하면, 편협한 종교 지도자들의 선동으로 신도들이 이 책을 직접 읽어 보고 평가할 기회마저 막아 버렸습니다. 그래서 하나님의 말씀을 세상에 내는 데 많은 어려움을 겪으며, 피를 토하는 심정으로 책을 전하고 있습니다.

그러나 아무리 인간의 힘으로 막으려 해도, 하나님의 뜻이 세상에 전해지는 위대한 역사는 계속될 것입니다. 책으로 전해지는 "하나님의 말씀"은 세상 끝날까지 항상 우리와 함께하실 것입니다. 사람은 죽어도, 책에 기록된 말씀은 영원히 남으니까요.

■ 따뜻한 실천

하나님께서는 어려운 사람들에게 삶의 터전을 마련해 주고, 미래를 열어 주는 것을 기뻐하십니다. 어려운 이웃이 스스로 자립할 수 있도록 이끌어 주는 것이 진정으로 이웃을 돕는 것이라고 말씀하셨습니다. 그래서 일자리가 없는 제자들에게 작은 사업장을 만들어 주는 "달란트 사업"을 하고 있습니다. 식당, 반찬 가게 등을 차려 주고, 기존의 어려운 사업장이 자립할 수 있도록 돕고 있습니다(커피숍, 미용실, 의상실 등).

하나님께서는 교회에 나와서 모든 시간과 재물을 쏟기를 원하지 않으시고, 그 시간과 재물을 교육에 투자하여 스스로 미래를 열어 가기를 원하십니다. 그래서 제때 공부하지 못한 제자들에게 학업을 이어 가도록 하였습니다. 중화요리 주방장을 하며 초등학교 검정고시부터 공부하여 2012년에 방통대를 졸업한 36세 남성, 만학도들의 2년제 중학교에 입학해서 2007년에 명지대학을 졸업한 38세 여성, 중학교 검정고시를 시작으로 숭의여자대학을 졸업한 47세 여성 등이 있습니다. 그밖에도 많은 제자들에게 나이를 초월하여 배우고 깨우쳐서 사회 속의 당당한 일원이 되도록 인도하고 있습니다.

학자금 대출로 힘겨워하는 젊은이들을 위해 "따뜻한 바람 장학회"를 발족하여(2016년 12월) 대출받은 학자금 전액을 매월 갚아 주고 있습니다. 또한, 다문화 가정을 위해 "다문화 가족 랜드"를 조성하여, 각종 시설을 무료로 활용하도록 하고 있습니다.

이러한 따뜻한 실천이 아직은 미약합니다. 그러나 책의 수입이 늘고, 저와 뜻을 같이하는 분들이 늘어나면 계속 확대할 것입니다. 지도자로서 신도의 재물을 헌금으로 거둬들여 착복하는 것이 아니라, 하나님께서 기뻐하시는 일에 사용하도록 중매 역할만 하며 살아가고자 합니다. 이런 제가 과연 사탄이고 이단인가요? 하나님께서 기뻐하시는 일이라면, 저에게 사탄이라 하든 거짓 선지자라 하든 굽히지 않고 실천해 나갈 것입니다.

끝으로, 일상의 삶 속에서 "지금 내가 하는 행동이 과연 하나님께서 기뻐하실까, 슬퍼하실까?" 생각하고, 매사에 하나님께서 기뻐하시는 길을 택하기 바랍니다. 교회에 모여서 집단적으로 예배 드리는 것이 아니라, 개인이나 가정 단위로 새로운 성경을 읽어 스스로 깨우치고 그대로 행하면 충분합니다. 그것이 마음속에 성전을 짓고, 신령과 진정으로 예배 드리는 길입니다. 그러면 천국의 문에 들어서게 됩니다.

2017. 2. 1.

하나님 말씀 대역자 김용철

차 례

2002년 9월 ... 79

부 록 ... 155

간 행 사 ... 156

십 계 명

이 책은 십계명을 암송하고 나면 내려 주시는 "하나님의 음성"을 듣고 그대로 받아쓴 기록입니다. 하나님께서 십계명을 모세에게 내려 주셨지만, 그것은 만백성에게 내려 주신 것입니다. 마찬가지로 이 책의 모든 말씀도 저에게 내려 주셨지만, 만백성 각자에게 들려주시는 말씀입니다. 여러분도 이 책을 접할 때마다 십계명을 암송하고 나서 정독해 주시기 바랍니다.

제일은, 너는 나 외에는 다른 신들을 네게 있게 말지니라.

제이는, 너를 위하여 새긴 우상을 만들지 말고, 또 위로 하늘에 있는 것이나, 아래로 땅에 있는 것이나, 땅 아래 물 속에 있는 것의 아무 형상이든지 만들지 말며, 그것들에게 절하지 말며, 그것들을 섬기지 말라.

제삼은, 너는 너의 하나님 여호와의 이름을 망령되이 일컫지 말라.

제사는, 안식일을 기억하여 거룩히 지키라.

제오는, 네 부모를 공경하라.

제육은, 살인하지 말지니라.

제칠은, 간음하지 말지니라.

제팔은, 도적질하지 말지니라.

제구는, 네 이웃에 대하여 거짓 증거하지 말지니라.

제십은, 네 이웃의 집을 탐내지 말지니라.

나 여호와가 존재함을 믿는 그 자체가 구원의 길에 들어서는 기본이요, 근본이며, 나의 새로운 성경을 가슴에 안고 정독하는 자, 반석 위에 서서 하늘에 오르는 찬란한 빛을 보게 되는 영광을 얻게 됨이니라. 진정 나를 따르고 믿는 자는 감히 사탄이나 마귀도 근접하지 못하느니라.

〈하나님 말씀〉

2002년 8월

3,184 번째 하나님 말씀

2002년 8월 29일 17시

1 사랑하는 나의 아들아!
2 "네, 아버님! 말씀하옵소서."
3 수천 년 동안 믿음을 오는 종교 집단들이요, 그들이 행하는 것을 너희들은 비춰 볼 것이며, 또한 나의 아들이 세상에 나의 법전을 전하며 그가 행하는 모습을 너희들은 돌이켜 보며 견주어 보며 비추어 보아야 할 때가 되었음을 알라.
4 너희들은 구원의 길을 받고자, 너희 스스로 구원을 받고자 기도하며 경배하느니라.
5 그리고 너희들에게 무엇을 주기를 바라며 축복을 내려 주기를 바라며 너희들은 그 믿음의 길을 가고 있느니라.
6 그리고 너희들이 속한 집단의 그 신도들과 너희들만이 구원을 받는다 하며, 종교 지도자 자신도 구원을 받지 못하였으니 저 자신이 먼저 구원을 받고자 함이요, 그리하여 너희들은 그와 같은 마음으로 기도를 하며 믿음의 길을 가고 있음이니라.
7 종교 지도자 저 자신이 구원을 받는 것이 불확실하니, 저 자신이 구원을 받고자 저를 구원해 달라 나에게 기도하는 것이 종교 집단 너희들이니라.
8 그러나 나의 아들은 그런 기도를 하지 아니함이니라.
9 그는 나의 아들임을 알고, 그는 천국에 올 수 있음을 알며, 그는 확실히 내가 존재한다는 것을 알기에 그는 저 자신을 구원해 달라 기도를 하지 아니하느니라.
10 지옥으로 가는 만백성을 구원하며 제가 대신 지옥으로 가고자 그리 기도하느니라.
11 그는 나를 보고 나를 믿기 때문이니라.
12 너희 종교 지도자들은 나의 음성을 들을 수 없으며 나를 볼 수 없으며 나의 뜻을 따르지 못하기에 너희 자신부터 구원받고자 나 여호와에게 너희 스스로 구원해 달라 기도하느니라.
13 그리고 너희들은 너희 집단에 소속된 자들이기에 구원을 받고자 기도하며, 또 저희 집단에 소속된 그 종파들이요, 그 신도들만을 구원해 달라 하며 너희들만 구원을 받고자 기도하는 것이 지금의 믿음의 길을 가는 형국이니라.
14 그러나 나의 아들은 자신을 위하여 기도하지 않음이니라.
15 내가 알고 있으며, 내가 그 머리에 손을 얹고 있으며, 그가 행함을 내가 모두 주관하고 있음이니, 그는 한 점의 부끄러움이 없이 살아갈 수 있으며 그리 살아가기 때문이니라.
16 그리하여 그는 만백성을 구원하고자 하여 그 고통의 길을 스스로 선택하며, 어렵고 힘든 길을 자처하여 가는 것이니라.
17 그는 나 여호와가 존재하며 나의 아들

임을 알며 그는 하늘이 있음을 알기
에, 그가 재물이나 너희들이 말하는
구원을 받고자 애걸복걸한다든가, 또
는 구원을 받기 위해서 기도한다든가,
재물을 모으고자 축복을 받고자 기도
한다든가, 그 영광을 위해서 더 높고
자, 더 갖고자 그와 같이 추하고 더러
운 말로써 나에게 기도하지 아니함이
니라.
18 너희들은 얼마나 추한 음성으로써 기
도하는가 그 모습을 보라.
19 그것은 나에게 관계없느니라.
20 그러나 나의 아들은 그리하지 않느니
라.
21 그는 만백성을 구원하고자, 만백성의
죄를 지고 제가 그 길을 갈 힘을 달라
나에게 기도하며, 무엇을 원하고자,
무엇을 얻고자 기도하지 아니함이니,
22 잘못 가는 종교 지도자들과 정녕 나의
목자요, 나의 아들이 가는 그 가르침
의 차별화가 여기에 있음이니, 너희들
은 이것을 알아야 될 것이니라.
23 너희는 너희 신도들에게 고치고 변하
라 그리 가르치느니라.
24 너희 종교 집단이요, 너희들이 만든
그 성전에 와 금화와 은화를 바치는
그 신도들에게 너희들이 기껏 하는 말
이 무엇이던가?
25 우리 부자의 이름을 팔아 그다음에 너
희들이 하는 것이 '너희들은 아름답게
살라 변하라, 그리고 너희들은 깨끗하
게 살라, 그리고 거짓 하지 말며, 도둑
질하지 말며, 간음하지 말며 살라.' 그
리 종교 지도자들이 너희 신도요, 제
자들에게 먼저 변하라 그리 부르짖으
며 변해야 된다, 변하라 그리 소리 지
르느니라.
26 그러나 나의 아들은 그리 가르치지 아
니함이니라.
27 나의 아들은 자기 자신이 회개를 하
며, 자기 자신의 잘못을 돌이켜 보며,
자기 자신이 완벽한 자로서 먼저 서고
자 그리하는 것이니라.
28 제가 먼저 고치며, 제가 먼저 변화하
며, 제가 먼저 만백성을 구원하는 기
도를 드리며, 제가 먼저 변하고자 하
는 것이 나의 아들이니라.
29 만백성에게 변하기를 원하지 아니하
며, 제가 먼저 변하기를 원하며, 제가
변하지 아니한 것을 저의 신도들에게
깨우쳐 가르쳐 달라 말하며, 그리해서
그가 먼저 변하여 가고자 하여 그는
저의 변하는 그 길에 모두를 다 바치
며 고통과 시련 속에서 살아감이니라.
30 그는 정녕 너희들과 같은 기도를 하지
아니함이니라.
31 너희들은 너희 신도들에게 변하라, 고
치라, 그리고 재물을 바치라, 많이 바
치는 자 하늘에 쌓음으로 인해서 축복
을 받으며, 하늘나라에 가 금화와 은
화를 쌓아 놓은 것만큼 은혜를 받는다
며 그와 같은 추하고 더러운 사기극으
로써 나의 백성을 인도하나, 나의 아
들은 그와 같은 행위를 하지 아니함이
니, 나의 아들은 스스로 변하고자 몸
부림을 치느니라.
32 그가 나로부터 한 점의 부끄러움이 없
는 천사와 같은 마음을 갖고자 몸부림
치며, 목숨을 걸다시피 하며 그 고통
의 길을 스스로 행함이니,

33 저는 굶어도 저의 신도들이요, 저의
백성들을 위해서 사업장을 하나하나
만들어 가는 그 역사를 이루는 것을
너희들이 봐야 될 것이니라.
34 그리하여 이것이 너희들과 다름이니
라.
35 스스로 변하는 모습으로 변하여져 만
백성이 저를 보고 따르며 그 제자들이
나의 아들을 따라올 수 있도록 그는
제가 변하는 데만 모든 역점을 두고
있음을 알라.
36 그는 나의 십계명에 의하여 그를 지키
고 살며, 그가 스스로 지키는 자가 되
어 나의 피조물 만백성이 그를 보고
따라오도록 그리 말함이니라.
37 그리고 나의 법전대로 그는 행하고 살
아가는 것이니라.
38 말로만 나의 법전대로 그 제자들에게
변하며 고쳐 살라 그리 말하는 것이
아니요, 스스로 먼저 변하고자 노력하
며 그 변하는 모습을 보고 그 제자들
이 따라올 수 있도록 그는 그리 가르
치고 있느니라.
39 그리하여 자신이 변화를 이루고자, 자
신의 변화를 위하여 모든 부귀와 영
화요, 너희들의 육의 행복의 그 모두
를 다 저버리고 어렵고 힘든 고통의
길을 가고자 하여 자처해서 가는 것이
나의 아들이 가는 길이니라.
40 이것이 너희들과의 차별화임을 보라.

3,185 번째 하나님 말씀

2002년 8월 30일 0시 51분

1 사랑하는 나의 아들아!
2 "네, 아버님! 말씀하옵소서."
3 너는 정녕 나의 아들이요, 만백성을
구하기 위하여 세상에 나가 나의 성령
을 받아 160권이라는 법전의 책을 만
들어 만백성을 구하는 길을 네가 가고
있음이니,
4 오늘날 네가 나에게 경배하며 기도하
며 이 법전을 받아 160권을 일찍이 세
상에 내 만백성을 한 명이라도 더 구
하고자 하는 네 마음을 내가 아느니라.
5 이 깊은 밤 네가 저려 오는 마음의 아
픔을 감수하며 나에게 기도하며 나의
성령을 받아 기록하고자 함이니, 너의
그 마음을 내가 갸륵히 보고 있으며
내가 너를 사랑함이니라.
6 어렵고 힘들 때마다 힘이 들면 힘이
드는 대로, 어려우면 어려운 대로 그
모두를 다 나의 뜻이라 하여 감내하고
감사하며 나가는 네 마음을 아나니,
7 오늘도 이 깊은 밤에 내가 너희들에게
내려 준 하나의 사업장을 위하여 네가
밤늦게까지 너의 제자들과 힘든 그 역
사의 일을 하고 돌아와 나에게 경배하
며 기도함이니, 네 그 마음의 갸륵함
을 나 여호와가 아느니라.
8 네가 금화와 은화를 절약하며 너희들
을 도와주는 사람에게 조금이라도 도
움을 주기 위하여 밤늦게까지 너희들
이 몸으로 때우며 몸으로써 모든 힘들
고 어려운 그와 같은 일들을 하나하나
처리해 나가는 그 과정에, 그곳에는
너희들을 도와준 사람의 감사함에 감
사할 줄 알며 그리고 고마움을 알며,
또 그들의 소중한 재물을 너희들이 받
아서 쓸 수 있는 그 감사함을 알며, 주

는 사람의 마음을 너희들이 알고 있음
이니,
9 이것이 바로 나에게 오를 수 있는 백
성들이 가는 길이며 살아가는 길이요,
행하는 것임을 너희는 알아야 될 것이
니라.
10 남들이 내줄 수 없는 금화와 은화를
너희들에게 주는 사람의 고마움과 그
아깝지 않도록 내주는 사람의 그 감사
한 마음, 그의 그 천사와 같은 심성을
너희들이 조금이라도 보답하며 거기
에 어긋나지 않기 위하여 노력하고 몸
으로써 때워 그에 보답하고자 하는 그
마음이 얼마나 갸륵하고 기특하던가?
11 그러니라, 나의 아들아!
12 정녕 나의 아들이요, 만백성을 구하는
지도자요, 만백성을 구하는 목자로서
너는 모든 것에 있어서 모범을 보여야
되며, 정도의 길이 아니며 질서에 어
긋나는 행위를 해서는 아니 됨이니라.
13 이제 네가 큰 것들을 참아 내며 큰 것
들을 다 이해하며 큰 것들의 너희들의
사악한 육의 삶의 쾌락의 그 모두를
지워 버리고 네가 견디고 살아감이니,
14 이제는 네가 누구 앞에 서도 당당하며
그 누구에게도 부끄러움이 없는 그와
같은 삶을 살고 있으나, 더 작은 것까
지, 더 밑의 작은 것까지도 네가 정도
요, 공의로운 그와 같은 행동으로써
모두를 처리하며, 그 모두를 타파하며
그리 행해야 됨이니라.
15 나의 피조물 만백성이 너를 평가하기
를, 100가지에서 네가 선한 것을 99가
지를 했다 하여 네가 완벽하다 할 수
없느니라.
16 네가 99가지를 했다고 해서 그들이
정녕 네가 완벽한 나의 아들이요, 나
의 선지자요, 네가 나의 뜻에 사는 사
람이라 말하지 아니할 것이니라.
17 네가 백 가지 중에서 한 가지를 실수
하면 그들은 그 한 가지의 네가 실수
하는 것은 정확하게 볼 수 있으며, 그
를 용서하지 아니하며, 그를 가차없이
너에게 비평할 것이며, 너에게 그 이
유를 따질 것이니라.
18 그들은 네가 99개를 잘한 것은 모르
느니라.
19 그리고 그것은 그들에게 아무런 관계
가 없음이니라.
20 단 하나 네가 잘못한 것, 네가 실수한
것, 네가 오점을 남긴 것, 그것만을 그
들이 너에게 갑론을박하며 그 이유를
물으며, 그와 같이 실수한 부분으로
하여금 너를 나의 아들이 아니요, 선
택된 목자가 아니요, 이 시대의 선지
자가 아니며, 나의 법전까지도 위선자
요, 사악한 자가 기록해 냈다 그들은
그리 말할 것이며 너를 그리 공박할
것이니라.
21 사랑하는 나의 아들아!
22 모든 것에서 완벽한 것이 그리 어렵고
힘듦이 아니니라.
23 나의 십계명을 지킬 수 없다는 자들
속에 네가 지킬 수 있다며 그리 가는
것처럼, 너는 완벽한 삶을 살아갈 수
있음이니라.
24 오로지 그 길만이 나의 법전이 나의
성령이요, 나를 대신하여 네가 내려온
자며, 나를 대신하여 만백성을 구하는
나의 성령을 책으로 낸 그것이 근거가

되며 증거될 것이니, 이와 같은 삶을 살도록 노력하라, 사랑하는 나의 아들아!

3,186 번째 하나님 말씀

2002년 8월 30일 01시 14분

1 사랑하는 나의 아들아!
2 "네, 아버님! 말씀하옵소서."
3 수천 년 동안 너희들이 나의 계명을
지키지 아니하며, 나의 뜻에 따라 순
종하고 살지 아니하였음이니, 내가 너
희들을 징계하고 바로잡고자 제3의
시대에 나의 법전을 나의 아들을 통하
여 160권의 책으로 만들어 세상에 내
려보내니,
4 내가 너희들에게 다시 한 번 구원의
기회를 주고자 하여 이와 같은 역사를
이루고 있음이니라.
5 그러나 너희들은 과거에 살아온 그 관
행에 의하여, 너희들은 귀가 있으나
귀가 막혀 나의 성령이요, 나의 뜻을
듣지 못하며 나의 음성을 듣지 못함이
니라.
6 또한, 눈이 있으나 눈이 감겨져 있음
이니 너희들이 아무것도 보지 못하니,
나의 법전이요, 너희들을 구원하는 새
생명의 빛인 그 구원의 빛조차도 너희
들이 보지 못함이니라.
7 그리하여 내가 너희들을 마지막으로
구원하고자 160권이라는 이 장서의
법전을 나의 아들을 통하여 세상에 내
려보내 너희들을 구원하고자 하였으
나, 너희들은 나에게 경배요, 감사의
기도를 드리는 것이 아니요,
8 이는 마지막 시대에 사탄의 장난이니
너희들을 지옥으로 이끌어 갈 그와 같
은 자라 말하며 사탄의 장난이요, 악
마의 장난이라 그리 말하며, 이는 악
마로서 지어낸 것이며, 사탄과 악마도
나 여호와와 비슷한 역사를 이룰 수
있다 그리 말하느니라.
9 너희들은 사탄과 악마가 나와 같이
90퍼센트 가까이 완벽히 흉내를 내는
그와 같은 역사를 이룬다 말함이니,
이것은 너희들 스스로 지어낸 말이니
라.
10 어찌하여 사탄이 내가 이루고자 하는
그 역사의 기적을 그리 흉내 낼 수 있
으며 닮아 행할 수 있다 생각하는가?
11 너희들은 그와 같은 어리석은 깨우침
을 만백성에게 전해서는 아니 될 것이
니라.
12 그리하여 너희들이 사탄이 나 여호와
의 흉내를 낼 수 있다 하며, 나의 법전
이 그와 같이 사악한 자가 지어내어
만백성을 혼돈에 빠트리고자 하는 것
이라 하며 너희들은 나의 법전을 보는
그 순간에 지옥 불로 간다 그리 가르
치고 홍보함이니, 너희들이 두려워 이
를 보지 못함이니라.
13 그리하여 너희들은 나의 법전을 보기
를 너희들을 무는 독이 있는 벌레를
보듯이 그와 같이 이를 대하며 보려
하지 아니하며 깨우치려 하지 아니함
이니, 너희들이 귀가 있어도 듣지 못
하며 눈이 있어도 보지 못하는 그와
같은 너희들의 지금의 형국이니라.
14 너희들은 알아야 될 것이니라.
15 너희들이 얼마나 어리석은 자들이며,

우매한 자들이며, 너희들이 흘러온 너
희들의 집단의 틀 속에서 벗어나지 못
함이 얼마나 어리석은가를 머지않아
후회하게 됨을 알아야 될 것이니라.
16 너희들이 후회할 날이 머지않았음을
내가 너희들에게 다시 한 번 명하노
니, 너희들은 깊이 깨우쳐야 될 것이
니라.
17 내가 제3의 시대에 너희들을 구원하
기 위해 내려보내는 이 160권의 법전
과 십계명을 지키지 않은 너희들을 이
제는 징계하고자 함이니라.
18 나의 십계명대로 지키고 살지 아니한
나와는 관계없는 백성들이 우리 부자
의 이름을 팔아먹었으며, 너희들에게
다시 한 번 기회를 주고자 나의 법전
을 세상에 내려보냈으나, 이것이 사탄
이요, 사악한 자라 하며 벌레 보듯이
하는 너희들이니,
19 이제 너희들을 더 이상 구원할 길이
없어 징계하고자 함이니, 그리하여 내
가 버릴 자, 구원할 자, 너희들을 선별
하는 제3의 시대가 지금 열렸음을 알
아야 될 것이니라.
20 너희들이 나의 계명과 법전을 지키지
않으므로 내가 너희들의 손을 놓음이
니,
21 이는 너희들이 나로부터 너희들의 손
을 놓도록 하였으며 내가 너희들을 지
워 버린, 그와 같은 내가 너희들을 징
계하며 내가 너희들을 지옥으로 가는
것을 더 이상 내가 관여할 수 없도록
너희들 스스로 그리 만든 것이니, 너
희들은 나 여호와를 원망하지 말라.
22 내가 너희들을 구원하고자 하나, 너희
들이 이제는 더 이상 구원할 수 없으
며, 너희들이 사악한 쪽에 즐겨 행하
며 사악한 쪽에 지혜를 모아 너희들이
그와 같은 사탄이요, 사악한 자의 일
에 역사하는 데는 주저하지 아니하며
용맹스럽게 달려감이니,
23 이는 너희들이 나로부터 너희들에게
등을 돌리게 하였으며, 너희들의 잡은
그 손을 놓도록 하였으며, 너희들을
구원하고자 하던 그 모두를 포기하도
록 너희들이 그리함이니, 이것은 너희
들의 죄임을 알라.

3,187 번째 하나님 말씀

2002년 8월 30일 01시 23분

1 사랑하는 나의 아들아!
2 수천 년 동안 너희들의 종교 집단이
너희 스스로 만든 그 규정에 의하여
지금까지 나와는 아무런 관계없는 그
와 같은 속에서 나의 피조물 만백성의
고혈을 짜 성전을 지었으며,
3 그 성전 또한 너희들이 제왕의 궁궐보
다도 더 아름답게 이끌어 가고자 하며
장식하며, 제왕을 지나 신으로서 존재
하고자 하는 그와 같은 종교 집단들의
뿌리가 이제는 세상을 덮었음이니, 더
이상 이를 방치할 수 없는 그와 같은
형국에 이르렀음이니라.
4 그리하여 너희 모든 종파에 속해 있는
그 집단들이 지금 어찌 가는가?
5 나의 피조물 만백성을 구원한다 그리
말하는 너희들의 지금 형태가 어떠하
던가?
6 한 명을 데리고 있는 종교 집단이요,

다섯 명을 데리고 있는 종교 집단이
요, 열 명을 데리고 있는 그 종교 집단
도 저희들만이 진정한 종교 집단이라
말하며, 저희들만이 하늘에 구원을 받
을 수 있는 그와 같은 종교 집단이라
그리 말하며,
7 백 명이요, 천 명이요, 만 명을 가진
종교 집단 또한 저희들만이 구원의 길
을 가는 종교 집단이요, 저희들한테
오는 자만이 구원을 받으며, 저희들에
게 재물을 바치며 저희들이 지은 그
성전에 와 각종 헌금을 상납하여 눈물
로써 기도하는 자 구원을 받는다 그리
가르침이니, 이를 어찌 말하겠는가?
8 수천수만의 종교 집단이요, 하나의 성
서를 가지고 가르치는 그 종교 집단도
다 다르며, 저희들이 한 명이든, 열 명
이든 그저 저희들만이 구원을 받는다
그리 말함이니, 지금 그와 같은 종교
집단의 형태를 너희들은 과연 어찌 말
해야 되며 어찌 봐야 되는가?
9 그저 한 명이든, 열 명이든, 백 명이
든, 천 명이든, 만 명이든 저희들만이
진정한 믿음의 길이요, 나로부터 선택
된 자요, 나로부터 선택받은 종교 지
도자요, 또 목자라 그리 너희들이 말
함이니,
10 이 얼마나 너희들이 자기 주제 파악을
못 하며 자기들의 분수를 모르고 지금
그와 같은 길을 가고 있는가?
11 그 모두가 다 나와는 관계없는 것이니
라.
12 너희들은 세상의 변하는 것이요, 세상
에 새로운 역사가 이루어지는 것이요,
나 여호와가 새로운 시대를 열려 하는
그 모두를 알지도 못함이니라.
13 그저 열 명을 데리고 있든, 백 명을 데
리고 있든, 다섯 명을 데리고 있든, 저
희들만이 천국에 올라가는 길이라 하
여 저희들의 그 좁은 울타리 안에서,
그 세상 밖의 믿음 자체도 모르는 종
교 지도자가 그저 저희들만을 따르며
저희들에게 재물을 바치며 헌금을 바
치면 구원을 받는다 하여,
14 과거로부터 지금까지 흘러내려 온 그
전통의 폐습을 버리지 못하며 그 관행
을 버리지 못하고, 그저 잘못 가르치
는 종교 지도자의 위에서부터 흘러왔
던 그 습관을 버리지 못하고 거기에
집착함이니,
15 그와 같이 집착하며 과거의 그 관행과
전통을 유지하는 데 너희 마음이 너무
나 강해져 있으며 굳어져 있음이니라.
16 그저 전통에 따라 금화와 은화를 거둬
들이는 것이며, 성전을 짓는 것이며,
아름다운 궁궐같이 꾸려 많은 신도들
로부터 많은 각종 헌금을 받아들이는
그와 같은 관행에만 너희들이 집착되
어 있음이니
17 너희들이 그와 같은 집착의 마음의 강
도가 너무나도 굳어져 세상에 넓고 넓
은 진정한 그 변화의 역사를 모르고
있음이니라.
18 작은 집단이든, 큰 집단이든, 제정신
을 차리지 못하고 있는 것이 지금 너
희들의 종교 집단의 가르치는 자요,
그곳에 가 배움을 따라 구원의 길에
가겠다 하여 그 밑에 신도라 하여 그
잘못 가르치는 자의 교리요, 성령이
다람쥐 쳇바퀴 돌듯이 그저 반복하고

반복하여 가르치는 그 성서의 내용을
보고 너희들이 구원의 길이라며 '아
멘!'이요, '할렐루야!' 소리 지르는 그
와 같은 폐습을 지금도 버리지 못하고
있음이니,
19 창조주인 나 여호와가 원하는 것이 무
엇이며, 내가 새로 이루는 것이 무엇
이며, 너희들이 구원을 받는 그 구원
의 빛이 무엇인지, 그 모두를 알지도
못하는 그와 같은 자들 밑에 가 너희
들이 구원을 받는다고 모든 재물과 시
간을 바치고 있으니, 그것이 바로 무
엇이더냐?
20 하늘에 오르는 천국의 문을 바라보지
도 못하는 것이며, 너희들이 말하는
그 죄에 따라 지옥 불로 가는 길을 달
려가는 것이 너희들의 지금의 믿음의
형국임을 알라.
21 너희들은 나 창조주가 이루고자 하는
것을 모르기에, 새로운 시대를 열고자
하며, 하늘에서 이루어진 하늘의 낙원
처럼 지상에 그와 같이 낙원을 이루고
자 하여 내가 제3의 시대를 지금 시작
하였으며,
22 버릴 자와 버리지 않을 자, 구원할 자
와 구원하지 않을 자, 이를 선별하고
구분하는 지금 심판의 단계가 시작되
었음을 너희들은 모르며, 그저 지나간
과거의 관행과 전통에 따라 재물을 거
둬들이며 그저 성전을 더 방대하게 짓
고자 하는 거기에만 집착하여 있음이
니,
23 너희들이 과연 그 속에서 진정한 진리
가 나오며 진정한 믿음이 나올 수 있
다 생각하는가?
24 너희들은 여기서 깨우쳐야 될 것이니
라.
25 지금 내가 나의 성령을 내려보내 160
권이라는 법전으로 만들어 세상의 모
든 나의 백성이요, 너희들을 다 구원
하고자 하는 역사가 시작되었으며,
26 그 역사 속에 너희들이 구원받을 자,
구원받지 못할 자, 내가 버릴 자, 구원
할 자 추리는 심판의 시대가 진행되고
있는 그 자체도 모르며, 몇 명 되지 않
는 그 집단에서 지금 너희들만을 따르
는 것이 구원을 받는다 그리 나의 피
조물 만백성을 현혹하며 이끌어 가는
그 죄가 얼마나 무서운가를 스스로 알
때가 되었음이니 그리 알라.

3,188 번째 하나님 말씀

2002년 8월 30일 01시 30분

1 사랑하는 나의 아들아!
2 "네, 아버님! 말씀하옵소서."
3 나의 아들 예수를 죽음으로 몰았던 너
희들이요, 그리하여 생명수요, 내 성
령이 세상에 내려가 너희들을 구원하
지 못하여 너희들이 하늘의 문을 닫게
하였으며,
4 그리하여 지금 2천 년 역사가 흘러오
는 동안에 너희들은 우리 부자의 이름
을 팔아 너희 마음대로 계획하는 머릿
속에 너희들의 육의 즐거움과 향락을
위하여 너희들이 지금 나의 피조물 만
백성의 재물과 금화를 거둬들이는 그
액수를 한번 계산해 보고 생각해 보라.
5 그리고 너희들을 따라와서 구원의 길
이라며 그 잘못 가는 믿음을 믿다 죽

어 간 나의 피조물 만백성의 그 머릿
수를 한번 너희들이 세어 보라.
6 너희들이 잘못 가는 길이며 나와는 관
계없는 그와 같은 믿음의 길로써 나의
피조물 만백성을 구한다 하여 너희들
이 지금으로부터 몇천 년 동안 나의
백성들로부터 긁어모은 그 재산의 액
면가를 한번 따져 보라.
7 너희들이 그와 같은 액면가로써 나의
지구를 덮고도 몇 번 덮는 그와 같은
흉악한 착취의 행동을 벌였음이니라.
8 그리고 너희들이 그와 같이 가면서 나
의 피조물 만백성을 구원의 길이요,
천국의 문으로 인도한다 하여, 너희들
을 따라 '아멘, 할렐루야!'요, 그저 너
희들이 하라는 대로 광란의 짓을 하며
그 믿음을 믿어 왔던 자들, 그 숫자가
얼마나 많이 지옥으로 갔으며 그들이
잘못되었는가 너희들은 한번 스스로
생각해 봐야 될 것이니라.
9 그리하여 지금 이 시간도 너희들이 그
리 흘러가며, 너희들의 후손 대대손손
그와 같이 그 관행대로 너희들이 그저
끌고 가 그들을 지옥 불로 인도하는
그 역사는 계속 재연되니, 내가 이를
막기 위하여 나의 아들을 이 세상에
내보냈음이니라.
10 그리하여 나의 아들을 이 지구에 동양
의 작은 나라에 태어나도록 그리하였
으며, 나의 법전 160권이 너희들의 언
어와 너희들의 문자로써 세상에 나가
며 또 그리 전하여짐이니,
11 너희들은 이 동양의 작은 나라에 태어
난 백성들로서 자랑스럽게 생각하여
야 될 것이며, 너희들이 축복받은 나
라에서 축복받은 백성으로서 태어났
음을 알아야 될 것이니라.
12 이를 너희들은 지금 모르고 있음이니
라.
13 우물 안 개구리 같은 형국으로써 열
명이요, 다섯 명이요, 신도를 데리고
있는 그 모두는 저희 종교 지도자의
삶을 영위하는 방법과 수단으로써 너
희들이 그들을 이끌어 가면서, 너희들
이 할 말이 없고 전할 말이 없으며 그
들을 설득할 말이 없으니,
14 그저 너희 성전에 와 재물을 많이 바
치면 천국으로 가며 구원을 받는다 그
리 소리 지르고 있음이니, 우물 안 개
구리와 같은 그 형국을 이제 너희들
스스로 부끄러운 줄 알면 접어둘 때가
되었음을 알아야 될 것이니라.
15 그리고 너희들은 내가 온 세상을 다
같은 언어요, 같은 문자로써 이루고자
하니, 이것이 바로 동양의 작은 나라
의 너희들 것이니,
16 너희들이 얼마나 위대한 백성인가를
깨우쳐 봐야 될 것이며, 얼마나 영광
된 백성이며 축복된 백성인가를, 그리
고 나의 아들과 같이 존재하는 이 시
대에 살아가는 너희들이 얼마나 축복
된 것인가를 알아야 될 것이니라.
17 이제 내가 나의 아들이 존재하는 이
동양의 작은 나라의 문자와 언어를 가
지고 온 세계의 모든 인류요, 그 나라
들을 다스리고자 하며 지배하고자 하
는 것이 나의 뜻이니, 이 세계가 하나
의 문자요, 하나의 언어로써 통일되는
그와 같은 역사가 이루어짐을 알라.
18 그리하여 동양의 너희들의 그 언어와

문자로써 천 년에 걸쳐 다 통일되며
그것으로써 공통어가 되는 그와 같은
역사의 변화가 지금 시작되고 있음이
니라.
19 이 동양에 태어난 너희들 백성은 나의
아들이 이 세상에 너희들과 더불어 동
양의 작은 나라에 태어났음이니, 너희
들은 자긍심을 가져야 할 것이며,
20 너희들은 나의 아들이 이끌어 가는 법
전을 전하며 만백성을 구하는 길에 동
참하며 힘차게 그와 같이 나갈 때, 구
원의 빛을 보며 나에게 구원받는 천국
에 오를 수 있으나,
21 이를 사탄이요, 이단이라 하고 버리며
벌레 보듯이 하는 자, 그는 죽어 내 앞
에 왔을 때 너희들이 얼마나 우매하고
어리석은 백성인가를 지옥 불로 가면
서 통탄할 날이 머지않았음을 알라.

3,189 번째 하나님 말씀

2002년 8월 30일 08시 38분

1 사랑하는 나의 아들아!
2 "네, 아버님! 말씀하옵소서."
3 네가 지금 깨달아 올라가는 그 경지에
서 세상을 바라봄이 어떠하던가?
4 "네, 아버님! 사람이 선한 일을 하기
시작하면 그 선한 일이 끝이 보이지
아니하며, 선한 일을 하고 또 할수록
선한 일을 계속하도록 선한 일만이 그
리 보이오며, 사람의 심성이요, 마음
또한 그리 변하는 것을 깨달았사옵나
이다.
5 그리하여 한 번에 마음을 먹어 선한
길을 가고자 결심했을 때, 그 마음이
흔들리지 아니하는 자는 오로지 선한
일만을 할 수 있으며, 마음이 그리하
여 천사와 같이 변하며, 여호와 아버
님의 성심을 따라갈 수 있는 것 같은
그러한 생각이 드옵나이다."
6 그러하니라, 나의 아들아!
7 내가 지금 너를 통하여 제3의 시대에
이 역사를 이루고자 하는 그 뜻을 알
겠는가?
8 지금 수천 년 동안 흘러오는 그 종교
집단이 나와는 관계도 없이 나의 피조
물 만백성에게 재물과 금화를 거둬들
이며 그리 가고 있는 것이 잘못되었다
하였음이니라.
9 그와 같은 관행과 풍습이 잘못된 것은
잘못된 대로 계속 그게 더 펴져 나가
며 그와 같은 형국으로 늘어 가게 되
어 있음이니,
10 악을 행한다 하면 그 악은 악의 뿌리
를 낳고 그 악의 뿌리가 또 악의 뿌리
를 낳으니, 그들이 악을 행함에 있어
서 용감하며 즐거워하며 지혜로우며
자신 있게 그와 같이 펴져 나가니,
11 잘못된 관행을 가지고 배우고 가르치
는 자, 그 관행이 잘못되었기에 그들
이 뻗어 나가는 그 힘을 막을 수가 없
는 것이며, 그들은 그와 같이 잘못 가
는 관행에서 또 제가 잘못되며, 죄악
에 대한 것을 제가 거기에 또 첨부하
여 그와 같이 계속 펴져 나가니,
12 지금 너희들이 말하는 이 세상이 암흑
의 세상이요, 또 종말의 시대요, 그와
같이 되어 있음을 알아야 할 것이니라.
13 그러니 그와 같은 것을 어찌 너희들이
막을 수 있는가?

14 악의 관행이 계속 악의 관행으로 뻗어
나가는 그 힘은 갈수록 배가 되어 그
를 감히 막을 자가 없으니, 이게 바로
무엇이더냐?
15 나의 이 아름다운 지구가, 이 지상이
그와 같이 오염되어 있음이니, 이를
바로잡을 수 있는 것은 아무도 없음이
니라.
16 모세를 통하여 그 백성들로 하여금 세
상을 지배하는 그와 같은 하나의 통일
된 역사요, 하나의 민족으로서 이 세
상을 역사하려 하였으나, 그들이 스스
로 우상이라는 것을 만들어 그와 같이
나의 마음을 닫도록 하였으며, 천국의
문을 닫는 그와 같은 행위를 하였음이
니라.
17 그리하여 그들에게 살아가며 지켜야
되는 그 성서요, 그 모두를 간단히 만
들어 십계명이라는 것을 내려보냈으
나, 그들은 그것을 또한 팽개쳤으며
그를 보지 아니하였음이니라.
18 그리하여 신약 시대가 또 이루어졌으
니, 그 신약 시대에 나의 아들 예수로
하여금 나의 성령이요, 나의 가르침이
요, 나의 뜻이요, 십계명을 너희들이
지키고 살아가는 그와 같은 시대를 열
려 하였으나 그가 또 어찌 되었는가?
19 그 또한 너희들의 그 사악한 마음에
의하여 나의 아들이 그리 죽음을 당했
으니, 그는 무엇이더냐?
20 그렇다면 너희들이 지금까지 믿음의
종파가 바르지 못하며 나와는 관계없
는 자식들이라 말하였음이니, 그게 어
찌하여 그와 같은 역사가 이루어졌겠
는가?
21 너희들은 거기서 들어야 될 것이니라.
22 너희들은 나의 아들을 적대시하는 그
백성들도 나의 아들을 죽게 하는 원인
이 되었으나, 그를 따르며 나의 성령
이요, 나의 혈통으로써 나의 자식이
요, 아들이라 선택되어야 했던 그 제
자들이 어찌하였는가?
23 그 믿음이요, 모든 기적을 봤으며 저
희들이 목숨을 바쳐 따라야 했던 그들
이 그 현장에서 등을 돌렸음이니, 그
후손의 뿌리가 과연 어떠한 마음을 가
지고 있겠는가?
24 그들은 스스로 나중에 죄를 느끼고 책
임을 느껴 죽었다 하며, 그들이 순교
의 길이요, 스스로 그 부끄러움을 느
껴 자신이 목숨을 바치는 그와 같은
삶을 살았다 하여도, 그는 먼저 선한
마음에서 순종하는 마음이 없으며, 나
의 아들을 따르는 마음을 버렸으며,
거기서 등을 돌렸으니, 그 위에 깨달
은 것은 두 번째의 그의 마음이니라.
25 그러니 그 자신이 악과 선의 두 마음
을 가지고 있었음이니, 그게 어찌 나
의 아들이요, 나의 아들을 따라서 그
리 나의 백성으로서 자신을 지켰는가?
26 그러하니 그곳에서 선한 마음의 후손
들이 세상을 지배하고 이어 온 것이
아니요, 너희들은 명맥을 유지했으며
그 뿌리를 유지한 것처럼 되어 있으
나, 너희들은 선한 쪽이 아니요, 나와
는 관계없는 인간의 본연의 마음이요,
너희들이 즐겁고 향락 쪽으로 모두가
다 그리 왔음이니라.
27 너희들은 지금 모세의 시대의 그 백성
이 우상을 만들어 경배하고 광란의 짓

을 하며 그들의 우상을 만드는 데 용
감했던 그와 같은 백성들보다 조금도
부족함이 없는 그와 같은 형국으로 지
금 오고 있음이니라.
28 너희들이 나의 십계명에 기록되어 있
는 그 가르침이요, 그 행함 외에 다른
짓을 한다는 것은 나와는 관계없음이
니라.
29 그리하여 십계명에 그와 같이 크나큰
성전이요, 궁궐을 지으라 하는 대목이
있으면 너희들이 그리 지으면 될 것이
며, 너희들이 재물을 받아들이며 각종
명분의 헌금이요, 하늘에 재물을 쌓으
라 하는, 내가 간추려 만든 그 십계명
속에 그것이 있으면 너희들이 그리 행
하면 되는 것이니라.
30 내가 영혼을 구하는 길이요, 너희들이
십계명을 지키고 살면 구원을 받는다
그리 말하였으며, 너희들이 살아가는
기본이요, 기초요, 육의 삶에서 이를
지키고 사는 자만이 구원을 받는다 하
여 그를 철저히 지키라 그리하여 내가
누구나 다 보고 깨우치기 쉽도록 그리
만들어 내려보냄이니라.
31 너희들이 구약과 신약의 그 성서를 읽
고 깨우치기에는 그 깊은 의미가 있으
며 그 뜻이 있으니, 그를 너희들이 볼
수 없고 깨우칠 수 없어 나의 성서요,
내가 가르치는 말을 너희들이 알 수
없기에,
32 가장 너희들이 읽어서 편하며 글을 배
운 자, 그리고 들어서도 암송할 수 있
는 자며, 글이 없어도 암송하면 암송
할 수 있으며 기억하면 기억할 수 있
도록 그 구약과 신약의 그 모두를 줄
였으며, 지금 제3의 시대에 나의 성령
이 세상에 나오는 것 또한 그를 다 축
소하여 만든 것이 십계명이니라.
33 그리 만들어 내가 너희들에게 내려보
냈으니, 그것이 얼마나 암송하기 쉬우
며, 너희들이 읽기 쉬우며 간단한 것
인가?
34 너희들의 열 손가락의 숫자밖에 안 되
는 그 십계명을 너희들이 암송하고 그
대로 살면 구원을 받는 것이니라.
35 그리하여 구약과 신약과 제3의 시대
의 법전 모두를 축소하여 만들어 놓은
그 십계명은 불변이니라.
36 그는 곧 그리하여 내가 불로써 썼음이
니라.
37 바위에다 불로 녹여서 그를 썼음이니,
그는 영원히 변할 수가 없으며 불변이
니라.
38 그리하여 너희들이 믿음의 길을 가는
것도 나의 십계명에 기록되어 있는 그
대로만 행하면 되는 것이니라.
39 거기에 무엇이 있는가?
40 너희들이 재물을 거두라 함이 있으면
재물을 거두며, 너희들이 그와 같이
행하도록 내가 써 내린 거기에 그와
같은 믿음으로 성전을 지으라 하였으
면 성전을 지으면 될 것이며, 성전을
호화롭게 꾸미라 했으면 호화롭게 꾸
미면 될 것이니라.
41 그러나 너희들이 거기에 기록되지 않
은 그 믿음의 길로 가는 백성은 나와
는 아무런 관계가 없음이니라.
42 그리하여 내가 제3의 시대를 열어 가
면서 가장 강조하는 것이며 그 기초가
십계명이니, 거기에 기초를 두고 나의

피조물 만백성을 바로잡고자 함이니,
그리하여 구약과 신약의 그 모두를 추
려 놓은 것이니라.
43 그리하여 나의 아들이 나에게 기도할
때마다 십계명을 암송하도록 하며, 그
십계명을 기초로 하여 모두를 내가 직
접 풀어 지금 내려보냄이니라.
44 너희들은 나의 선지자인 모세를 그리
만들었으며 그 구약 시대를 그리 만들
었으며, 신약 시대를 그리 만들었음이
니, 지금 내가 직접 세상에 나가 그 모
두를 통제하지 아니하면 아니 되는 이
와 같은 시국이 내려왔음이니라.
45 너희들이 그와 같이 했음이니라.
46 너희들이 아무리 진정한 나 여호와를
찾는다 하며, 너희들이 선택된 백성이
요, 구원의 길에 가는 백성이라 말해
도,
47 너희들은 내가 지금 직접 내려와 내리
는 제3의 시대에 나의 법전을 보지 아
니하며 그 뜻을 깨우치지 아니하며 십
계명대로 살지 아니한다면, 너희들은
나를 거역하는 자들이며 나와는 관계
가 없음을 알라.
48 내가 오늘 나의 아들을 통하여 여기에
반드시 기록하여 내림이니, 너희들은
십계명대로 살면 되느니라.
49 그 십계명에 기록되어 있지 아니한 그
와 같은 행위를 하는 것은 나와는 관
계가 없음이니 그리 알라.

3,190 번째 하나님 말씀

2002년 8월 30일 09시 29분

1 사랑하는 나의 아들아!
2 "네, 아버님! 말씀하옵소서."
3 너희들이 너희 손으로 만들어 놓은 그
성전이라는 곳이 나 여호와의 성전이
요, 나 여호와의 명에 의하여 만든 성
전이며, 나의 성전이라 그런 말을 하
지 말라.
4 그것은 너희 스스로 너희 손으로 만든
너희들의 성전이지, 나 여호와와는 아
무런 관계도 없으며 나의 성전이 아님
을 너희들은 알아야 될 것이니라.
5 나의 아들 예수가 나가 그가 강론하던
곳이 성전이요, 그가 만백성을 깨우치
고자 교리를 가르치며 설법을 했던 그
곳이 바로 그때그때 성전이며 그 뜻이
거기 있음을 알라.
6 이 세상의 모두가 나의 성전이거늘,
나의 성령을 전하는 곳이 나의 성전에
서 강론하는 것임을 너희들은 알아야
될 것이니라.
7 지금 나의 아들이 나의 법전을 가지고
강론하는 곳이 곧 나의 성전에서 나의
피조물 만백성을 일깨워 주기 위한 그
가르침의 장이니라.
8 너희들이 만들어 놓은 그 성전이 하나
님의 성전이요, 나의 성전이요, 그리
하여 나의 성전이기에 나의 아들의 피
로써 그곳에 오는 자 구원을 받는다
그리 말하지 말라.
9 그는 나와는 아무런 관계도 없는 것이
니라.
10 너희들이 나의 아들이 고통스럽게 죽
어 간 그 십자가를 온통 하늘을 향하
여 세워 놓았으며, 그 십자가의 우상
을 수없이 만들어 놓으면서, 너희들은
어찌하여 그것이 나의 성전이라 말하

는가?
11 나의 아들이 고통스럽게 죽어 간 그
십자가를 세워 놓은 그것만으로도 내
가 용서를 못 함이니,
12 너희들은 남들이 나무로 깎아 놓은 것
은, 남들이 숭배하는 것은 우상이요,
너희들이 깎아 놓은 것은 우상이 아니
라 그리 말하니, 너희들이 해괴망측한
그와 같은 판단이요, 방법론을 가지고
나의 피조물 만백성을 이끌어 가는 그
와 같은 형국이니라.
13 나무로 만들면 나무의 우상이요, 쇠로
만들면 쇠로 만든 대로 십자가의 우상
이니라.
14 십자가가 우리 부자와 무슨 관계가 있
는가?
15 그 십자가는 우리 부자의 가슴을 아프
게 했으며, 사랑했던 나의 아들을 죽
음으로 이끌었던 그 상징물이니라.
16 어찌하여 그것을 너희들이 세워 놓고
그것이 나의 성전이요, 나의 성전이라
하여 그곳에 오면 구원받는다 그리 말
하는가?
17 너희들은 이와 같은 사기극을 더 이상
벌이지 말라.
18 그 성전은 나와는 아무런 관계도 없느
니라.
19 그것은 너희들이 재물을 긁어모으기
위하여 너희 손으로 만들었으며 너희
들의 지혜로 만들었음이니, 그는 나와
는 아무런 관계도 없음을 내가 나의
법전에 기록하여 만백성에게 전하니,
20 종교 지도자요, 그곳에서 구원을 받겠
다고 몸부림치며 너희들이 울고불고
기도라며 드리는 그 소리, 그것을 다
시 한 번 너희 자신이 깨우쳐 보라.
21 내가 나의 아들에게 내리는 이 말이
틀린가?
22 너희들이 그곳에 가 울고불고하는 것
은 나와는 아무런 관계도 없으며, 너
희들은 사악한 자들에게 힘을 실어 주
며, 너희들이 스스로 지옥으로 달려가
는 그 길에서 노래 부르고 꽹과리 치
고 장구 치며 북 치며 나팔 불며 지옥
으로 가는 것이니,
23 그게 내가 영접해 주는 하늘에 오르는
길이라 하여 너희들은 가나, 지옥의
낭떠러지로 너희 스스로 밀려 떨어지
는 그와 같은 형국을 너희들이 볼 날
이 머지않았음이니, 이 무서운 사실
앞에 너희들이 과연 지금 같은 행위를
계속 해야 되는가?
24 너희들은 나무로써 돼지를 만들면 그
게 우상이요, 금으로써 돼지를 만들어
놓았다 하면 또 그게 우상이요, 모든
짐승의 형태요, 어떤 형태로 만들어
놓으면 너희들이 다 우상이라고 말하
느니라.
25 그러나 너희들이 만든 십자가가 무엇
이더냐?
26 우리 부자가 가슴 아팠던, 나 여호와
의 슬픔이요, 나의 아들의 고통인 그
상징물을 너희들이 십자가라 하여 만
들어 놓고 그곳에다 금화와 은화를 바
치라 하며, 거기에 절하며 경배하며
두 손 모아 기도드리니, 그것이 바로
너희들은 우상을 섬기는 것이니, 얼마
나 나에게 거역하는 행위던가?
27 너희들은 너희 자식의 목숨을 끊게 한
그 모두를 원수와 같이 생각하며 그를

용서하지 못하면서, 어찌하여 나의 성
전이요, 내가 임하는 성전이 너희들이
축복받는 성전이라 그리 말하면서, 나
의 가슴을 그리도 울렸고 나의 아들이
고통 속에 간 그 십자가를 너희들이
만들어 놓고 그곳에서 기도한다 울부
짖는가?
28 너희들이 나에게 얼마나 거역하는 것
인가?
29 너희들이 사탄이요, 사악한 자가 아니
라 너희들이 말할 수 있으면 나에게
한번 항변을 해 보라.
30 너희들은 내가 가장 봐서도 안 되고
보기도 싫은 것을 만들어 놓고 거기서
기도를 하는 그와 같은 형국이니, 이
를 너희들은 어찌 회답할 수 있는가?
31 너희들 스스로 대답을 해 보라.
32 내가 세상에서 가장 보기 싫은 것이
십자가이니라.
33 내가 가장 쳐다보기 싫은 것이 십자가
요, 나의 마음을 아프게 하는 것이 십
자가요, 그 십자가의 고통 속에 죽어
가는 나의 아들이 그 잔을 받지 않고
자 수십 번씩 기도를 했으나 내가 그
를 들어주지 않은 나의 가슴 아픔이
있으며, 그를 구원할 수 있으나 구원
하지 않은 나의 가슴이 찢어지는 아픔
이 여기 있거늘,
34 어찌하여 너희들은 그를 놓고 나의 성
전이요, 나로부터 구원받는 곳이라 그
리 말하는가?
35 너희들이 나의 자식이요, 나의 백성이
라면 너희들이 만들어 놓은 십자가,
그것부터 다 철거하며 그것부터 지우
라.
36 그리고 나서 너희들이 나에게 경배하
고 기도하라.
37 십자가가 이 세상에 존재하는 한 너희
들은 구원의 길을 볼 수도 없으며,
38 그 십자가가 다 없어졌을 때 그리고
너희들이 그를 다 부수어 놓고 없애
버린 후에 나의 십계명에 따를 수 있
는 대로 행하며 그대로 가면 너희들은
천국에 오르는 길을 볼 수 있음이니라.
39 너희들이 십계명을 가지고 나의 피조
물 만백성에게 지키도록 하여 1년이
요, 2년이요, 그 훈련을 받으며 변해
가는 모습을 점검하여 그들이 완벽하
게 됐을 때 사회에 내보내는 것이 너
희들의 통례이니라.
40 내가 뭐라 말하였느냐?
41 천사와 같은 마음, 나 여호와의 심성
과 같은 사람이 되지 아니하면 천사가
사는 천국에 올 수 없다 했음이니, 가
르치는 지도자를 내가 뭐라 하였느냐?
42 유리로 비추어 봐서 한 점의 부끄럼이
있는 자는 지도자가 될 수 없다고 내
가 엄히 다스렸음이니, 그 말이 무엇
이던가?
43 천사와 같지 않은 자가 어찌하여 천사
와 같은 사람을 길러 낸다고 그 단상
에 서서 오도방정을 떠는 그 추악한
행위를 하고 있는가?
44 천사를 길러 내는 자는 천사가 되어야
됨이니라.
45 너희들이 나의 아들의 살아가는 모습
을 보며 그가 역사함을 보라.
46 그가 5달란트라는 그 이치를 깨달아
그가 역사하는 것을, 그 불쌍한 저의
제자들을 살리기 위하여 그들의 의식

주를 해결하며 살아가기 위하여 그가 어찌 노력하는가 너희들은 보라.
47 그는 십계명에 따라서 행하며, 십계명에 있지 아니한 행위를 하지 않음이니라.
48 이것이 너희들과 나의 아들과의 차별화이니라.
49 나의 아들이 살아가는 모습을 너희들이 와서 한번 들여다보라.
50 과연 너희들이 그리 살아갈 수 있겠는가?
51 너희들이 유리로 비춰 봐서 부끄럽지 않은 삶을 살지 않는 자, 천사가 되지 아니하는 자는 그 단상에서 내려와야 될 것이니라.
52 너희들보다 더 아름답게 살아가는 그들 앞에서 너희들이 어찌 하늘에 오르는 길을 인도하는 자요, 그들의 죄를 용서해 주며 그들을 이끌어 간다 하느냐?
53 천사가 아닌 자는 천사를 만드는 그 단상에 설 수가 없음이니, 이를 너희들이 깊이 깨우쳐라.
54 만일 이와 같은 것을 너희들이 듣고도 이해 못 하며 이것이 틀린 말이라 한다면, 너희들은 영영 구원의 길과 나를 볼 수 있는 길이 없음을 알라.
55 나의 아들 예수로써 구원을 받는 나 여호와의 성전이라 말하지 말라.
56 절대 그와 같이 우리 부자의 이름을 팔아 너희들이 나의 성전이라 그리 말하지 말라.
57 너희들이 있는 그곳은 나와는 아무런 관계가 없음을 내가 다시 말하니, 아무런 관계가 없느니라.
58 죄의 온상의 행위를 하는 것, 그리고 너희들이 모든 우상을 가장 대표적으로 믿으며, 가장 큰 기복 신앙이니, 바치면 준다는 그것이 기복 신앙의 원조가 아니고 무엇이냐?
59 나는 너희들의 그 성전을 모르느니라.
60 너희들은 지금부터라도 십계명대로 살아가며, 십계명에 있지 않은 행위를 하는 것은 나를 거역함이니라.
61 그러니 나의 성전이라 말한다면 너희들은 십계명을 지키며 거기에 따라서만 살라.
62 그리고 너희들이 호화롭게 지은 그 모든 성전을 다 정리하여, 그저 비바람 막을 수 있는 장소에서 진정한 나의 뜻을 가르치며, 너희들이 제왕과 같은 그 왕국을 이루어 놓은 그 모두를 다 정리하여 너희들에게 평생 바친 그 신도들에게, 그 어렵고 힘든 자에게 그를 나눠 주는 그와 같은 행위를 하지 아니하는 한 너희들은 정녕 나의 빛을 볼 수 없으며 구원을 받을 수 없음이니라.
63 육의 세상에서 재물을 탐하는 자, 재물을 가지고 역사하는 자, 재물을 쌓아 놓는 자, 재물을 가지고 방대한 궁전을 짓는 자, 남의 돈을 거두어들여 호화롭게 사는 자, 그 모두가 죄의 행위의 근본임을 너희들은 알라.
64 이것이 과연 틀렸으면 나에게 너희들이 기도하여 물어보라.

3,191 번째 하나님 말씀

2002년 8월 30일 09시 35분

1 사랑하는 나의 아들아!
2 "네, 아버님! 말씀하옵소서."
3 네가 무엇이든 음식이라는 것을 입에
넣을 때 이리 기도하느니라.
4 '아버님! 제가 과연 이 음식을 먹을 자
격이 있사옵나이까? 그리고 제가 이
음식을 먹은 만큼 깨끗이 살아가고 있
사옵나이까?' 네가 나에게 물어보느
니라.
5 '제가 이 음식을 먹을 자격이 있습니
까?' 하고 너는 나에게 매일 묻느니라.
6 오늘 아침 네가 또한 기도를 드렸느니
라, '아버님! 제가 이 음식을 먹어도
되겠사옵나이까?'.
7 사랑하는 아들아, 그 음식을 즐겨 먹
도록 내가 너에게 명했으며, 내가 너
에게 뭐라 말했느냐?
8 "네, 아버님! 제가 지금 먹는 이 음식
보다 제 마음과 제 육신이 더 깨끗하
다 하셨사옵나이다.
9 제가 먹는 이 음식보다도 제 마음과
육신이 깨끗하다 그리 말씀하셨사옵
나이다.
10 아버님! 정녕 그러하지 못하옵나이다.
11 저는 아직도 깨우침이 부족하며, 저는
행함이 부족하며, 아직도 마음의 다스
림이 부족하기 끝이 없사옵나이다."
12 사랑하는 나의 아들아, 너의 제자들에
게 또한 전하라.
13 너의 제자들 중에 '지도자반'이라 하
여 공부하는 자들, 그들의 마음이 그
리 변하기를 나 여호와가 기다리고 또
기다리고 있다 함을 그들에게 전해 주
라.
14 그들이 기도할 때 '아버님, 제가 이 음
식을 먹을 자격이 있사옵나이까?' 하
고 나에게 물을 때, '너희들의 마음과
육신이 그 음식보다도 더 깨끗함이니,
너희들은 즐겨 그를 취하도록 하며,
과식하지 말며 음미하는 마음으로써
먹으라.' 그리 내가 명할 수 있도록 그
들에게 그리 변해 달라 전하라.
15 내가 그들을 정녕 사랑함이니라.
16 네가 나에게 기도를 드릴 때 너의 몸
과 마음이 그 음식보다도 더 깨끗하다
내가 하였음이니, 이는 나의 기쁨이
요, 이 지상의 모든 백성의 영광임을
알라.
17 내가 한 사람으로서 이 세상을 통제하
며, 나의 아들로서 통제하고자 함이
니, 나의 아들이 육신의 삶에 얽히고
설켜 바로 서지 못하며 바로 깨우치지
못한다 하면,
18 이 모든 160권의 법전은 아무런 의미
가 없으며, 가치가 없으며, 그 위력을
발휘할 수 없으며, 나의 피조물 만백
성을 천 년에 걸쳐 이루고자 하는 그
역사가 이루어질 수 없음이니,
19 오늘의 이 기쁜 마음이요, 온 백성, 지
상에 사는 모든 동식물 너희들의 기쁨
임을 알라.
20 이제는 나의 아들의 몸과 마음이 너희
들이 섭취하는 음식보다도 더 아름답
고 깨끗하게 변화되며 정화되어 있음
이니, 그는 어찌하던가?
21 나에게 순종함이며, 나의 아들이요,
나의 뜻에 따르는 자이며, 나 여호와

가 존재함을 알기 때문이니, 그가 두
려움을 알고 있음이니라.
22 그리하여 그는 변화되며, 그는 나의
아들이기에 내가 또 모두를 가르치기
위하여 그를 훈련하고 단련시키고 있
음이니, 계속 그는 무한한 변화의 역
사를 이룰 것이니라.
23 오늘의 이 시점에서 그가 먹는 음식보
다 그 육신과 마음이 더 깨끗함을 내
가 전함이니, 그들도 나로부터 그와
같은 영광의 대답을 들을 수 있도록
그리 변화되는 삶을 살라 그리 전하라.
24 내 그들을 사랑함이니라.
25 또한, 너에게 와서 공부하는 자, 너에
게 와서 배우는 자, 모든 제자들에게
도 그리 강론하여 나의 뜻을 전하라.
26 그들이 그와 같이 변할 수 있도록, 오
늘의 네가 변하여 하늘의 기쁨이요,
지상의 모두의 영광이요, 너희들의 축
복인 만큼, 너희들이 하나 둘 그리 변
해 갈 때 바로 천국이요, 천 년에 걸쳐
천국의 왕국이 이 지상에서 이루어짐
을 알아야 될 것이니라.

3,192 번째 하나님 말씀

2002년 8월 30일 09시 45분

1 사랑하는 나의 아들아!
2 "네, 아버님! 말씀하옵소서."
3 저희들의 열 발짝 안에 하나씩의 성전
을 짓고 십자가를 하늘을 향하여 세워
놓아 만백성을 구한다 그리 말하나,
그는 나와는 아무런 관계가 없다 함을
나의 법전에 기록하여 그들과 너의 제
자들과 만백성에게 전하여야 될 것이
니라.
4 지금의 종교 지도자들의 가르침과 그
들이 이끌어 가는 그와 같은 형태요,
그들이 존속하고 지탱하는 그 자체요,
그들이 존재하는 그 모두가 나와는 아
무런 관계가 없음을 알라.
5 그들 자체와 나 여호와와는 아무런 관
계도 없음을 내가 나의 법전에 다시
한 번 기록하여 너희들에게 전함이니
라.
6 너희들의 입에서 나오는 소리는 정녕
나의 성령과는 아무런 관계가 없는 것
을 가지고 너희들이 가르치며, 나의
성서의 깊이도 모르며 성서를 펴 놓고
설교하나 너희들은 나와 아무런 관계
도 없는 것을 가르치고 있음을 알라.
7 우선은 그 깊이를 모르며 거기에 담겨
있는 뜻을 너희들이 모름이니라.
8 그리하여 너희들은 나와 관계가 없으
며, 또한 나와 너희들과의 그 관계는
이미 다 끊어진 상태이며, 내가 너희
들에게서 손을 놓은 지가 언제인지 너
희들은 그 자체도 모름이니, 이미 나
는 너희들에게서 손을 놓았음이니 너
희들과 나와의 관계는 끊어진 상태임
을 알라.
9 너희들은 입으로써 행하고 입으로써
만 모든 것을 다 이루며 역사를 하고
있음이니라.
10 그리고 너희들은 입으로써 사랑을 베
풀며 입으로써 모든 것을 다 다스리
며, 입으로써 천국에 오른 자들이며,
입으로써 천국의 문을 열 수 있다 그
리 말하니, 그 가르치는 자들이 행하
는 것을 너희들이 봐야 될 것이니라.

11 너희들이 그 가르치는 자의 행위며 그
들이 행하는 것을 볼 때, 언행일치가
되지 아니하는 지도자, 그의 밑에 가
서 구원을 받겠다고 울고불고하며 매
달리는 너희들이 불쌍하여 내가 너희
들을 구하고자 제3의 시대에 나의 법
전을 세상에 내려보냈으니,
12 손에 들고 읽고 깨우치면 너희들이 구
원을 받을 수 있는 그와 같은 법전을
세상에 내려보냈으니, 너희들은 이를
보고 구원을 받아야 될 것이니라.
13 이를 읽고 깨우쳐 너희들이 구원을 받
아야 될 것임을 잊지 말라.
14 내가 너희들에게 말하였느니라.
15 하늘에 오르는 자, 천사와 같이 되어
야 되며, 나의 심성을 닮지 않은 자,
천국의 문에 들어설 수 없다 말하였음
이니라.
16 그리하여 내가 이르기를, 종교 지도자
는 유리로 비추어 봐서 한 점의 부끄
러움이 있는 자는 지도자로 설 수가
없다 하였음이니라.
17 그는 무엇 때문이던가?
18 천사를 길러 내는 자는 천사가 아니면
기를 수가 없기 때문에 그러함이니라.
19 그리하여 지금 종교 지도자들이 어찌
하는가?
20 저희들 자신이 신이 되고자 하는 그와
같은 착각 속에서 사는 자들이 바로
지금 하늘에 오르고자 하는 나의 피조
물 만백성을 이끌어 간다 말하는 자들
이니라.
21 그 지도자라는 자들이 정직하게 말하
지 않으며 정직을 모르며 정직한 행동
을 하지 아니하며, 그저 저희들이 순
간에 따라 임기응변으로써 말로써 모
두를 다 가르치며, 말로써 모두를 다
행하며, 말로써 모두를 다 거둬들이는
그와 같은 방법으로 그들이 살아가고
있음이니,
22 그들이 나와는 아무런 관계도 없는 그
와 같은 행위로써 저희들의 이익을 위
해서 악의 행위를 하고 있으면서도 그
것이 죄가 된다는 것도 깨우치지 못하
는 자들이며, 죄의식도 갖지 못하고
정신이 혼미한 상태에서 사는 그와 같
은 자들이 종교 지도자라 하여 단상에
서서 나의 피조물 만백성 너희들을 이
끌어 가고자 하는 그와 같은 형태임을
알라.
23 나의 뜻을 모르며 내가 미래에 역사하
고자 하는 것을 모르는 그들은 나와는
아무런 관계도 없음이니, 이미 끈이
끊어진 상태이며, 내가 손을 놓은 자
들이니라.
24 지금의 종교 집단 속에 너희들이 구원
을 받고자 지금도 계속 가서 울고불고
하며 너희들이 '아멘!'이요, '할렐루
야!' 하며 찬송 부르며 광란의 짓을 계
속 한다면, 너희들은 지금의 육신의
삶에 즐거움을 얻을 것이며, 안일을
얻을 것이며,
25 너희들이 노래 부르고 광란의 짓을 하
여 스트레스를 해소했다 하여 너희들
은 축복이요, 영광을 받았다 그리 말
할 수 있으나, 너희들이 기뻤던 그것
도 광란의 마음 뒤에는 허전하고 공허
한 마음이 너희 자신을 엄습할 것이니
라.
26 이것이 반복되는 것이 믿음이 아니고

구원이 아니니라.
27 매일같이 하루하루 변화되는 것이 하
늘에 오르는 길이니라.
28 그들은 이미 내가 다 손을 놓은 자들
이니, 그곳에 너희들이 더 이상 머무
른다는 것은, 너희들은 그저 광란 짓
을 하다 지옥으로 가서 그 지옥에서
너희들이 지은 죄의 그 무섭고 험난한
대가를 치른다는 것을 잊지 말라.

3,193 번째 하나님 말씀

2002년 8월 30일 11시 27분

1 사랑하는 나의 아들아!
2 "네, 아버님! 말씀하옵소서."
3 내가 너에게 말하여 일렀음이니라.
4 하나의 나의 피조물 백성을 천사와 같
이 만드는 것이 무엇과도 바꿀 수 없
는 소중함이며, 나 여호와의 가장 큰
기쁨이요, 그로 하여금 만백성을 구하
는 기초가 다져지는 그 역사가 시작됨
을 너는 알아야 될 것이니라.
5 너는 너의 제자들에게 일러 깨우쳐 주
라.
6 나의 성전에 와 나의 법전을 가지고
공부하며 나의 성령을 직접 듣는 너희
들은 매일같이 변화되는 그 역사를 이
루지 아니한다면, 나의 성전에 와 나
의 성령의 가르침을 들을 자격이 없음
을 그들에게 전해야 될 것이니라.
7 너희들은 하루가 변하듯이 변해져 가
지 아니한다면, 정녕 나로부터 구원을
받는 그와 같은 백성이 될 수가 없으
며 만백성을 지도하는 자가 될 수가
없음이니라.
8 너희들은 매일같이 변하는 그와 같은
노력 속에서, 그 깨달음 속에서 나의
성전을 찾아야만 됨을 잊어서는 아니
되느니라.
9 너희들이 지금까지 살아오면서 살아
온 그 세월 속에 얼마나 많은 죄를 지
었으며, 너희들이 얼마나 해서는 안
되는 인간관계의 생활 속에서 살아왔
는가?
10 너희들이 지금 인생이 얼마나 남아 있
는가?
11 너희들이 나에게 죄를 사하며 아름다
움을 베풀며 살아간다면, 너희들은 과
연 얼마나 남은 인생이 너희들에게 기
다리고 있는가를 한번 생각해 보라.
12 너희들은 지금 매일같이 변해도 너희
들이 살아 있는 동안에 그 죄의 지은
모두를 나로부터 용서를 받으며 만백
성을 구하는 지도자로서 바로 설 수
없기 때문이니,
13 너희들은 남은 인생에 대해서 바로 서
는 자가 되어야 될 것이며, 만백성을
이끌어 가는 그와 같은 너희들이 되어
야 되기에, 하루의 시간에 따라서 변
하는 그와 같은 너희들의 마음 자세로
너희들 자신이 변화되어 가지 아니한
다면, 너희들은 할 일이 없으며, 너희
들이 만백성을 구할 수 있는 그와 같
은 기회가 없음이니라.
14 내가 오늘 너희들에게 간곡히 부탁하
노니, 너희들은 매일같이 시간을 두고
변화되는 그와 같은 나의 아들과 딸로
서 살아가야 함이니 이를 잊지 말라.
15 매일같이 너희들이 변하라.
16 매일같이 미물이 허물을 벗듯이 너희

들이 잘못된 것을 하나하나 고쳐 가며
너희들이 바로 서 가는 그와 같은 역
사의 시간을 이루어야 될 것이니라.
17 내가 오늘 나의 아들에게 명하였느니
라.
18 그가 만백성을 받아들이는 신랑으로
서의 자리를 굳혔다 말하였으며, 그가
먹는 모든 음식의 색깔이요, 맛이요,
그들이 가지고 있는 그 아름다운 특성
보다도 나의 아들의 마음이요, 육신이
더 아름답고 깨끗하다 내가 감히 그에
게 그리 말하였으며,
19 너희들도 그리 변해 주기를 내가 간곡
히 바란다 너희들에게 다시 한 번 전
하노니, 너희들이 그와 같은 변화의
역사를 이루어야만 될 것이니라.
20 내가 너희들에게 어찌하여 이 어렵고
힘든 길을 가라 하는가?
21 그렇다면 내가 누구에게 이것을 가르
쳐야 되겠느냐?
22 나의 성전에서 나의 아들을 통하여 내
리는 성령의 뜻을 지금 듣고 깨우치며
나의 법전을 같이 공부하는 너희들 외
에 누가 있는가?
23 나의 법전을 읽으려 하지도 아니하며
보려 하지도 아니하는 그들에게 내가
어찌 가르쳐 줄 수 있으며 어찌 그들
을 깨우쳐 주겠느냐?
24 내가 내린 십계명을 너희들은 지키고
살겠다 생각하는 자들이며, 그를 지키
기 위하여 노력하는 자들이며, 나의
법전이 나의 성령이라 믿는 너희들이
니, 바로 나를 바라보는 것은 너희들
밖에 없음이니,
25 내가 너희들에게 이와 같이 어렵고 힘
든 고통의 길을 갈 수 있고 인내할 수
있도록 강요함이며, 너희들에게 가르
치며 내가 너희들에게 간곡히 부탁하
는 이와 같은 애절한 마음으로써 전함
이니라.
26 너희들이 하루하루 변해 주는 것이 나
에게 가장 큰 기쁨이며 영광을 준다는
것을 잊지 말라.
27 내가 너희들을 사랑함이니라.
28 사람의 머릿수를 따짐이 필요 없음이
니라.
29 내가 역사하고자 하나가 변하면 그의
빛이 세상을 다 덮는다는 것을 너희들
은 알아야 할 것이니라.

3,194 번째 하나님 말씀

2002년 8월 30일 23시 07분

1 사랑하는 나의 아들아!
2 "네, 아버님! 말씀하옵소서."
3 내가 너희들에게 수천수만 번 전하나,
사랑을 베풀며 너희들이 마음을 비우
며 그리 살아가는 것이 쉽지 않음이니
라.
4 그리하여 너희들이 남을 평가하지 말
며, 남을 시시비비하지 말며, 모든 인
간의 평가는 나 여호와 외에는 아무도
할 수 없다 내가 너희들에게 그리 가
르쳤음이니라.
5 너희들이 마음을 비울 수 없으며 미운
사람을 사랑할 수 없다 하면, 너희들
은 나의 성령이요, 나의 법전을 가지
고 공부하며 나의 아들이 너희들에게
가르치는 그 강론을 들어 너희들이 매
일같이 변하는 사람으로서 살아가지

못함이 아니던가?
6 너희들이 정녕 매일같이 변하며 하늘
에 오르는 길을 한 계단 한 계단 나에
게 오른다면, 너희들의 그 마음이 변
해야 될 것이며, 너희들은 미워하는
사람, 좋아하는 사람, 그와 같은 것이
없으며 너희들은 누구나 다 똑같이 보
아야 할 것이니라.
7 그러나 너희들의 마음이 아직도 미운
사람은 미우며, 또 너희들이 싫은 사
람은 싫으며, 잘못하는 짓이 보이는
사람도 잘못하는 것이 너희들 마음에
걸리며 너희들 눈에 들어오니, 그들을
평가하는 것이 너희들이 보통 지금 살
아가는 그와 같은 형국이 아니던가?
8 그렇다면 너희들은 과연 무엇이 변했
다 말할 수 있느냐?
9 너희들은 이와 같은 깨우침을 얻어야
될 것이니라.
10 너희들이 살아가면서 '미운 자식 떡
하나 더 준다.'는 말이 있지 않더냐?
11 너희들이 정말 미운 사람이요, 상대하
기 싫은 사람이요, 만나기 싫은 사람
이요, 대면하기 싫은 사람이요, 갑론
을박하고 무엇인가를 말하는 것도 싫
으며 접하는 것도 싫은 그와 같은 사
람이 있다 하면, 너희들은 아직도 마
음을 비우지 못한 것이며 깨달음이 없
음이니라.
12 그리해 가지고는 너희들이 전진할 수
없음을 알라.
13 너희들은 그와 같은 사람이 있거든,
너희들이 미운 녀석 떡 하나 더 준다
는 그 마음으로 그를 더 챙겨 주고 더
사랑하며, 그와 같이 너희들의 마음을
가지고 살 수는 없는가?
14 이제 너희들에게 가르쳐 주지 아니했
는가?
15 미운 녀석 떡 하나 더 주는 마음으로
세상사 '허허!' 웃으면서 그리 살라.
16 그러면 세상이 다 미운 것도 고운 것
도 없지 않은가?
17 너희들이 미운 사람을 사랑할 수 있다
면, 너희들이 사랑하는 사람은 사랑할
수 있음이니, 너희 마음이 편안하며,
너희들 마음이 남으로부터 저주받는
짓을 안 하는 것이니라.
18 너희들이 미워하는 사람이 있으며 싫
어하는 사람이 있다면, 또한 남들이
너를 싫어하는 사람이 있으며 미워하
는 사람이 있으면 너희 잘못이 수없이
많음을 알아야 될 것이니라.
19 너희들은 누구나 다 사랑하는 마음으
로 살아가야 될 것이니, 너희들이 많
은 사람을 사랑하기에는 그 마음이 어
려우니라.
20 감정 있는 자, 미운 자 앞에 너희들이
그 마음을 열기가 그리 쉽지 않음이
니, 오늘 내가 나의 아들을 통하여 너
희들에게 내림이니, 너희들은 '미운
녀석 떡 하나 더 주자, 허허허!' 세상
살이 그리 웃으면서 보면 미운 사람이
없음이니라.
21 그리고 싫은 사람이 없음이니라.
22 너희들이 접하기 싫은 사람이 없느니
라.
23 그와 같은 마음을 갖고 너희들이 살아
가는 자세로 살라.
24 그리하면 너희들 스스로 편안함을 얻
을 것이며, 너희들 스스로 그 속에서

너희가 변하는 것을 알게 될 것이며,
25 너희들 스스로 변하는 것을 알게 되면
너희들 스스로 나의 나라에 오를 수
있는 사람으로 변하며 천사가 되어 감
을 너희들은 알아야 될 것이니라.
26 너희들은 여기서 들어야 될 것이니라.
27 내가 지금 내리는 것이 진정한 창조주
인 나의 성령이요, 내가 만든 법전이
요, 이 책에 기록되어 있는 모든 내용
이 내가 너희들을 위하여 내린 것이
며, 마지막 시대에 너희들에게 구원의
길을 위해서 내렸음이니라.
28 그러니 책 한 권이요, 두 권이요, 1부
요, 2부요, 이와 같이 너희들이 책을
읽으면서 너희들이 변하는 그 세월이
얼마나 무섭던가?
29 너희들이 책을 읽는 게 1개월이요, 2
개월이요, 3·4개월이요, 1년이 안 되
어 나의 법전을 1부, 2부요, 그와 같이
읽었다면 너희들은 아마 놀라우리만
큼 마음이 변하여져 있으며 너희들이
깨달아져 있는 것을 알게 될 것이니라.
30 10년, 20년, 30년 너희들이 다닌 그
종교 집단에서 아무것도 얻어진 것이
없으며, 예배라는 것을 보며 성경을
가지고 다람쥐 쳇바퀴 돌듯이 돌리고
돌려서 듣고 또 듣고 나오면 '아! 그러
려니, 그런 것인가 보다.' 그리 생각하
고 나오느니라.
31 그러면서 너희들은 그 성전을 나오는
순간에 너희들이 배운 것이 없으며 깨
달은 것이 없으며 느낀 것이 없음이니
라.
32 다만, 너희들이 그저 나의 아들 예수
의 보혈로써 구원을 받았다는 그것에
너희들이 발을 돌리지 못하며, 그 성
전에 와 재물을 바침으로써 구원을 받
는다는 것 때문에 너희들이 발을 돌리
지 못함이니,
33 너희들이 10년, 20년, 30년, 평생 배
운 것보다도 나의 법전을 읽는 그 순
간에 1년도 안 되어 너희들이 세상 이
치를 알며 너희 마음이 천사와 같이
변한다면, 과연 어떤 것이 진정한 나
의 성령이요, 깨우침이더냐?
34 이는 정녕 내가 너희들에게 가르침이
니, 창조주인 내가 너희들을 직접 가
르침이니라.
35 세상에 그것보다 더한 스승이 없음이
니, 왈가왈부할 것이 없느니라.
36 너희들이 몇십 년 나간 그 성전에서
배우고 깨우친 것보다 나의 법전 한
권을 읽는 것이 깨달음과 느낌이 더
크며, 너희들이 하늘에 오르는 그 이
치와 뜻을 알게 되어 있음을 알라.
37 성서는 예수가 행한 것을 그 제자들이
그와 같이 기록한 것이며, 그리하여
너희들은 비유로 된 그 글귀를 가지고
너희들 생각대로 나의 피조물 만백성
을 가르치나, 이는 나 여호와가 직접
너희들에게 내리는 것이기에 너희들
에게 명령으로 내려감이니라.
38 명령으로써 너희들에게 내려가니, 그
명령을 충실히 수행하는 자는 나를 따
라 하늘에 오를 것이며, 명령을 수행
하지 않는 자는 구원을 받지 못함이니,
39 이게 구약과 신약을 합쳐 그 성서와
제3의 시대에 내려가는 나의 법전의
내용이 다름이 여기 있으니, 이를 보
고 깨우쳐 너희들이 구원을 받도록 그

리하라.

3,195 번째 하나님 말씀

2002년 8월 30일 23시 54분

1 사랑하는 나의 아들아!
2 "네, 아버님! 말씀하옵소서."
3 지금까지 내려온 모든 종교 집단이 내
가 너희들에게 지켜 하늘의 구원을 받
으라 한 십계명을 지키지 아니하며,
그를 중요하게 생각하지 아니하며,
4 너희들이 십계명의 두려움을 모르며
십계명의 소중함을 모르며 십계명은
지킬 수 없다 그리 가르치는 지금의
모든 종교 집단들이 그와 같이 행하며
나의 피조물 만백성을 구원하여 천국
의 문에 인도한다 그리하였음이니, 나
는 그들과는 아무런 관계도 없다 너희
들에게 수없이 말하였느니라.
5 이제는 나 여호와가 지금의 모든 종교
집단들의 그와 같은 형태를 더 이상
볼 수가 없으며, 더 이상 나의 아름다
운 지상을 사악한 무리들로 물들게 할
수 없으며, 너희들이 말하는 말세요,
종말이 극한의 상황에 이르렀음이니,
6 너희들의 생명조차도 소중함을 모르
며 모두를 재물과 금화로써 계산하고
자 하는 이와 같은 형국에 이른 너희
들의 집단의 믿음의 그 형국에 대하
여, 이제는 너희들이 말하는 그 성전
이요, 너희들만이 구원을 받는다 말하
는 그곳의 문을 닫게 할 것이며,
7 이제는 내가 너희들이 말하는 나의 아
들 예수의 보혈로써 구원을 받으며 그
리하여 구원을 받았다 하여 온갖 재물
을 거둬들이며, 그와 같이 나와는 아
무런 관계도 없으며 우리 부자의 이름
을 팔아 너희들이 재물을 긁어모으는
데에만 모든 정열을 다 바쳤으며, 그
와 같이 종교 집단을 조직적으로 이끌
어 가는 거기에만 연연하는 그 모든
종교 집단의 문을 내가 이제는 닫게
할 것이며, 닫게 될 것이니라.
8 그리고 이제는 더 이상 너희들의 그
집단의 흐름을 볼 수 없으며, 나와는
아무런 관계도 없는 너희들이 우리 부
자의 이름을 팔아 나의 피조물 만백성
을 고통의 길로 인도하니, 이제는 내
가 너희들을 멸망케 하고자 하는 것이
며, 그 뿌리마저 존재치 못하게 하고
자 하는 것이 나의 뜻이니,
9 지금 바로 제3의 시대의 역사가 이루
어짐은 이와 같이 너희들을 단죄하고
자 함이니라.
10 이제 너희들의 그 후손이 더 번성치
못하게 할 것이며, 그들에게 먹고 쓰
는 양식조차도 다 단절하게 할 것이니,
11 이 지상에서 너희들 그 악의 뿌리들이
존재치 못하도록 내가 그들을 다 뽑아
버릴 것임을 너희들은 알아야 할 것이
니라.
12 나와는 관계도 없는 그 종교 집단이
나의 아들과 나의 이름을 팔아 지금까
지 번성하여 그 조직을 이끌어 왔으며
나의 피조물 만백성을 우롱하였음이
니,
13 이를 더 이상 볼 수가 없어 내가 너희
들의 천 년의 역사에 흐르는 동안 천
년의 세월 속에 그 사악한 무리들을
다 제거하며, 새로운 나의 혈통으로써

선택된 나의 백성들이요, 나의 성령으로써 이루어진, 나의 혈통으로써 이루어진 그와 같은 백성들만이 존재하는 그 세상을 열고자 함이니라.
14 너희들은 여기서 지금 너희들의 신도들이 죽어 갈 때까지 저희들이 어디로 가는지도 모르며, 그저 너희들이 가르치는 세 치 혓바닥의 그 교리요, 설교라는 그것 하나를 믿고 따라가는 그들을 더 이상 우롱하며 그들을 지옥불로 끌고 가는 그와 같은 형태를 이루어서는 안 될 것이니라.
15 이제는 너희들은 보게 될 것이니라.
16 내가 너희들에게 이와 같이 말을 하였음이니, 너희들 스스로 증명하게 될 것이며, 나의 피조물 만백성이요, 나의 아들이요, 나의 아들의 제자 너희들은 이제는 그들이 멸망하며 그들이 쓰러져 가며 그들이 문을 닫는 그와 같은 변화되는 형국을 보게 될 것이니라.
17 이제 너희들이 그 성전이라는 곳에 모여드는 신도들이 서서히 줄어들기 시작할 것이며,
18 너희들에게 맹종하며 그저 바치라는 대로 모든 금화와 은화를, 하늘에 올라가는 그 티켓을 사겠다 하여 바쳤던 그들이, 이제는 스스로 자신의 본연의 자세에서 너희들이 잘 가고 잘못 감을 그들이 이제 단죄하기 시작할 것이며,
19 그리하여 너희들이 방대히 이루어 놓은 그 모든 조직은 운영에 시련을 겪게 될 것이며, 그를 운영하는 그 자체에, 너희들의 성전이요, 조직에 너희 스스로 노예가 되는 그와 같은 형국을 보게 될 것이니라.
20 이제 너희들은 어려운 이 형태로써 더 이상 지탱할 수 없으며 이끌어 갈 수 없으며,
21 너희들이 그리 모으고자 하는 그 신도들이 너희들을 따라 믿음의 길을 가는 것이 아니요, 너희들의 성전에 가 금화와 은화를 바치는 그와 같은 백성들로 변하는 것이 아니요, 서서히 너희들에게 등을 돌려 너희 신도들이 떠나감을 알게 될 것이니,
22 이게 바로 내가 너희들을 멸망케 하며 너희들에게 양식을 내리지 아니하며 너희들을 단절하고자 하며, 너희들이 지금 그와 같이 혼란하게 지어 놓은 그 성전의 문을 닫기 시작하는 것이니라.
23 그리하여 그를 대비하여 그곳에서 방황하는 나의 백성들을 구원하고자, 내가 누구나 읽어 깨우치기 쉽도록 나의 법전을 세상에 내보내는 것이, 지금 제3의 시대에 새로운 역사를 이루고자 하는 깊은 뜻이 여기에 있음을 너희들은 알아야 될 것이니라.

3,196 번째 하나님 말씀

2002년 8월 31일 0시 35분

1 사랑하는 나의 아들아!
2 "네, 아버님! 말씀하옵소서."
3 지금까지 수천 년 믿음의 역사를 존속해 온 그 백성들이 내가 불로 써 내린 것이며, 너희들이 구원을 받는 길이요, 너희들에게 구원을 받는 기본이요, 절대적인 나의 십계명이 너희들의

영혼을 구원하는 양식이라 그리 말하
였음이니라.
4 그러나 지금의 믿음으로 오는 자, 너
희들은 그를 두려워하지 아니하며, 그
것이 소중한지 모르며 위대한지 모르
는 것이니라.
5 그것이 너희들의 생명과도 바꿀 수 없
는 얼마나 소중한 것인가를 모름이니,
6 그리하여 너희들이 말하기를, 이는 인
간으로서 지킬 수 없는 것이라 그리
말하며, 너희들은 이를 덮어 두며 구
원의 길을 오고자 그리하는 것이 지금
의 흘러온 종교 지도자들의 가르침이
며,
7 그 밑에서 구원을 받겠다고 발버둥치
며 눈물로써 울부짖으며, 그저 너희들
이 누가 지은 것인지도 모르는 그 찬
송을 부르며 광란의 그와 같은 형태로
써 지금까지 그 믿음의 세월이 흘러왔
음이니라.
8 너희들은 여기서 하나 깨우쳐야 될 것
이니라.
9 그와 같이 이끌어 오는 나의 피조물
만백성 너희들에게 내가 뭐라 성서에
기록하였는가?
10 이와 같은 뜻이 너희들을 깨우치기 위
하여 기록되어 있음을 너희들은 아는
가, 모르는가?
11 지혜로운 자는 그 지혜를 자랑해서는
아니 되는 것이며, 부한 자는 그 부를
자랑하지 아니하는 것이 부를 누리는
자요, 용맹한 자는 그 용맹을 함부로
떨치지 않으며 그 용맹을 자랑하지 아
니하는 것이 너희들이 살아가는 이치
요, 도리라 그리 내가 너희들에게 가
르쳤음이니라.
12 그러나 너희들은 지금 어찌 살아가는
가?
13 너희들은 나의 아들의 보혈이 얼마나
소중하며, 나의 아들의 보혈이 무엇을
원하며, 나의 아들의 보혈로써 어찌
구원을 받아야 되는지 그 기초요, 근
본도 모르면서 그저 나의 아들의 보혈
로써 구원을 받았다 그리 말하며, 그
를 자랑으로 생각하며, 그를 너희들은
당연한 것으로 생각하며,
14 너희들만이 구원을 받은 자요, 너희들
이 만든 죄의 온상인 성전에 오지 않
는 자, 그리고 성서를 들고 와 너희들
과 같이 안식일에 기도하며 경배하지
않는 자, 그들은 죽음의 길에서 영원
히 구원이라는 것을 모르며, 그저 이
방인이라 하여 당연히 지옥으로 갈 것
이라 그리 생각하며, 그들을 차별하며
그들을 짐승과 같은 형국으로 바라보
는 것이 지금 믿음의 길을 가는 너희
들의 생각이요, 형태가 아니던가?
15 너희들이 지은 그 성전에 와 하늘에
재물을 많이 쌓는다는 그 종교 지도자
의 말을 따라 재물을 바치며 그리고
십일조라는 것을 바치며 각종 헌금을
바침으로 인해서 너희들은 구원을 받
는다 그리 말하고 있음이니, 너희들이
과연 무엇을 알고서 그리 말하며 그리
따라가는가?
16 너희들은 구원이 무엇이며, 구원의 길
이 무엇이며, 구원을 받는 것이 무엇
인지도 모르기 때문에 감히 그리 말하
느니라.
17 나의 아들 예수의 보혈이 얼마나 위대

한 것이며, 얼마나 소중한 것이며, 얼마나 값진 것인가?

18 만백성을 위하여 그가 그 고통 속에 갔음이니, 그는 그와 같은 보혈로써 너희들을 구원할 때 만백성 중에 사악한 자, 악한 자, 사탄을 구하고자 함이 아니니라.

19 너희들을 구원하기 위하여 그가 그와 같은 고통으로 갔을 때, 그 순간부터 너희들이 지켜야 할 것이 있으며, 그가 원하는 너희들이 행하며 살아와야 되는 것이 있음이니라.

20 그게 바로 무엇이더냐?

21 내가 불로 쓴 십계명이니라.

22 십계명 속에서 너희들이 살며, 십계명 속에서 생활하며, 그를 지키고 사는 자만이 나의 아들 예수의 보혈로써 구원을 받는다는 것을 내가 너희들에게 수없이 말하였음이니라.

23 너희들은 사악한 자요, 죄짓는 자요, 그리고 인간의 도리를 벗어나서 사는 그와 같은 자들을 무조건 나의 아들 예수의 보혈로써 구원받았다 말하지 말라.

24 그와 같은 자 너희 성전에 와 기도하고 경배한다 해서 구원을 받는 것이 아니니라.

25 너희들은 아무것도 모르는 자들이니라.

26 나의 아들 예수가 보혈로써 너희들을 구원할 때 너희들에게 반드시 지키고 살라 그가 원했던 것이 있음이니, 그게 바로 십계명이니라.

27 너희들은 그와 같은 이치도 모르며 그와 같은 뜻도 모르기에, 너희들이 얼마나 무식하고 우매한 자이면, 너희들이 감히 그저 구원을 받았다 그리 말할 수 있으며, 너희들은 구원을 받은 자라 말하는가?

28 너희들이 얼마나 무식해서 용감한 자들인가?

29 너희들은 너희 자신을 깨우쳐 봐야 될 것이니라.

30 너희들은 너무나 모르기 때문이니라.

31 너희들은 정녕 구원의 길이 무엇이며, 구원을 받는 기준이 무엇인가, 그리고 그 길이 어찌하여 가는 것인가, 그 모두를 알지 못하기 때문에, 바로 부한 자가 부를 자랑하는 것처럼 너희들이 그저 아무것도 모르는 자이기에 구원을 받았다 그리 말함이니,

32 이는 너희들이 얼마나 무지하며 무식한 행위에서, 무식이 용감해서 하는 행동인가를 다시 한 번 꼭 뒤집어 보며 돌이켜 봐야 될 것이니라.

33 너희들은 하늘에 오르는 길이 얼마나 힘들고 어려운 길인가를 아는가?

34 너희들이 그와 같이 생활 속에서 나의 계명을 지키지 아니하며, 너희 마음과 너희 육신이 편안한 대로 살아가면서 행하는 것이 구원에 오르는 길이 아님을 알라.

35 그 길이 얼마나 어렵고 힘든 길인지, 너희들 자신과 싸워서 이겨야 되는 그 고통의 길을 너희들은 알아야 될 것이니라.

36 하늘에 오르는 길은 가장 행복한 길이요, 즐거운 길로 너희들이 임할 수 있으며, 너희들이 나를 경배할 때는 세상에 다시없는 행복한 마음으로 경배

를 하나,
37 너희 스스로 나의 뜻을 따라 깨우치고
행하는 것은, 너희들 자신의 마음을
다스리는 것은 너희 자신과의 싸움이
니, 그 싸움이 얼마나 힘들고 어렵고
먼 길인가를 너희들은 모르기 때문이
니라.
38 그리하여 너희들은 나의 십계명이 어
렵고 힘들다 그리 말하나, 나의 십계
명은 너희들의 생활 기준에 의하여 그
를 너희들이 지키고 살아올 수 있도록
만들어 놓았음이니, 너희들이 생활 속
에서 십계명을 저버리고 사는 자는 구
원받을 수 없음을 알아야 될 것이니라.
39 생활 속에서 십계명의 기준에 벗어나
서 사는 너희들은 절대로 구원을 받을
수 없다는 것을 알아야 될 것이니라.
40 너희들이 모르기에, 모르는 쪽에 너희
들이 용감하게 그와 같은 행위를 함을
알아야 될 것이니라.
41 내가 다시 너희들에게 말하나니, 예수
의 보혈로써 구원을 받았으며, 재물을
하늘에 그득히 쌓아 놓으면 구원을 받
는다 말하는 것이 얼마나 너희들이 무
지의 소치에서 나오는가를 알아야 될
것이니라.
42 나 여호와요, 창조주로부터 선택된 진
정한 백성은 하늘의 법도를 알기에,
그들이 하루하루 생활하는 것이요, 한
마디의 말을 하는 것이요, 남들과 앉
아 대화하는 것이요,
43 너희들이 매일 거치는 식사 한 끼를
할 때마다, '하나님, 창조주이신 아버
지! 이 음식을 제가 먹을 자격이 있습
니까?' 하고 그들은 매번 음식을 입에
넣을 때마다 그를 자문하여 먹고 안
먹음을 선택하는 것이니라.
44 그리고 나로부터 선택된 백성은 나 여
호와가 존재함을 알며, 너희들이 죽어
와 심판받는 것을 알며, 나의 음성을
들으며 나의 형체를 보기 때문에, 그
들은 살얼음판을 건너가는 그와 같은
긴장된 마음으로써 살아가는 것이며,
45 그들이 하루하루 생활함에 있어서 얼
마만큼 조심하며 얼마만큼 법도에 어
긋나는 행위를 하지 아니하고 살아가
려 하는 것인가를 너희들은 모를 것이
니라.
46 여기서 너희들은 하나 더 깨우쳐야 될
것이 있느니라.
47 너희들은 지금 어찌 살아가는가?
48 그저 너희들은 성전을 운영하기 위하
여 재물과 금화와 은화를 거둬들이는
데 여념이 없음이니라.
49 그러나 진정 선택된 종교 지도자는 금
화와 은화를 거두어들이지 아니함이
니라.
50 너희들은 안식일이라 하여, 또는 너희
들이 너희 성전에서 기도할 때, 많은
백성을 깨우치느냐 깨우치지 아니하
느냐를 먼저 생각하는 것이 아니요,
51 너희 신도들이 얼마나 많이 오느냐 안
오느냐에 따라서 너희들이 그날의 금
화와 은화의 수입이 얼마나 되는가 하
는 것을 먼저 계산을 두고 생각해야
되는 그와 같은 너희들이 어렵고 힘든
삶을 살아가지 아니하는가?
52 그것은 너희들이 과분하게 지어 놓은
그 성전을 운영하며 너희 조직을 이끌
어 가기 위하여 너희들은 어차피 그

길을 가지 아니하면 아니 되는 그와 같은 형국이 되어 있음이니라.

53 나의 피조물 만백성을 구한다는 그 성전이 이제는 너희들이 운영하는 성전이 아니요, 그 성전을 운영하기 위하여 너희들이 노예와 같은 자로서 전락되어 있음이니,

54 너희들은 그를 운영하기 위하여 만백성으로부터 재물을 거둬들이니, 너희들이 성전에 와 공부하며 깨우치며 너희들의 교리와 설법을 들으려고 오는 자, 그들에게 가슴 깊이 무엇인가를 심어 주는 것이 아니라,

55 그 머릿수로 재물을 따지며 그날의 수입을 따지며 그 수입을 생각하는 그와 같은 초라한 모습으로 살아가며 행하는 것이 지금의 종교 지도자들이 가는 길이 아닌가 돌이켜 봐야 될 것이니라.

56 그러나 나로부터 선택된 나의 아들이요, 목자는 절대로 너희들이 그 주일에 거둬들이는 금화와 은화를 받아들이지 아니함이니라.

57 너희들은 이름을 붙일 수만 있으면 그 이름을 붙여 대 거기에 대하여 감사 헌금이요, 모든 헌금을 거둬들이는 데 연연함이니라.

58 그저 이름만 붙일 수 있으면 붙이며, 행사의 명분만 있으면 명분을 붙여서 너희들은 나의 피조물 만백성으로부터 재물을 거둬들이는 데 혈안이 되어 있음이니라.

59 그저 그것만이 너희들에게 우선이요, 진리요, 교리를 깨우치는 것은 뒤로 미루고 있음이니라.

60 이는 너희들이 그날의 수입이 없으면 너희들이 꾸려 놓은 그 성전을 지배하며 이끌어 갈 수 없으며 너희 조직을 다스릴 수 없기 때문이니라.

61 그러나 나의 목자요, 나의 아들은 그러하지 않느니라.

62 그는 어떠한 명분이든, 감사 헌금이요, 또는 십일조요, 또 하늘에 재물을 쌓는다 하여 구원을 받는 그런 추하고 더러운 명분을 붙여 거둬들이지 아니함이니라.

63 나의 아들은 주일에 또 안식일에 그들이 그 성전에 와서 공부할 때 한 푼도 거둬들이지 아니하고 운영하고 있음이니라. 그리고 이끌어 가고 있음이니라.

64 너희들은 너희 성전에 오는 백성들을 10년이요, 20년이요, 그들이 잘못 한 번 찾아와 '아멘, 할렐루야!'를 찾은 그 후부터 그들은 죽을 때까지 너희들이 원하는 그 재물을 갖다 바치며,

65 그 재물을 바치기 위하여 그 신도들은 너희들의 눈치를 보며, 적게 바치는 자 불안하며, 남이 많이 낸 자 시기하며, 그와 같은 눈치를 보며 살아가는 것이 너희 신도의 오늘의 믿음이 아닌가?

66 그러나 나의 아들은 그리하지 아니함이니라.

67 그는 주일에 오는 어렵고 힘든 자에게 금화와 은화를 나누어 주며, 그들이 안식을 취하며 의식주를 해결할 수 있도록 그들의 사업장을 만들어 줘서 그들에게 살아갈 수 있는 그와 같은 깨달음을 주고 있는 것이 나의 아들이요, 나의 목자가 운영하는 성전이니라.

68 너희들은 여기서 한번 돌이켜 생각해
보라.
69 과연 어느 것이 나의 뜻에 의하여 운
영되는 것이며, 나의 뜻에 의하여 진
정한 하늘에 오르는 길을 인도하는 자
인가를 보라.
70 너희들은 너희 손으로 지은 그 성전을
운영하기 위한 종교 지도자들이 그 성
전이요, 그 조직의 노예가 되어 금화
와 은화를 그저 거둬들이기에 혈안이
되어 있으며,
71 또한 거기에다 허구한 날 그 십일조
요, 헌금이요, 감사 헌금이요, 하늘에
재물을 많이 쌓아 놓아야 천국에 간다
는 그 가르침을 너희들은 귀가 따갑게
들었을 것이며, 너희 자신이 앉아 있
기 부끄러울 정도로 그와 같이 말하는
종교 지도자가 야속해 보이나,
72 너희들은 구원을 받는다는 그 하나 때
문에, 나의 아들의 보혈로써 구원을
받았다는 그것 때문에 그 성전을 박차
고 나오지 못하니, 처음 만날 때부터
평생 죽을 때까지 금화와 은화를 가져
오라, 바치라 해서 영수증 하나 없이
거두어들인 그와 같이 추하고 더러운
자들이 끌고 가는 그 종교 집단과,
73 그 성전에 와 기도하며 거기에 와 공
부하는 자들, 그들에게 안식을 위하여
의식주를 해결할 수 있는, 금화와 은
화를 도로 내어 주며 그를 도와주는
나의 아들이요, 목자요, 그와 같은 성
전이 있다 하면,
74 그와 같이 역사하는 곳이 있다면, 과
연 어느 것이 사랑을 베푸는 것이더냐?
75 뭐라 말하였느냐?
76 여호와요, 창조주 나에게 오는 자는
사랑을 베풀라 하였음이니라.
77 하나를 받으면 둘로 주는 것이 사랑이
며 너희들이 행하는 것이라 하였음이
니라.
78 그저 나의 아들이요, 나의 목자인 그
는 성전에 와 기도하고 경배하는 백
성, 어렵고 힘든 나의 피조물 백성들
에게 재물과 금화와 사업장을 만들어
줌이니,
79 나의 아들이 가는 길이 정녕 편안한
길이며, 그가 진정 어떠한 삶을 살아
가는 것인가, 그 삶이 어떠한 것인가
너희들은 돌이켜 봐야 될 것이니라.
80 여기서 내가 너희들에게 확실히 다시
한 번 너희들 머리에 심어 줌이니, 이
를 듣고도 깨우치지 못하는 자, 영원
히 구원을 받을 수 없음이니라.
81 나의 아들이 나의 피조물 만백성을 이
끄는 것은 그들의 의식주를 해결하기
위해서 금화와 은화를 그들에게 듬뿍
줌이니라.
82 그리고 항상 그들을 위해서 그들에게
금화와 은화를 나누어 줘 그들이 편안
하게 살 수 있는 그 삶을 위해서 그는
사업장을 만들어 줌이니라.
83 그리하여 그곳에 오는 백성들은 저희
들의 사업장을 받으며 금화와 은화를
받았을 때, 그들은 하나님이요, 창조
주인 나를 믿는 것이 육의 행복이 여
기에 있으며, 가정을 이끌어 갈 수 있
는 행복이 있으며, 의식주를 해결하여
편안한 마음으로써 여호와 창조주 나
를 찾도록 만들어 주며, 그곳에서 진
정 하늘에 오르는 빛을 보며 영광의

가르침을 받는다 하면, 이게 어떠한 것이더냐?

84 그리하여 나의 성전을 찾는 백성들은 항상 백합꽃같이 즐거운 마음으로써 그 성전을 찾느니라.

85 그러나 저희들이 하늘에 오른다는 종교 지도자들이 가르치는 곳에 가는 신도 너희들은 어떠한가?

86 너희들은 그 성전의 문을 들어서기가 바쁘게 헌금을 생각해야 되며, 십일조를 생각해야 되며, 감사 헌금을 생각해야 되며, 천국에 쌓는 재물을 생각해야 되며,

87 그 종교 지도자는 가져오라, 그저 바쳐라, 가져와야 된다, 너희 집보다도 성전을 더 아름답게 꾸며야 된다, 그리고 더 멋있게 꾸며야 축복을 받으니, 셋방살이 사는 자 그 집을 빼 와도 좋다, 전세 사는 자 전세금을 빼 와도 좋다, 집을 팔아 와도 좋다,

88 도적질이든 강도짓이든 어떠한 짓을 하든 재물을 많이 바치는 자, 그가 축복을 받는다 그리 가르치며, 재물을 가져오지 않는 신도는 눈치를 보며, 허구한 날 불안한 마음에서 그저 갖다 바치게만 하는 너희들의 지도자가 정녕 잘 가르치는 자며 진정한 지도자의 가는 길인가?

89 그리고 그것을 바치는 데 고통과 시련을 겪으면서 갖다 바치기만 하는 것이 너희들이 하나님, 나 창조주로부터 선택된 백성이더냐?

90 평생 갖다 바치기만 하는 그와 같은 것이 나 여호와로부터 선택된 백성이더냐?

91 아니면 그저 금화와 은화를 나누어 주어 그들이 사업장을 운영하며 먹고살아 갈 수 있는 의식주를 해결해 주며, 사글세 사는 자는 전세를 만들어 주며, 전세 사는 자는 집을 사도록 만들며 그와 같이 베풀어 주는 것이 나에게 선택된 백성이더냐?

92 이 불쌍한 백성들아! 이리 좀 와서 보라.

93 나의 아들이 역사하는 것을 너희 눈으로 보며, 몇천 년 동안 너희들의 믿음이 얼마나 속았으며 사기꾼에게 당했으며 잘못되어 있는가를 보라.

94 평생을 '금화와 은화를 바쳐라, 십일조를 바쳐라, 재산을 바쳐라, 너희는 굶주려도 좋으니 바쳐라,

95 너희들은 초라하게 살아도 성전을 아름답게 꾸미며 하나님의 성전을 위대하게 꾸리는 것은 좋으니, 갖다 바쳐라.' 하여 남편 모르게 보증서서 돈을 빼다 바치는 자, 금화를 갖다 바치는 자, 그리고 남에게 빚을 지면서 갖다 바치는 자, 남에게 돈을 꾸어서 갖다 바치는 자, 그리하는 것이 진정한 나 여호와로부터 선택된 백성이더냐?

96 나의 아들이 가르치는 것은 그렇지 아니하니라.

97 그 어려운 자에게 금화와 은화를 내어 주며, 어려운 자에게 사업장을 만들어 주며, 어려운 자에게 먹고살 수 있도록 그리 만들어 줌이니라.

98 이 엄청난 현실 속에서 너희들은 어찌하여 눈을 뜨지 못하는가?

99 이 무서운 현실 속에서 나에게 선택된 백성들은 너희들에게 양식을 주며 너

희들에게 편안하게 살아갈 길을 열어
주거늘,
100 한쪽에서는 평생 거둬들이며 '바쳐라,
바쳐라.' 하며 고통 속에서 갖다 바치
는 신도들이 그 불안한 마음에 사니,
그와 같은 믿음이 정녕 하늘에 오르는
길이던가?
101 지금의 너희들처럼 자고 나면 재물을
바치며, 안식일이면 갖다 바쳐야 되는
것을 걱정하고 근심하며, 너희들이 십
일조라는 것을 내야 될 건가 내지 아
니하여야 될 건가, 불안한 공포 속에
서 현실은 낼 수 없으며 생활은 낼 수
없음이니,
102 자식들의 생활이요, 그들을 보살피는
것보다도 십일조를 바치는 것을 더 영
광이라 생각하여 너희들이 바쳐야 될
까 바치지 말아야 될까 고민 속에 살
아가며,
103 바치지 않는 자 괴로워하며, 너희들이
환경과 생활에 너무나 고통스러워 십
일조를 바치지 못한 자는 그다음에 십
일조를 바칠 때까지 작은 실수라도 하
면 나 여호와로부터 벌을 받지 아니할
까 하여 공포와 불안함 속에 살아가도
록 그리 위협하며 그리 엄포를 놓는
종교 지도자들이며, 그 말에 또한 너
희들이 불안하고 공포에 떨며 믿음의
길을 가는 것이 과연 나 여호와에게
선택된 백성이며, 나에게 오르는 길이
더냐?
104 나는 베푸는 창조주 하나님이라는 것
을 너희들이 알아야 될 것이니라.
105 나는 베풀어 줌이니라.
106 나의 성전에 와 공부하는 백성이 제가
바로 섰으며 마음이 바로 섰으며, 그
가 천사 같은 마음을 갖고자 하는 자
있으면, 내가 나의 아들에게 명함이니
라.
107 그를 도와주라 하니, 그의 어렵고 힘
든 것을 해결해 주며, 금화와 은화를
그들에게 나눠 주며, 그들이 살아갈
수 있도록 해 주는 것이 나로부터 선
택된 백성임을 알라.
108 지옥으로 가는 길을 영광의 길이라 하
는 것이 지금의 너희들이니라.
109 천국에 오는 길은 편안한 길이며, 아
름다운 길이니라.
110 너희 스스로 자신과 싸워서 이기는 고
통과 시련, 자신과의 싸움, 그것 하나
를 너희들이 이긴다면, 마음속에서 악
을 버리고 선을 선택하는 길을 들어설
수 있다면,
111 너희가 육의 생활에서도 나 여호와가
존재함에 짜릿한 행복을 느낄 수 있도
록 내가 재물을 내려 주는 것이 나에
게 선택된 백성이니라.
112 나의 아들의 성전에 와서 그가 행함을
보라.
113 너희들이 그의 행함을 보면서 너희들
의 믿음과 견주어 보라.
114 어느 것이 진정한 하늘에 오르는 길인
가를, 이 불쌍하고 우매한 백성들아!

3,197 번째 하나님 말씀

2002년 8월 31일 0시 50분

1 사랑하는 나의 아들아!
2 "네, 아버님! 말씀하옵소서."
3 내가 지금의 모든 종교 집단의 뿌리를

뽑으며 버리고자 한다 하였음이니라.
4 내가 너희들을 왜 그리 체벌하겠는가?
5 너희는 나의 뜻대로 행하지 아니하며,
너희들이 지키고 살 수 있는 구원을
받는 그 계명이라 하여 내가 불로 써
내린 그 십계명조차도 중요함과 소중
함을 모르며, 그것만이 구원의 길이라
는 그 인식을 하지도 못하고 있음이
니, 참진리의 길을 너희들이 가고 있
지 못하고 있기 때문이니라.
6 그리고 너희들의 그 뿌리를 계속 더듬
어 올라간다면, 결국 너희들의 뿌리는
어떠했던가?
7 나의 사랑하는 아들 예수를 죽게 하였
음이니라.
8 그리고 그를 팔도록 하였으며, 그를
그리 처참히 죽게 한 것이 너희들이니
라.
9 나의 아들을 너희들이 그리 죽게 했을
때, 나의 성령이요, 너희들의 생명수
인 생수가 세상에 내려갈 수 없도록
너희들이 그리 단절시켜 놓았을 때,
내가 너희들에게 뭐라 했느냐?
10 그때 나는 천국의 문을 닫았다 그리
말하였음이니라.
11 그때 내가 너희들을 버렸으며 내가 너
희들을 놓았음이니라.
12 나는 그때 너희들에게 모두를 다 잃었
음이니라.
13 그 또한 내가 너희들을 버리며 너희들
을 놓게 했음이 아니니라.
14 너희들 스스로 내가 너희들을 버리며
던지도록 그와 같이 만들지 아니하였
는가?
15 내가 너희들을 도저히 용서할 수 없으
며, 너희들을 사랑으로 다스릴 수 없
는 그와 같은 행위를 너희들이 저지르
지 아니하였는가?
16 나의 아들의 죽음의 그 고통, 그것이
너희들에게 미움이 아니요, 나의 아들
을 통하여 내가 너희들을 깨우쳐 하늘
에 오르는 길을 인도하고자 한 그 나
의 성령이 내려가지 못하도록 너희들
이 막았으며, 생명수가 세상에 내려가
지 못하도록 너희들이 그를 단절해 버
렸으니 그를 어찌하겠는가?
17 그 노여움의 아픈 나의 마음을 너희들
은 생각해 보았는가?
18 그러니 너희들이 스스로 하늘의 문을
닫도록 자초한 것이며, 내가 그리하도
록 너희들이 만들었음이니라.
19 그리하여 나의 아들이 죽은 그 후부터
내가 너희들을 놓았음이니, 너희가 그
때서부터 지금까지 흐른 그 세월 동안
암흑의 시대에서 살아왔음을 알아야
될 것이니라.
20 2천 년이라는 그 속에서는 나의 진리
요, 내가 너희들에게 구원하고자 하는
그 시대가 아니요, 하늘의 문을 닫은
시대요, 그리고 내가 너희들의 손을
놓은 그 시대의 세월이 흘렀음이니,
21 너희들은 인간으로서 너희들의 머리
에 의하여 구상하여 너희들의 생각에
의하여 지금까지 그 믿음을 이끌어 왔
으며, 그와 같은 방법으로써 너희들의
구상에 의한 그 계획에 의하여 너희들
이 만든 교리요, 너희들이 만든 설교
요, 설법에 의하여 지금까지 그 전통
이 계속 되어 내려왔음이니,
22 2천 년 동안 나는 너희들과 아무런 인

연을 갖지 아니하였음을 너희들이 알
아야 될 것이니라.
23 그리하여 내가 너희들에게 암흑의 시
대라 그리 말하였음이니라.
24 내가 너희들이 지옥으로 가는 것을 더
이상 볼 수 없어 다시 한 번 너희들에
게 기회를 주고자 하여 내가 제3의 시
대를 열기 위하여 하늘의 낙원과 같이
지상의 낙원을 만들려는 그 뜻을 내가
다시 시작하며 새 시대를 열기 위하여
나의 법전을 지금 세상에 내보내는 것
이 나의 뜻이니, 너희들은 이를 깊이
깨우쳐야 될 것이니라.
25 내가 제3의 시대를 준비하여 법전이
세상에 미리 내려가 너희들을 구원하
고자 하며, 내가 너희들에게 한 번의
기회를 더 주고자 하여 마지막이라 하
여 나의 성령을 태워서 세상에 내려보
내는 것이니,
26 너희들은 이 이치를 깨우쳐 구원의 길
에 들어서는 그와 같은 영광을 얻도록
하여야 함을 알아야 될 것이니라.
27 지금까지 너희들이 버려져 있었으며
나와 아무런 관계도 없는 그 속에서
살아왔으며, 믿음의 세계를 너희들 스
스로 왔다 하였음이니라.
28 그리고 너희들만이 구원을 받았다 그
리 말하였으나, 너희 손으로 지은 성
전 그 자체도 나와는 아무런 관계가
없는 것이며,
29 암흑의 시대에서 너희들이 너희들 머
리로써 연구하고 생각하여 그 성전을
만들었으며, 그 성전을 유지하고 지탱
하기 위하여 많은 나의 백성들로부터
수많은 금화와 은화를 거둬들이는, 그
와 같은 너희들이 용서받을 수 없는
그 죄의 행위를 계속하고 지금까지 지
탱하여 왔음을 알아야 될 것이니라.
30 그리하여 그 속에서 너희들이 아무리
울부짖으며 아무리 금화와 은화를 갖
다 바치며 구원의 길을 오른다 하였어
도, 너희들은 너희들 식으로 기도한
것이며 너희들 스스로 이루어 지금까
지 이끌어 왔으니,
31 나와는 아무런 관계가 없기에 나는 그
를 듣지도 아니하였으며, 그를 들으려
하지도 아니하였으며, 너희들이 울부
짖는 그 모습이 내 마음을 슬프게 하
였음이니, 너희들은 그리 알아야 할
것이니라.

3,198 번째 하나님 말씀

2002년 8월 31일 01시 12분

1 사랑하는 나의 아들아!
2 "네, 아버님! 말씀하옵소서."
3 네 눈에 지금 무엇이 보이느냐?
4 "네, 아버님! 황토산 같은 그 산의 흙
이 점점 녹아 흘러내리고 있사옵나이
다.
5 황토의 그 높고도 높은 산이 화산에서
용암이 흐르듯이 서서히 다 뭉개져 흐
트러져 가고 있사옵나이다.
6 흘러가고 있사옵나이다."
7 그러니라. 높고도 높았던 그 산이 지
금 다 무너져 가며 흐트러져 가지 아
니하느냐?
8 바로 네 마음이 그와 같이 낮아졌으며
너 자신이 그와 같이 무너져 내려감이
니, 그 황토는 옥토로서 만백성이 생

활할 수 있는 그 모든 곡식을 길러 내
는 밑거름이 되느니라.
9 황폐해져 있으며 폐허가 된 그 땅을
지금 그 황토가 흘러 다 덮어 감이니,
용암이 흐르듯이 그 흙이 흘러내려 가
는 형국이 네가 좀 더 낮아지며 좀 더
깨우쳤을 때, 그 산들이 이제는 평야
를 이룰 것이며, 그 황토가 흘러내려
간 평원이 이루어진 그곳에 파란 식물
들이 자라게 됨이니라.
10 그리하여 황폐하고 폐허가 된 그 땅을
옥토로 만드는 그 역사가, 네 마음의
비움에 따라서 그와 같이 덮어짐이니
라.
11 내가 지금 나의 피조물 만백성에게 전
하고자 나의 성령을 기록하여 전하지
아니하였는가?
12 나의 아들이 그와 같이 어렵고 힘든
고난의 시간에 그 죽음을 감내하며 견
디고 그리 고통스럽게 죽어 가는 모습
을 내가 바라볼 때, 나의 성령이요, 너
희들의 생명수가 세상에 내려가지 못
하도록 단죄한 너희들의 그 죄가 너무
커 내가 천국의 문을 닫았음이니,
13 그리하여 암흑의 시대가 지금까지 흘
러왔으며, 너희들은 평생 남으로부터
거두어들이는 그와 같은 종교 집단으
로 존속해 왔으며, 어렵고 힘든 백성
들에게 베풀어 주는, 너희 신도들을
위하여 베푸는 그와 같은 믿음으로 오
지 못하였다 하였음이니라.
14 이제는 내가 나의 아들이요, 나의 선
지자를 통하여 나의 법전을 세상에 내
려보내 새로운 시대를 열고자 함이니,
15 내가 나의 아들에게 이 세상 모든 백
성의 신랑으로서 자격이 있다 하였으
며, 모든 백성들 중에 깨우쳐 진정한
참진리요, 빛을 보는 자들은 모두가
다 신부가 된다 하였음이니라.
16 그 신부를 맞이하여 하늘로 올리는 것
은 아름답고 깨끗한 마음을 가진 나로
부터 선택된 나의 아들이요, 그리고
천사와 같은 마음으로 변해져 가는 나
의 아들 너밖에 신랑의 자리에 설 수
없다 말하였음이니라.
17 그렇다면 너희들은 어찌해야 되는가?
18 이 세상의 나의 피조물 만백성, 남녀
노소, 어린아이 어른 할 것 없이 신부
의 자세로 돌아가며 그와 같이 신부처
럼 아름다운 마음으로 변한 자, 그를
맞이하여 나의 품에 올리는 것이 나의
아들을 통해야만 그리 역사가 이루어
질 수 있음이니, 이는 너희들이 아무
곳에서도 신부가 되어 하늘을 오를 수
없는 것을 알라.
19 그러니 너희들이 신부가 될 수 있는
것은 내가 내리는 160권 중에 나의 법
전 어느 한 권을 읽든 너희들이 거기
서 깨우치며, 나의 법전을 정독하여
너희들이 하늘에 오르는 그 이치를 알
며, 기도하는 방법을 알며, 나를 경배
하는 방법을 알았을 때, 그때 너희들
이 진정한 내가 원하는 그 믿음의 길
을 가게 되어 있음이니라.
20 그러니 나의 아들을 통하여 지금 나의
성령을 직접 강론하는 나의 성전에 오
지 아니하는 자, 나의 법전을 깨우치
지 못하는 자, 나의 법전을 보지 않는
자, 그 누구도 신부가 될 수 없음을 알
아야 될 것이니라.

21 너희들이 나의 법전을 읽고 깨우쳐 하
늘에 오르는 참진리를 보지 못한 자,
그리고 나의 아들이 운영하는 그 성전
에 와서 나의 성령의 가르침을 직접
들으며 나의 법전을 가지고 공부하지
않는 자는 그 누구도 신부가 될 수 없
음이니라.
22 신부가 되지 못하는 자는 신랑을 통하
여 하늘에 오를 수 없음이니, 너희들
은 그 누구도 구원을 받지 못한다는
이 엄연한 사실을 알아야 될 것이니라.
23 이 동양의 작은 나라의 한 곳에 하나
의 성전이라 만들어 '하나님! 말씀하
옵소서.' 그 간판을 내걸어 나의 성령
을 받는다 하며, 나로부터 직접 성령
을 받아 책을 써내는 나의 법전을 보
지 아니하고 읽지 아니하는 자는 구원
을 받을 수 없으며 신부가 될 수 없으
며,
24 신부가 될 수 없으니 하늘에서 내려보
낸 나의 아들이요, 신랑을 맞이할 수
가 없음이니, 너희들이 곧 나에게 오
를 수 없다 그리 내가 법전에 기록하
여 세상에 내려보냄이니,
25 너희들은 이를 보고 미친 자요, 정신
나간 자라 말할 것이며, 이는 세상에
다시없는 바보라 그리 말하며, 무지몽
매한 자라 그리 말할 것이니라.
26 그러나 너희들은 여기서 하나 짚고 넘
어가야 할 것이 있느니라.
27 지금 나의 성전에 와서 공부하는 몇
명이 안 되는 자, 그리고 나의 아들을
보고 너희들이 이는 그와 같이 이루어
질 수 없다 하나, 내가 뭐라 말하였던
가?
28 천 년의 역사에 걸쳐서 내가 이와 같
이 하늘의 낙원을 지상에서 이루는 역
사를 이룬다 하였음이니, 천 년에 걸
쳐서 골라지고 선택되는 그 신부가 하
늘에 오름이니,
29 지금 나의 아들이 살아 있는 이 시대
에 사는 너희들이 얼마나 영광되고 축
복된 자들인가를 알아야 될 것이니라.
30 이제는 나의 법전을 읽지 않고 나의
법전을 깨우치지 아니하는 자, 그리고
나의 아들의 강론하는 것을 듣지 않는
자, 그 누구도 신부가 되어 나의 아들
신랑을 통하여 내 품에 안길 수 있는
그와 같은 역사요, 나의 천국에 들어
오는 것은 정녕 있을 수 없는 길이니
라.
31 이를 내가 나의 법전에 기록하여 너희
들에게 전하니, 이는 너희들이 가슴
깊이 새겨야 될 것이며, 이 법전을 읽
고 깨우쳐 이 대목을 읽은 자는 많은
너희들의 이웃과 형제에게 전하여 그
들을 구원하는 그 역사를 이룰 때, 너
희들이 나로부터 선택된 백성이 됨이
니,
32 나의 아들을 통하여 너희들이 천국에
오를 수 있으며 내 품에 올 수 있음을
잊어서는 안 될 것이니라.
33 이는 엄연한 사실이며, 변할 수도 없
으며, 이와 같은 역사는 바뀌지도 않
음을 너희들은 알아야 될 것이니라.

3,199 번째 하나님 말씀

2002년 8월 31일 01시 27분

1 사랑하는 나의 아들아!

2 "네, 아버님! 말씀하옵소서."
3 인간 세상 속에 살아가는 너희들이 천태만상의 성격을 가지고 있으며, 그 마음의 변화가 또한 그러하니라.
4 수시로 변하는 그 마음을 가진 것이 너희들 인간의 본질이 아니던가?
5 인간 세속에 있을 때, 네가 처음에 깨우침을 가고자 할 때만 해도 너는 많은 사람들의 뜻을 다 거둬들이며 수용할 수는 없었음이니라.
6 그리하여 많은 사람들이 너와 더불어 같이 갈 수 있으며, 너의 제자들이 또한 너를 깨우쳐 주며 믿음의 길을 안내해 주며, 그들이 너를 이끌어 가며 너를 도와 가는 그와 같은 것으로써 출발하였음이니라.
7 그러나 이제 네가 깨우침의 경지가 높으며, 내가 나의 아들이라 너를 명하였으며, 만백성을 구하며 또 만백성의 깨달은 자들을 신부로서 맞이하는 그 신랑의 자세로써 네가 바로 섰음이니, 이제는 너의 제자들이 너를 도와서 그들이 이해하고 사랑하며 너와 더불어 협조하며 그리 가는 것이 아니니라.
8 이제는 네가 나의 피조물 만백성 그 누구도 이해하고 용서하며 가슴에 안고 가는 그와 같은 변화를 가져야 되는 것이 나의 아들이 가는 길이니라.
9 네가 우는 자 앞에 같이 울 수 있으며 그 우는 자의 마음을 헤아리며, 화내는 자의 마음을 네가 헤아려 주어야 함이니, 네가 화내는 자의 화내는 마음을 이해 못 하며 그를 사랑으로써 받아 주지 못하면 아니 됨이니라.
10 화내는 자 그를 받아 줌이며, 또 너를 욕하는 자 그를 받아 줌이며, 그 마음을 다스려 주는 그와 같은 변화된 삶을 살아야 되는 것이 나의 아들이요, 네가 가야 하는 길임을 알라.
11 네가 화내는 자에게 같이 화를 내며, 너에게 등 돌리고 떠나는 자를 네가 미워하며, 너에게 섭섭한 마음을 갖는 자에게 네가 섭섭해하며, 너를 핀잔하는 자에게 네가 같이 핀잔하며, 네 앞에 얼굴을 붉히는 자에게 네가 같이 얼굴을 붉힌다면, 너는 나의 아들이 아니요, 나의 선지자도 아니요, 목자가 못 됨이니라.
12 이제는 그 모두를 다 네 가슴으로 받아 주는 것이 나의 아들이요, 나로부터 만백성을 이끌어 가는 대명을 받은 나의 선지자요, 목자이니라.
13 그리하여 너는 이제 모든 것을 다 네 가슴으로 받아 주며 이해하고 용서하는 마음으로 가야 함을 잊지 말라.
14 수시로 변하는 그 사람의 마음에 네가 같이 변한다면 너도 그들과 조금도 차별화됨이 없지 않은가?
15 수시로 마음이 변하는 자, 돌아서면 또 웃음이 있을 것이며, 웃음 뒤에 또 제가 고통이 있으며 또 아픔이 있을 것이니, 그때마다 네가 그와 같이 네 마음에 동요가 있으며 네 마음이 변한다 하면, 너도 나의 피조물 만백성과 무엇이 다르겠는가?
16 그 모두를 다 가슴에 안고 받아 주며 이해하고 용서하며 가는 것이 나의 아들이 가는 길임을 너는 알아서 그리 행하도록 하라.

3,200 번째 하나님 말씀

2002년 8월 31일 01시 35분

1 사랑하는 나의 아들아!
2 "네, 아버님! 말씀하옵소서."
3 내가 너의 제자들의 지금 깨우침이, 무쇠를 집어도 그들의 손에서 녹는 그와 같은 깨우침의 경지에 지금 돌입하고 있다 하였음이니라.
4 너 또한 어떤가?
5 너 자신이 한 점의 부끄러움이 없는 삶을 살아가고 있음이니, 그것이 나의 아들로서 살아가는 자세이니라.
6 여기서 네가 더 변화되고 더 전진하여 나의 심성과 같은 자로서 바로 서는 것이 네가 나를 대신하여 육으로써 세상에 나가 행함임을 알라.
7 사랑하는 나의 아들아!
8 지금 이 세상 나의 피조물 만백성이 어찌 살아가는가?
9 종교 지도자들이요, 그곳에서 깨우침을 얻으며 구원을 받았다 말하는 자, 그들이 지나갈 때 그들에게 네가 한 사람씩 붙잡고 물어보라.
10 지금의 믿음의 길을 가는 너희는 지금 너희 자식과 너희 가정과 아내와 남편 사이에 서로 부끄러움 없는 삶을 살고 있는가, 그리고 너희는 무슨 생각을 하고 있으며, 지금 무슨 행위를 하고 오는가, 그리고 너희는 정녕 믿음을 가지고 가는 자로서 나 여호와 창조주에게 부끄럽지 않은 행위를 지금 하고 오는 것인가,
11 너희 자신이 창조주 나에게 부끄러운 행위를 하면서 나의 아들 예수의 보혈로써 구원받았다고 너희 성전에 가서 말할 자격이 있는가? 너희들이 과연 당당히 대답할 수 있는가?
12 너희는 지금 어떠한 생각을 하고 있으며 어떠한 행위를 하고 지금 걸어가고 있는가, 또 너희가 살아가는 모습이 어떠한 형태에서 살아가는가, 나 여호와에게 한 점의 부끄러움이 없는 그와 같은 삶을 살고자 노력하는가?
13 너희가 어제의 잘못했던 삶을 회개하고 반성하며, 어제의 잘못 깨우쳤고 잘 모르고 살았던 것을 반성하며 바로 살아가고자 발버둥치는 그와 같은 변화된 삶을 지금 계속 살아가고 있는가?
14 너희들이 손으로 만든 그 성전에 가서 금화와 은화를 바치며 기도하고 회개하며 그와 같은 생활 속에 젖어 있는 그 형태로써 너희들이 구원을 받았다고 기도하며
15 너희들이 지은 죄가 두렵고 겁이 나나 여호와에게 재물을 바친다 하니, 그거라도 몇 푼 내놓고 나면 너희들의 마음이 편안하기에 너희들이 위안을 받기 위하여 그리하는 것은 과연 아닌가?
16 너희들은 믿음을 시작했을 때의 마음과 10년, 20년 동안 세월이 변했을 때의 마음이, 너희들이 처음에 시작했던 때만큼 지금의 20년 후의 그 마음이 천사처럼 변하여졌는가?
17 너희들이 처음에 믿음의 길을 갈 때 행했던 그 잘못된 악습들을 지금도 계속 행하고 있으며, 그 버릇을 버리지 못하고 있지는 않은가?
18 너희들이 알코올을 좋아하는 자 성전

에 나가 공부했을 때, 알코올을 좋아
하여 그 알코올로써 자신을 뭉개며 살
아간 자, 10년, 20년 너희들이 성전이
라 해 놓은 곳에 나가 그와 같은 습성
을 버리지 못했다면 너희는 잘못 깨달
음이요, 잘못된 믿음으로 행했음이니,
19 너희가 바로 설 수 있는 그와 같은 변
화가 되었다면 너희는 정녕 너희 자신
을 다스려 갔음이니라.
20 또한, 너희가 그 깨우침을 얻은 자이
니라.
21 과연 너희들은 얼마나 변화되며 얼마
나 깨우쳐 가는가, 그것을 너희들이
알아야 될 것이니라.
22 너희들이 10년, 20년, 평생을 너희들
이 깨우치고자 공부했던 그 성전에 다
녔으나, 나의 법전은 몇 시간 동안에
한 권을 정독했을 때 그보다 더 크고
더 넓고 깊은 깨우침을 얻게 되며, 너
희들이 지금까지 살아온 어리석고 잘
못된 것을 깨달을 수 있다 하면, 어느
것이 정녕 나 여호와의 가르침이던가?
23 그것 하나만 너희들이 생각해 봐도 알
수 있음이니라.
24 사랑하는 나의 아들아!
25 나의 법전에 기록하여 내가 그리 전함
이니, 모든 지나가는 사람이요, 종교
집단에서 몇십 년 동안 믿음을 가져
왔다는 자, 그가 네 앞에 지나갈 때 그
를 잡고 물어보라.
26 '너는 지금 어디서 무슨 행위를 하고
있으며, 무슨 생각을 하고 있으며, 너
는 어떠한 자세로써 하루의 삶을 살아
가는가?' 거기에서 당당히 자신 있다
말할 수 있는 사람이 과연 얼마나 있
을까?
27 그리하여 너희들이 소중함이니라.
28 시간을 다투어 변해 가는 너희들이 그
리하여 소중함이니, 이를 너희들은 잊
지 말며, 계속 전진하고 또 전진하여
나와 너희들과의 거리를 단축시킬 때,
내가 너희들에게 성령으로 임해 줄 것
이니, 그때 너희들이 완벽하게 설 수
있음을 알라.

3,201 번째 하나님 말씀

2002년 8월 31일 07시 23분

1 사랑하는 나의 아들아!
2 "네, 아버님! 말씀하옵소서."
3 이 동양의 작은 나라의 한구석에 네가
밤과 낮을 가리지 아니하며 나에게 십
계명을 암송하여 경배함이니, 내가 너
에게 나의 성령을 내려보내 160권이
라는 법전을 세상에 만들어 냄이니,
사람들은 이것을 그저 160권의 책을
썼으며 만들었으려니 그렇게 생각할
것이니라.
4 그러나 그 단시간 내에 과연 그와 같
은 책을 만들어 낼 수 있는 자가 누가
있는가?
5 그들은 스스로 두려워할 때가 있으며,
그리고 그들이 이 무서움을 스스로 마
음속으로 깨닫고 두려워할 것이니라.
6 지금 모든 종파들이 여름에 무성했던
수풀의 나뭇잎처럼, 수풀의 그 파랗고
무서우리만큼 화려한 나뭇잎과 같이
그리 강성하게 뻗어져 나가 있으며,
가장 푸르른 그와 같은 형국에 이르러
있음이니라.

7 그리하여 너희들은 영원히 그 푸름이
지속되며, 그 무서우리만큼 얽히고설
킨 나뭇가지의 이파리처럼 너희들은
정녕 서로 얽히고설킨 속에서 지금 나
의 피조물 만백성을 하늘에 이끄는 그
와 같은 역사를 이룬다 하여, 또 천년
만년 앞으로도 그들로 하여금 재물이
요, 금화와 은화를 거둬들이며 너희들
의 성전이 그리 유지될 것이며, 또한
너희들의 종교 지도자들이 그리 육성
되어 나갈 것이라 생각할 것이니라.
8 그리고 지금 여기 작은 한 모퉁이에
나의 성령의 160권의 법전을 받아서
세상에 전하는 이 역사는 그저 한낱
흘러가는 사탄의 장난이요, 마귀의 장
난이라 그리 말할 것이며,
9 성서는 영원히 불변함이니 그를 가지
고 가르치는 너희들은 영원히 존속할
것이라 그리 말할 것이며, 그 푸르른
나뭇잎이 정녕 떨어지지 아니한다 그
리 생각할 것이니라.
10 그러나 너희들은 알아야 될 것이니라.
11 지금의 너희들 모든 종파가 어떤 형국
이더냐?
12 너희들은 푸르렀던 그 이파리가 자연
의 순리 앞에 더 이상 버틸 수가 없음
이니, 가을이 돌아와 추운 겨울이 오
면 그 이파리가 다 떨어져 앙상한 가
지가 남듯이, 그와 같이 지금의 모든
종파들이 문을 닫을 것이며 너희들이
나로부터 버림을 받을 것이니라.
13 가을에 떨어지는 그 이파리는 뿌리가
남아, 본체가 남아 있어 돌아오는 새
봄에 다시 그 역사를 할 수 있으나, 모
든 종파는 그 뿌리마저도 내가 다 뽑
아 버리고자 하는 것이며, 그리됨을
너희들은 알아야 될 것이니라.
14 너희들이 지금의 잘못 내려진 그 뿌리
를 다 뽑아 버리고 다 버렸을 때, 그
위에 나의 성령의 160권의 법전이 조
용히 뿌리를 내려 갈 것이며, 이 황폐
하고 폐허가 된 땅 위에 나의 법전만
이 새로운 나무를 심으며 영원히 시들
지 않는 그와 같은 나무가 뿌리를 내
려 세상을 덮게 될 것이니라.
15 그와 같이 변하는 역사를 위하여 오늘
의 네가 밤과 낮을 가리지 아니하며
나의 성령을 받아 지금 나의 법전을
기록하여 세상에 냄이니, 이가 너희들
은 상상도 못할 만한 역사의 기적을
이루는 것을 보게 될 것이니라.
16 지금의 나의 아들과 더불어 살아가는
너희들 스스로 변화되는 무서운 모습
을 너희들이 스스로 보며 느낄 것임을
내가 너희들에게 약속함이니라.
17 이제는 떨어지는 그 낙엽이 준비하는
단계며, 그저 자연의 가을에 불어오는
그 싸늘한 바람에 하나하나 떨어져 나
가기 시작하는 그 시대가 열어짐이니
라.
18 나의 법전이 세상에 3부가 나가며 앞
으로 4부, 5부, 10부가 세상에 나갔을
때, 너희들이 받는 그 타격과 너희들
이 쓰러져 가는 그 모습은 너희 스스
로 감내할 수 없으며, 너희들 스스로
그 쓰러지는 것을 막을 수도 없으며
바로 세울 수도 없는 그 무서운 변화
앞에, 스스로 너희들이 무능한 것이며
너희들이 잘못 믿음을 이끌어 갔음을
그때서야 알 것이니라.

19 이제 너희들이 정녕 지탱하며 그를 쓰
러트리지 아니하며 너희들이 정녕 많
은 나의 피조물 만백성을 구하는 순수
한 종교 지도자들로 남을 수 있는 자
는 나의 법전을 읽고 이를 믿으며 나
의 아들이 나의 아들임을 믿으며, 그
에게 와 강론을 들어 나의 법전을 들
고 만백성을 구하는 그 역사를 이루는
그와 같은 변화를 가져야만 너희들이
구원의 길에 올라섬을 알아야 될 것이
니라.
20 그러지 아니한 자, 너희들은 영원히
구원받을 수 없음을 내가 나의 법전에
나의 아들을 통하여 내 명령을 이리
내리며 내 뜻을 기록함이니,
21 너희들은 이것이 구약과 신약과 다르
며, 다시 태어나는 한 시대를 엮어 가
는 나 여호와의 직접 명함임을 너희들
은 들어야 할 것이며 이를 깨우쳐야
될 것이니라.

3,202 번째 하나님 말씀

2002년 8월 31일 07시 33분

1 사랑하는 나의 아들아!
2 "네, 아버님! 말씀하옵소서."
3 너의 제자들과 그리고 나의 법전을 읽
고 깨우치고자 하는 만백성에게 나의
깊은 뜻을 전하여야 될 것이니라.
4 이제는 너희 스스로 이 세상에 존재하
는 그 의미를 한번 생각해 봐야 될 것
이며, 내가 이 세상의 모든 동물 중에
너희들이 으뜸이요, 너희들에게 높은
지혜를 주어 세상사를 통제하며 살아
갈 수 있도록 했으며, 너희들이 세상
에 나와 내가 준 60점이라는 그 점수
속에서 살아갈 수 있고 모두를 얻어
취하며 갈 수 있도록 만든 그 의미를
한번 되새겨 봐야 할 때가 왔음을 알
아야 될 것이니라.
5 나 여호와가 너희들에게 새로운 생명
을 주었으며, 너희들이 세상에 나와
이 자연 속에서 모든 동식물을 다스리
고, 너희들이 노력하는 만큼 모두를
얻어 육신이 평화롭고 행복한 삶을 살
수 있도록 무상으로 너희들에게 다 준
창조주 나의 뜻을 너희들이 생각해 볼
때가 되지 않았는가?
6 그리고 너희들이 이 세상에 나와 살아
가는 그 의미요, 참뜻을 한번 생각해
봐야 될 것이니라.
7 너희들을 창조한 창조주 내가 너희들
을 세상에 그와 같이 하여 너희들이
또 모두를 위해서 살아갈 수 있는 모
든 은혜와 영광의 축복을 주면서 내가
너희들에게 바라는 마음이 무엇이 있
겠는가?
8 내가 너희들에게 그와 같이 태어남의
은혜요, 세상에 살아갈 수 있는 능력
의 모두를 준 그 은혜요, 너희들이 이
세상에 존재하는 그 의미를 조용히 한
번 생각해 보라.
9 너희들이 살아가면서 죄를 짓고 살며,
흉악한 짓을 하고 살며, 남으로부터
저주받는 일을 하며, 남에게 피해를
주며, 남에게 거짓 하는 그와 같은 삶
을 살도록 내가 너희들을 세상에 내보
냈겠는가?
10 나 여호와요, 창조주가 어떠한 마음으
로 너희들을 만들었겠느냐?

11 너희들은 선하고 아름다운 모습으로
써 나누며 살고 베풀며 살며 그저 천
사와 같은 마음으로 살다 나에게 오라
는 그와 같은 나의 깊은 뜻에서 너희
들을 세상에 내보낸 그 의미를 한번
생각해 볼 필요성이 있음이니라.
12 그러니 너희들이 천사와 같이 살 수
있는 지혜를 주었으며, 판단력을 주었
으며, 그리고 너희들의 육신이 조금만
바르고 곧게 노력하면 너희들이 육신
의 평화요, 행복한 삶을 살 수 있도록
모두를 다 내가 내려 주었거늘,
13 너희들은 그 속에서 어찌하여 내가 지
키라는 그 뜻을 지키지 못하며, 너희
들이 육의 삶을 위하여 악한 짓, 거짓
하는 짓, 남에게 피해 주는 짓, 그와
같은 짓을 하고 살 수 있는가?
14 너희들은 정녕 내가 너희들을 세상에
내보낸 그 감사한 뜻의 의미를 조용히
되새겨 본다면, 너희 스스로 사악하고
나쁜 짓을 할 수 없는 것이 너희들의
처지이며 너희들의 형편임을 알아야
될 것이니라.
15 너희는 절대적 악한 짓을 해서는 아니
됨이니라.
16 오로지 선한 속에서 선한 삶을 살도록
내가 명하였으니, 창조주가 명한 대로
사는 것이 하늘에 오르는 길이요, 내
가 명한 대로 살지 않는 자, 너희들은
하늘나라에 올 수 없음이니라.
17 그리하여 육의 삶은 너희들이 세상에
태어난 영광을 주었으며, 너희들이 노
력하는 만큼 모두를 얻어 육의 행복을
얻을 수 있도록 내가 다 주었음이니,
그리고 너희들에게 지키고 하늘에 올
라와 영원히 나의 나라에 와 나의 품
에서, 너희들이 상상할 수 없는 이 천
국에서 영원히 존재하며 살아갈 수 있
도록 하기 위하여 내가 또한 너희들에
게 그 지침서를 내려보내지 아니하였
더냐?
18 바로 불로 써 내린 십계명이니라.
19 그 십계명의 깊은 뜻을 깨달으며 그
계명에 맞는 그와 같은 믿음의 삶을
너희들이 살아오면 하늘에 오를 수 있
는 그 모두를 다 주었거늘, 어찌하여
너희들은 그 감사함을 모르며 사는가?
20 사랑하는 나의 아들아!
21 "네, 아버님! 말씀하옵소서."
22 너희들이 음식을 먹을 때 내가 너희들
에게 명하지 아니하였던가?
23 '과연 제가 이 음식을 먹을 수 있겠습
니까? 하나님 아버지, 창조주시여! 제
가 이 음식을 먹고살 자격이 있습니
까?' 너희들이 그리 먼저 물으라 하였
음이니라.
24 그리고 내가 너희들에게 먹을 자격이
있다 하였을 때, 너희들은 '감사합니
다.' 하며 그 음식을 먹으라 하였음이
니라.
25 그러나 너희들은 감사하다는 그 한마
디로써 그 음식을 그저 너희들이 편한
대로 취하는 그와 같은 자세로 먹어서
는 아니 될 것이니라.
26 너희들이 음식을 하나 취하되 내가 뭐
라 하였느냐?
27 학과 같은 고고한 인품의 자세로써 취
하라 하였음이니라.
28 이제는 거기서 더 나아가 너의 제자들
은 음식 하나하나를 입에다 넣을 때

그 음식의 뜻을 음미하며, 그 음식의
아름다움을 음미하며, 그 음식의 소중
함을 음미하면서 너희들이 하나하나
취할 때, 그게 얼마나 경건하고 아름
다운 자세로써 너희들이 취하고 먹어
야 되는가를 알겠는가?
29 지금 수천 년 동안 종교 지도자들이
그걸 모름이니라.
30 그저 너희들은 모여서 '이 모두는 여
호와 하나님께서 주신 것이니 어쩌고
저쩌고….' 하며 너희들이 계속 생각나
는 대로 씨부렁대고 너희들은 뭐라 하
느냐?
31 '감사하게 먹겠습니다.' 그리고 '감사
합니다, 아멘!' 하고 그저 막 먹어 대
는 것이니라.
32 그렇게 살아온 것이 너희들이니, 내가
너희들에게 내려 준 그 모든 음식조차
도 얼마나 거기에 깊은 의미가 있으며
거기에 얼마나 향취가 있는가?
33 그 음식을 취했을 때 너희들이 그 행
복이요, 즐거움이요, 그 뜻을 음미하
지도 못하고 그저 마구잡이 먹어 댔다
하면 너희들은 짐승과 무엇이 다른가?
34 짐승들과 다른 점이 있다면 그저 '하
나님! 감사합니다.' 하며 너희들이 씨
부렁댄 그것밖에 없을 것이니라.
35 너희들이 음식을 대할 때, 그 음식의
맛을 음미하지 못하며, 그 뜻을 음미
하지 못하며, 그곳에서 풍기는 향취를
못 맡으며, 먹어 즐거워할 수 있는 그
아름다운 행복감을 모르며 그저 먹는
짐승들과 차이점이 없다면, 너희들이
과연 어찌하여야 되겠는가?
36 음식을 먹을 때 너희들이 그 뜻을 음
미하며, 그 맛을 음미하며, 그 향취를
음미하며, 내가 너희들에게 내려 준
그 감사한 의미를 되새기면서, 너희들
은 고고한 학보다도 더 위대한 품위
속에서 그 음식을 하나하나 섭취하는
그와 같은 모습으로 변하고 살아가는
것이 너의 제자들이 살아가야 할 일이
며, 나의 법전을 읽고 깨우친 백성들
이 살아가야 할 모습임을 그들에게 깨
우쳐 주라, 사랑하는 나의 아들아!

3,203 번째 하나님 말씀

2002년 8월 31일 07시 37분

1 사랑하는 나의 아들아!
2 "네, 아버님! 말씀하옵소서."
3 천태만상의 성격을 가지고 사는 너희
들, 천태만상의 형태를 가지고 형체를
가지고 사는 너희들, 그리고 천태만상
의 너희들이 변화되는 모습처럼 너희
들이 생각하는 것도 그리 다 다름이
니, 그러나 내가 너희들에게 뭐라 말
했는가?
4 그 마음의 틀은 얼굴이라 말하였음이
니라.
5 너희들이 얼굴의 형태를 봄으로 인하
여 너희들의 심성을 알 수 있다 하였
음이니라.
6 이제 나의 법전을 읽고 깨우쳐 성령을
직접 듣는 너의 제자들과 나의 법전을
접한 백성, 너희들은 알아야 될 것이
니라.
7 너희들이 아무리 마음이 변해졌으며
너희들이 아무리 경지에 올랐다 그리
말해도, 너희들이 원천의 욕심이요,

사악한 마음을 너희 마음에서 완전히
버리고 뽑아내지 못한다면, 너희들의
모습은 아름다운 형태로 변할 수가 없
음이니라.
8 내가 이 지상에 수천 년 동안 내려오
며 이 지상을 다 덮고 있는 그 수많은
너희들의 신도와 그 많은 종교 지도자
들, 그 수억의 백성을 지도하는 종교
지도자들, 그들이 2천 년 동안 흘러왔
던 그 모든 역사의 뿌리를 완전히 다
뽑아 버리며 그를 놓고자 함이니,
9 그 위에 나의 성령이요, 나의 법전이
뿌리를 내려 새로운 역사를 이룰 수
있다 말하였음이니라.
10 이는 작게 말하면 너희들 자신은 무엇
이더냐?
11 너희들 자신에 있는 그 모두를 다 품
어 내고 뽑아내지 아니하며, 너희들
마음속에 들어 있는 그 모든 악의 뿌
리요, 근원을 다 뽑아내며 선한 마음
으로써 그득히 채워지지 아니할 때,
너희들은 얼굴의 형태가 변할 수가 없
음이니라.
12 나의 아들의 제자요, 나의 법전을 읽
은 백성은 너희들 얼굴의 형태에서 온
유하며 자애로우며 그 속에 사랑을 느
끼며, 너희들 눈빛에서는 진실을 느끼
며 아름다움을 느끼며, 그리하여 구원
의 빛이 너희 얼굴에서 비쳐 나오는
그와 같은 형태로 바뀌지 아니한다면,
13 너희들은 말로써만 변화된 자요, 실천
의 행함에 있어서는 변화되지 않은 자
들이니, 너희들은 나의 아들을 기만하
는 것이요, 위로는 나 여호와를 기만
하는 그와 같은 삶을 사는 것이니라.
14 이제 너희들이 육에서 살아왔던 그 모
습의 얼굴 형태가 다 같이 하나로 바
뀌어야만 너희들이 나에게 선택된 아
들딸들이요, 나의 성령이요, 나의 피
로써 이루어진 너희들이라 말할 수 있
음이니라.
15 나의 성전에 와 나의 법전을 보고 깨
우쳐 공부하는 자, 그리고 성령의 강
론을 직접 듣는 자, 너희들의 얼굴 형
태가 다 하나같이 곱고 아름다우며 그
얼굴에서 광채가 나는 그와 같은 형국
으로 똑같이 변화가 되어야 될 것이니
라.
16 그렇지 아니하면 너희들은 이룰 수 없
으며 건널 수 없는 강이 있음을 알아
야 될 것이니라.
17 너희들이 정녕 변했다 하면, 그 누구
도 똑같이 변했으며 너희들 마음속에
악이 없으며 욕심이 없으며 남을 시기
하고 질투하는 마음이 없이 너희들이
하나같이 비웠다 하면, 똑같은 형체로
변해야 되는 것이 너희들이 가야 할
길이요, 너희들의 변함을 알 수 있는
것이니라.
18 너희들이 똑같은 형체요, 똑같은 얼굴
모형으로써 그 틀을 똑같이 이루지 못
했을 때, 거기에는 낙오자가 있는 것
이며 마음을 비우지 못한 자가 있음을
너희들은 알아야 될 것이니라.

3,204 번째 하나님 말씀

2002년 8월 31일 08시 19분

1 사랑하는 나의 아들아!
2 "네, 아버님! 말씀하옵소서."

3 너희들이 이 세상에 태어나 재물을 가
지고 있음이니, 그 재물이 또한 누구
거라 말하는가?
4 너희들은 너희들 것이 아니며 나 여호
와의 것이라 그리 말하느니라.
5 그리하여 너희들은 정녕 관리자요, 관
리하는 자이니라.
6 나의 재물을 가지고 관리하는 자가 재
물이 있다 하여 없는 자에게 베풀면서
군림하고자 하며, 저희들의 존재를 알
리고자 하며, 저희들의 존재가 위대함
을 과시하고자 하는 그와 같은 행위로
써 남을 도우며 남에게 베푸는 그러한
것은 하지 말라.
7 너희들이 그와 같은 마음으로써 남을
돕는 것은 너희 스스로 죄를 짓는 것
이니, 너희들이 도울 때 받는 자의 마
음으로 아름다운 마음을 갖고 도와주
며 베푸는 것이 너희들이 나에게 가장
사랑을 받는 길임을 알아야 할 것이니
라.
8 그러한 마음으로써 너희들이 베풀고
그러한 마음으로써 행할 때, 내가 너
희들을 기억하며 너희들을 사랑함을
알라.
9 너희들에게 내가 말하였느니라.
10 십일조라는 그와 같은 엉터리 수법으
로써 나의 피조물 만백성에게 재산을
긁어모으지 말라, 그는 엉터리 같은
사기극을 벌이고 있는 것이라 하였음
이니라.
11 어찌하여 십일조라 하여 나의 피조물
만백성이 고생해서 모은 돈을 그리 챙
기고 착복하는가?
12 그러는 것이 아니니라.
13 너희들은 여기서 깨우쳐야 될 것이니
라.
14 정말 너희들이 잠잘 데가 없는 자에게
그 잠자리를 만들어 주며, 그가 정말
노력하나 일할 곳이 없는 자에게 일터
를 만들어 주며 그리 베풀어 줄 때, 그
는 얼마나 감사하며 고맙게 생각하겠
는가?
15 잠자리가 없는 그 가정에 조용한 잠자
리를 만들어 주는 것이 얼마나 그들에
게 행복이며 기쁨인가?
16 그들이 나 여호와에게 기도하고 경배
하여 그와 같은 역사가 이루어졌다면,
그들은 살아 있는 하나님이라 말하며
나에게 얼마나 감사하겠는가?
17 너희들은 여기서 알아야 될 것이니라.
18 정말 잠자리가 없는 자에게 그 잠자리
를 만들어 주었으며, 의식주를 꾸려
가기가 힘든 자에게 그 의식주를 해결
할 수 있도록 베풀어 주었다면, 그가
무슨 욕심이 더 있겠는가?
19 의식주를 해결하지 못하여 힘들고 어
려운 삶을 사는 자에게 너희들이 조그
마한 지렛대의 역할을 하여 그가 의식
주를 해결하며 한 가정이 단란하게 살
아갈 수 있다면, 그들은 무엇을 더 원
하겠는가?
20 그들은 더 이상 원하지 아니할 것이니
라.
21 거기서 행복을 느낄 것이며, 그것으로
써 만족할 것이며, 그리하여 그들은
그 후부터는 남을 위하여 베푸는 삶을
살아갈 것이니라.
22 너희들은 나의 재산을 가지고 관리하
는 자로서 어찌 그리도 인색하던가?

23 내가 너희들에게 말하지 아니하였더
냐?
24 '오른손이 하는 것을 왼손이 모르도록
그리 베풀면 된다.' 하였음이니, 너희
들은 나의 것을 가지고 베풀어야 할
것이니라.
25 종교 지도자 너희들이 정녕 얼마나 욕
심이 있으며 사악한 자들인가?
26 너희들은 그리고 나의 피조물 만백성
을 얼마나 욕심쟁이로 만드는가?
27 너희들은 그리 말해서는 아니 되는 것
이니라.
28 너희들은 정녕 너희들이 살 수 있는
것, 의식주를 해결하고 살아갈 수 있
는 기틀이요, 기반이 잡힌 자는 그것
을 다 제외한 나머지 90퍼센트요, 80
퍼센트라는 저희들이 가지고 있는 재
산으로 어렵고 힘든 자를 도와주는 그
와 같은 역할을 하며 그것을 쓰는 것
이며,
29 그리하여 저희들이 살아갈 수 있는
10퍼센트요, 20퍼센트의 재산을 제외
한 80퍼센트요, 그 모든 재산은 이웃
에게 돌려주며, 이웃 사람에게 살아갈
수 있는 터전을 만들어 주며, 그들이
의식주를 해결할 수 있도록 저희들이
직접 그리 구원해 주고 도와주면 된다
그리 가르치면 되는 것이니라.
30 그렇게 가르쳤을 때 그들이 과연 물질
의 욕심이 있겠는가, 그리고 재물에
욕심이 있겠는가?
31 그리고 가난한 자를 도와주는 그 즐거
움을 느낄 수 있도록 그리 가르쳐야
되는 것이니라.
32 그러나 너희들은 90퍼센트는 자기가
챙기고 10퍼센트는 그저 너희들의 성
전에 갖다 바치라 함이니, 10퍼센트를
거둬들이기 위하여 그들을 욕심쟁이
로 만들며 그들을 더 챙기는 자들로
만들고 그들이 축복받는 영광을 얻지
못하도록 지금 가르치고 있는 것이 너
희들의 십일조의 개념이니라.
33 이것을 너희들은 깨달아야 될 것이니
라.
34 이게 나 여호와의 뜻을 정면으로 거부
하는 것이며 잘못 가르치는 것이니,
그리하여 너희들이 나의 피조물 만백
성을 욕심쟁이로 만들고 있음이니라.
35 나의 재산을 너희들이 관리하다 죽어
올 때 하나도 가져오지 못하거늘, 너
희들이 무엇 때문에 그리도 많이 쌓아
놓고 자손 대대로 물려주려는 그와 같
은 생각까지도 하지 아니하면 아니 되
도록 그리 너희들이 가르치는가?
36 이제 나의 법전을 읽고 깨우치는 자,
그리고 나의 선지자요, 나의 아들의
제자라 일컫는 너희들은 그와 같은 개
념을 알아야 될 것이니라.
37 너희들이 내 재산을 관리하며, 많이
관리하는 자는 없는 자에게 미안한 마
음을 가지며, 그리하여 그들에게 나누
어 주는 데 너희들이 마음에 하나의
부담이 없이 도와주고 나누어 주는 그
와 같은 마음을 가져야 될 것이니라.
38 너희들이 내 것을 나누어 주면서 생색
내고자 하는 것도 아니 되며, 너희들
의 목소리를 높이고자 하는 것도 나의
성전에서는 아니 됨이니라.
39 나의 성전에서 베푸는 자, 없는 자에
게 나누어 주는 자, 그와 같은 자는 더

낮은 자세로, 겸손한 자세로 나누어 줘야 될 것이니라.

40 '하나님으로부터 똑같이 받아야 될 그 재산을 내가 더 많이 관리하고 있으니, 여러분들 것을 내가 뺏어서 여러분들 것을 대신 많이 관리하기 때문에 여러분들이 어렵고 힘든 삶을 살아왔으니, 내가 착취한 것과 같이 그 부끄러움을 느끼는 그와 같은 마음이오.' 그리 너희들이 사과할 수 있는 마음으로, 그들에게 미안한 생각을 하면서 베풀어 줄 수 있는 그와 같은 자만이 내가 기억하는 백성임을 알아야 될 것이니라.

41 너희들은 스스로 그와 같이 행하라.

42 이제 너희들이 가지고 있는 재물로 너희들이 편안히 살 수 있으면 될 것을, 그 외의 것을 더 가지려 하지 말며, 너희들 이름 석 자 앞에 쌓아 두려 하지 말라.

43 너희들이 나에게 올 때 그것 하나 한 주먹 쥐고 올 수 없으며, 그는 너희들과 아무런 관련이 없는 것이며, 내 것을 관리한다는 철저한 그와 같은 깨달음을 얻으라.

44 그리하여 내가 말한 대로 아무도 모르게 이웃을 도와주는 그와 같은 마음을 가져라.

45 십일조를 내어 너희들이 만든 그 성전이요, 잘못 가르치는 자, 너희들을 지옥으로 인도하는 자들에게 너희들이 힘을 실어 주는 그와 같은 죄를 짓지 말라.

46 나의 아들 예수가 성전을 가졌더냐?

47 성전이라 하여 저희들이 호화롭게 지으면 아니 되며, 궁궐처럼 운영하는 그곳의 문을 닫도록, 너희들은 거기에 십일조요, 헌금을 바쳐서는 아니 되느니라.

48 너희들이 정녕 그와 같이 할 수 있다면, 그 재물로 이웃에게 도와주는 그와 같은 아름다운 마음을 가질 때 내가 너희들을 기억할 수 있으며, 그것이 나의 백성이 나의 백성을 보살피는 것이니 너희들은 그리 알아야 될 것이니라.

49 이제 그와 같은 행위를 너희들은 중단할 때가 되었으니, 중단하지 아니하는 자, 나의 재물을 가지고 너희들이 구원의 티켓을 사겠다는 그 장사 목적으로 잘못 가르치는 종교 지도자 앞에 갖다 바쳤음이니,

50 너희는 더럽고 추한 마음으로써 나의 하늘에 천국의 문을 여는 티켓을 사려 하는 그 어리석은 우를 범하지 말라.

51 끝까지 너희들이 욕심을 버리지 못하는 그와 같은 삶을 살아서는 안 될 것이니라.

52 90퍼센트요, 80퍼센트의 재산을 너희들이 풀어 나누어 주는 그와 같은 마음을 갖고 살라.

53 그리고 가난하고 힘든 자의 삶이 어떤 것이며 그들이 사는 것이 얼마나 고달픈가를 같이 느끼고 깨닫는 그와 같은 삶의 길을 가지 아니하는 자, 너희들은 정녕 사랑을 모름이니 천국의 문에 오르려 하지 말라.

54 이와 같은 나의 뜻을 너희들이 깊이 깨달았을 때, 너희들의 재물이 아님을 알 것이니라.

55 나의 아들은 어찌하는가?
56 그 금화와 은화를 그저 종이 한 장 놓
듯이 놓으며 가벼운 마음으로 금화와
은화요, 그 재산을 관리함이니, 제 이
름 앞에 무엇을 두려 하지 아니하며,
그저 그의 제자들에게 사업의 터전이
요, 의식주를 해결해 주는 데 그 모두
를 던지는 그와 같은 삶을 보라.
57 지금 나의 아들이 동양의 작은 나라에
서 그 제자들 몇 사람에게 의식주를
해결해 주는 사업장을 만들었으나, 세
월이 감으로써 그게 천 개, 만 개, 셀
수 없이 늘어날 것이니,
58 그 속에서 살아가는 나의 피조물 만백
성이, 의식주에 시달렸던 그들이 의식
주를 해결했을 때, '이는 살아 있는 하
나님이요, 이 말씀은 하나님의 말씀이
요, 이것이 진정한 하나님의 사랑이
요, 우리를 사랑하는 하나님이 이와
같다.' 하는 것을 그들이 느낄 것이니,
59 내가 사랑하는 그 뜻을 몸소 실천하고
행해야 될 자들이 저희들만이 평생 거
둬들여 호의호식하고 사는 데만 눈이
뒤집혀 있음이니, 과연 나의 아들이
이루고 있는 그 역사같이 생각도 할
수 없으며, 그것은 꿈에도 생각지 못
하는 그와 같은 우를 범하는 것이 너
희들임을 알라.

3,205 번째 하나님 말씀

2002년 8월 31일 09시 43분

1 사랑하는 나의 아들아!
2 "네, 아버님! 말씀하옵소서."
3 너희들이 태어나 어려서부터 성장하
는 과정에 커 가면 커 감으로써 학문
이 달라지며 생활하는 방법이 달라지
며 그 변화 속에 살아가는 것이니라.
4 네가 나의 종으로서 해야 될 임무가
있고 너 자신의 위치가 있었으며, 내
가 너를 사랑하는 선지자라 불렀음이
니 그 선지자로서의 위치가 있으며,
네가 행함이 있으며 또한 네가 그에
따라 변화가 있어야 하는 것이며, 변
화가 있기에 내가 너를 그리 불렀느니
라.
5 이제 내가 너를 더 이상 부를 칭호가
없는 나의 아들이라 함을 내가 밝혔으
며, 네가 나를 대신하여 세상에 나가
나를 대신하여 육을 가지고 역사하는
자라 말하였음이니, 이는 나의 혈통인
나의 아들이기 때문이니라.
6 그러니 네가 아들로서 행할 수 있는
깨달음과 아들로서 행할 수 있는 자세
요, 그 행함이 모두가 다 달라짐이니,
네가 경지가 높게 오르고 또 행동함이
발라야 될 것이니라.
7 그리하자면 네 생활의 주변이 거기에
맞도록 모두가 다 변해야 될 것이며,
네가 깨달은 만큼 거기에 맞추어 행하
지 아니한다면 너는 아무런 변화도 없
는 자이니라.
8 그러니 너는 나의 종이요, 나의 선지
자요, 나의 아들로서도 자격이 없음을
알아야 될 것이니라.
9 내가 너를 아들이라 만천하에 공포하
였으니, 너는 거기에 맞도록 모든 행
동이 바뀌어야 될 것이며, 네가 하는
생각, 네가 생활하는 것, 그 모두가 거
기에 격에 맞도록 네가 조심스러우며,

돌다리도 두드려 보고 걷는다는 말이
있듯이, 모든 것을 심사숙고하여 하는
그와 같은 행위에서 이루어져야 될 것
이니라.
10 오로지 내가 너를 만백성의 신랑이라
하였으니, 신랑은 그날의 잔치의 주인
이요, 또 그는 신부를 맞이할 수 있는
모든 마음의 준비를 갖추고 있을 것이
며, 그러한 신부를 맞이하는 준비에
무엇을 생각하겠는가?
11 너는 항상 그와 같은 마음으로 나 여
호와의 뜻에 따라 네가 행하는 것 외
에는 다른 것을 생각해서는 절대적 아
니 됨을 알라.
12 이것이 네가 가야 할 길이며, 네가 변
화되는 길이며, 네가 행해야 되는 것
임을 알라.
13 내가 나의 아들이라 명한 이후에 네가
아들의 자격으로서 행함이 없다면 이
를 어찌하겠는가?
14 이는 모든 사탄이요, 사악한 자들이
나를 비방함이니, 나 여호와 창조주의
이름이 사탄이요, 사악한 것들에게 거
론되는 그와 같은 일이 있어서는 아니
될 것이며, 너로 하여금 내가 얼굴을
붉힐 그와 같은 일이 있어서는 아니
될 것이니 그리 알아야 할 것이니라.
15 거기에 맞춰 네가 생활해야 함을 잊어
서는 절대 안 됨을 알라.
16 그리고 너의 제자들 또한 마찬가지이
니라.
17 깨우친 만큼 그들의 생활이 변해야 되
며, 모든 행함이 변해야 될 것이니, 이
제는 내가 너에게 명하는 그 모두를
거부하지 말며, 네가 네 뜻대로 행하
고자 하여 나에게 기도하는 마음으로
써 조용히 앉아 나의 뜻을 듣고자 하
는 그 어리광 같은 짓을 하지 말라.
18 네가 아기와 같은 자세로써 나 여호
와가 너에게 양보해 주길 바라며, 어
린아이가 밥을 먹기 싫다 하여 밥을
먹이지 않는 그 부모의 마음같이 해
주기를 바라는 그 심리로 네가 나의
뜻을 들으려 하지 말며, 내가 그와 같
이 너에게 해 주기를 바라지 말라.
19 이제 너는 나의 아들로서 성인이요,
만백성의 신랑이라 하였으니, 한 가정
을 이끌어 가는 그와 같은 탈바꿈이
요, 새로 태어난 인생의 출발점에 서
있는 자와 같으니, 이제는 네가 그와
같은 생각을 하지 말라.
20 지금까지는 내가 너에게 명하나, 네가
그를 나로부터 조금의 양보를 받으며
네가 꼭 하고자 하는 것을 내가 허락
해 주며 용서해 주기를 너는 기다렸음
이니, 그와 같은 마음 자세를 네가 이
제 두 번 다시 가져서는 아니 됨을 알
라.
21 오로지 내가 명하는 것만을 행하는 그
와 같은 나의 아들로서의 그 자리를
굳건히 지켜야 만백성이 너를 따름이
니라.
22 네가 나에게 네가 하고자 하는 것을
내가 사랑으로써 들어주기를 바라는
그 마음은 진리가 아니요, 진정한 깨
달음의 길이 아니요, 질서가 아니지
않더냐?
23 너는 그를 알면서 네가 고개 숙여 가
만히 앉아 있음이니, 그를 내려다보는
나 여호와가 지금까지는 너를 위하여

이해하고 용서했으며 네가 하고자 하
는 그 뜻을 들어주었으나,
24 이제는 네가 나의 아들로서 성장하였
으며 3부의 법전을 지금 네가 완성해
가는 그와 같은 단계에 있음이니, 이
제 너를 내가 용서하지 아니함이니,
너는 나에게 그와 같은 기도를 드리지
말라.
25 이제 너 자신이 바로 설 수 있음이니,
오로지 내가 너를 바로 다스려 가는
매를 놓지 아니할 것이니 그리 알라.
26 네가 신랑이라 하여 만백성의 신부를
받아들이는 그와 같은 네가 나로부터
종아리를 걷어 올리고 매를 맞는 형국
의 신랑이 된다면 어찌 되겠는가?
27 이를 명심하여 네가 행하도록 그리하
라, 사랑하는 아들아!
28 "네, 아버님! 알겠사옵나이다.
29 제 마음이 약하며, 제 생각이 약하며,
제 의지가 약하며, 잘못하여 이 방을
뛰쳐나가며, 아버님의 말씀을 받기를
두려워하며, 실수할까 봐 제가 그와
같은 제 마음을 달랠 길이 없을 때, 아
버님께 큰 죄를 지었으며 아버님의 마
음을 아프게 했던 그 모두를 이제야
깨달았사옵나이다.
30 이 죄 많은 저를 거두어 주옵시고, 아
버님의 사랑에 깊은 감사를 드리오며,
또 그 깊은 사랑을 이제 조금이나마
느끼는 것 같은 우매한 저를 용서하여
주옵소서."

3,206 번째 하나님 말씀

2002년 8월 31일 09시 50분

1 사랑하는 나의 아들아!
2 "네, 아버님! 말씀하옵소서."
3 구약의 그 역사의 시대가 잘못되었음
을 내가 너에게 수십 번 말하여 법전
에 기록하였으며, 또한 신약의 시대도
너희들이 잘못 살았으며 나를 그리 마
음 아픈 어버이가 되도록 너희들이 만
들었으며, 그리하여 내가 너희들의 손
을 놓는 그와 같은 결단을 내리도록
한 것이 너희들이 지금까지 잘못되어
온 그 삶의 관행이라 하였음이니라.
4 그러나 너희들은 그 관행의 습성을 버
리지 못하며 사악한 마음을 가진 그
마음이 지금까지도 계속 지속되어 너
희들이 너희 생각으로 만든 그 믿음의
길이 하늘에 오르는 길이라며 그리 이
끌어 가고 있음이니, 지금 너희들의
삶이 얼마나 잘못되었는가 너희들이
생각해 봐야 될 것이니라.
5 그리하여 너희들은 말하는 것이니라.
6 이제는 이 잘못된 것을 너희들 스스로
알며 너희들이 죄 속에서 알고 있으
니, 너희들은 그리하여 이제는 재앙이
내릴 것이라 하며, 재앙이 내리면 이
모두를 다 다스리게 될 것이라, 그리
고 재앙으로써 산 자와 죽은 자를 구
원할 것이라 그리 말하느니라.
7 그러나 너희들은 들어야 될 것이니라.
8 내가 너희들을 재앙으로써 다스리지
아니함이니, 내가 정녕 너희들에게 재
앙으로써 그 무서운 고통의 길을 다스
려야 하겠는가?

9 너희는 물이 없어 정녕 모든 자연의
동식물들이 말라비틀어지며 땅이 갈
라지며 종국에 다 말라비틀어지고 짐
승들이 말라 죽어 그 앙상한 뼈들이
산재해 있는 그와 같은 험악한 재앙을
내가 내리기를 바라는가?
10 내가 너희들이 잠시도 마시지 아니하
면 숨을 거두게 되는 산소를 마실 수
없도록 하여 너희들이 죽어 가는 그와
같은 형국으로 너희들의 씨를 말리는
그와 같은 재앙을 내려야만 되겠는가?
11 내가 물의 재앙이요, 산소의 재앙이
요, 불의 재앙이요, 이와 같은 재앙을
내려 모든 동식물이요, 내가 만든 그
들이 고통 속에 씨가 말라 죽는 황폐
한 이 지상을 만들며 너희들에게 내가
그 고통의 재앙을 내려야 되겠으며 그
와 같은 고통을 너희들에게 줘야만 되
겠는가?
12 너희들이 산소가 없어 숨을 못 쉬어
죽어 가며, 물이 없어 말라 비틀어져
죽어 가며, 너희들이 황폐한 땅 위에
서 생식을 할 수 없으며 번식을 할 수
없어 너희들이 그 고통을 겪고 죽어
가는 그와 같은 재앙을 내가 너희들에
게 과연 내려야만 되겠는가?
13 너희들은 그와 같은 재앙이 올 것이라
그리 말하며, 그와 같은 재앙의 심판
은 반드시 오며 그로 하여금 너희들을
구원할 자와 구원하지 아니할 자로 구
분한다 그리 말하고 있느니라.
14 지금의 너희들이 그와 같이 말하며 나
의 피조물 만백성을 이끌어 재물을 거
두어들여 가면서 그들을 끌고 가는 것
이 얼마나 너희들이 어리석은 죄를 짓
는 것인지, 스스로 너희들이 너희들의
죄가 얼마나 무서운지를 모르고 있느
니라.
15 지금 그러한 무서운 재앙이 올 것이라
너희들은 계속 말하며, 너희들의 성전
에 와 재물을 그득히 바쳐 쌓아 놓지
아니하는 자, 그리고 너희들이 가르치
는 그 교리에 찬송과 예배를 드리며
'아멘, 할렐루야!' 하여 너희들에게 힘
을 실어 주지 아니하는 자는 구원받지
못한다 하며, 너희들은 그들을 그와
같은 형태로 이끌어 가는 것이 구원을
받는 길이라 지금 그리 가고 있느니라.
16 나 창조주에게 너희들은 무엇을 원하
는가?
17 그와 같은 험악한 재앙이 올 것이라
하며 나의 피조물 만백성을 이끄는 것
은, 너희들은 나로부터 재앙을 내려
달라는 그와 같은 형국의 너희들의 마
음은 아니던가?
18 너희들이 그리되기를 바라는 마음은
과연 없는가, 정말 말세에 재앙이 내
려와 그와 같은 험악한 꼴이 이루어지
기를 바라지는 아니하는가?
19 그러면서 너희들은 거기에 사악한 생
각을 하고 있음이니, 꿈에도 너희들이
생각해서는 아니 되는 어리석은 생각
을 하느니라.
20 그와 같은 재앙이 내리면 너희들만은
구원을 받는다고 믿고 있으며, 또한
너희들이 그리 가르치며, 그 말을 믿
고 가는 자들이 있으니,
21 잘못 가르치는 종교 지도자 밑에서 나
와는 아무런 관계도 없이 순수하고 순
박한 나의 피조물 만백성에게 고혈을

빨아들여 나의 지상을 오염시킨 너희
들만이 구원을 받는 것이 아니라, 너
희들이 제일 먼저 벌을 받게 되며, 너
희들을 단죄하여 지옥으로 가게 될 것
이니, 너희들이 제일 먼저 그 고통을
받게 된다는 것을 알아야 할 것이니라.
22 그것은 저 자신의 욕심과 제 분수를
모르는 행위이니라.
23 저 자신을 모르며 저희들이 어디에 서
있으며 어떠한 길을 가고 있는 것인지
저 자신의 그를 보지도 못하는 어리석
은 그와 같은 삶을 살아가면서 구원을
받았다 말하는 것이 너희들이니라.
24 재앙이요, 말세가 온다 그리하여 나의
백성들을 너희들이 어찌 이끌고 가는
가?
25 그 사악한 방법은 말할 수 없음이니라.
26 그들이 잘못하여 너희들의 성전이라
는 곳에 와 '아멘!'이라는 말 한 마디
하며 뒤돌아서는 그 순간부터 너희들
은 평생 그들에게 재물을 거둬들이며,
끊으려야 끊을 수 없는 쇠사슬과 같은
질긴 끈으로 묶어 놓고 나의 백성들을
그리 끌고 가는 것이 지금 너희 종교
지도자들이니라.
27 그리하여 내가 지금 너희들에게 그 고
통스러운 재앙으로써 너희들의 씨를
말리며, 이 지상을 황폐한 땅으로 만
들며, 모든 동식물이 말라죽는 그와
같은 힘들고 어려운 고통 속에서 너희
들에게 재앙을 내리는 것이 아니요,
28 그 무서운 재앙을 내려야 하는 그와
같은 환경에서 너희들에게 재앙을 내
리지 아니하며 너희들을 구원하고자
하는 것이 내가 법전을 내리는 것임을
알아야 될 것이니라.
29 너희들이 재앙이 올 것이라, 그 고통
이 올 것이라 하는 그 모든 재앙은 내
가 너희들에게 글로써, 나의 말로써,
나의 성령으로써 내려짐을 알아야 될
것이니라.
30 지금 너희들이 불과 물과 모든 재앙으
로 황폐해져 가는 그와 같은 형국으로
지구를 만들어 감이니, 그 고통에서
너희들을 구원해 주기 위하여 내가 제
3의 시대에 나의 법전을 세상에 내보
내니, 너희들은 이를 읽고 깨우쳐 하
늘에 오르는 길을 바라보는 자만이 나
의 품에 올 수 있음을 잊어서는 아니
될 것이니라.

3,207 번째 하나님 말씀

2002년 8월 31일 09시 56분

1 사랑하는 나의 아들아!
2 "네, 아버님! 말씀하옵소서."
3 내가 너희들에게 뭐라 말하였느냐?
4 불 속에 타 죽을 줄 모르고 뛰어드는
불나비와 같은 삶을 살지 말라 하였으
니, 너희들이 지금 바로 성전이라 하
는 곳이요, 너희들이 지은 그곳에 와
금화와 은화를 바치며 나의 아들의 보
혈로써 구원을 받으며 하늘의 티켓을
받았다 말하며, 거기 와서 너희들이
인간 세속의 삶의 죄를 그 인간이 가
르치는 종교 지도자 앞에 가서 용서를
빌고 눈물로 회개하면 구원을 받는다
하여 그 재물을 싸 들고 그리 감이니,
너희들이 그와 같은 것이 바로 무엇이
더냐?

5 불 속에 타 죽을 줄 모르고 그 불을 보
고 날아드는 불나비와 같음이니라.
6 너희들이 그러한 마음을 가졌다면 나
의 십계명에 기록되어 있는 대로 너희
부모를 먼저 공경하며 너희 부모들의
심정을 알아 그 부모에게 효성을 다하
는 것부터 먼저 배우라.
7 그리하면 스스로 나 여호와를 알게 됨
이며, 너희들이 나의 뜻을 알게 됨이
니라.
8 너희들이 나의 뜻을 알 수 없으며 내
가 너희들을 사랑하는 것을 알 수 없
기에 내가 너희들에게 뭐라 하였느냐?
9 너희들이 부모에게 가끔 가서 부모를
모시고 같이 잠을 자는 그와 같은 행
사를 하라 하였음이니라.
10 노부모를 찾아가 너희들이 부모와 같
이 하루 저녁 잘 때, 그 부모가 가지고
있는 사랑의 깊이를 알 것이며, 부모
가 너희들을 어찌 생각하며, 그 부모
가 무엇을 원하는 것인가를 너희들이
알게 된다 하였음이니, 거기서 얻어지
는 것이 바로 무엇이더냐?
11 그 사랑을 느낄 때 나 여호와의 사랑
을 너희들이 피부로나마 느낄 수 있다
하였음이니라.
12 그러니 너희들이 나를 향하여 하늘에
오르고자 하는 그와 같은 티켓을 사고
자 하는 마음이 있다면, 너희들은 너
희 부모에게 먼저 가서 효성을 다하라.
13 그러면 나 여호와의 심정을 너희들이
알게 될 것이니라.
14 그리 행하는 자만이 나의 아들이요,
딸임을 알라.
15 그리고 내가 너희들에게 또 뭐라 가르
쳤느냐?
16 너희들의 인생이 무엇이라 말하였느
냐?
17 하루살이 벌레를 보고 너희들이 그리
혀끝을 차며, '하루를 사는 벌레가 무
슨 생각을 하며, 그 속에서 욕심을 내
고 사는 저 벌레가 얼마나 불쌍한가?'
너희들은 그리 말한다 하였음이니라.
18 그러나 너희들이 그와 같은 하루살이
벌레와 같은 삶을 사는 자라 내가 너
희들에게 말하였음이니라.
19 사랑하는 아들아!
20 "네, 아버님! 말씀하옵소서."
21 너의 제자들에게 이르라.
22 너희들이 지금 육신의 살아가는 세월
이 너희들에게 그렇게 길게 보이나,
그 세월이 얼마나 된다 생각하느냐?
23 너희들이 하늘에 와 영원히 사는 그
역사의 나라를 본다 하면, 너희들의
지금의 삶은 아무것도 아니라 하였음
이니, 내가 그리 하루 사는 불나비와
같다 비유하여 너희들에게 깨우쳐 주
지 아니하였더냐?
24 하루밖에 살지 못하는 그와 같은 인생
을 사는 너희들이 어떤 마음으로 살아
야 되겠느냐?
25 여행을 하며 길을 따라 산천을 구경하
며 사는 사람이 잠깐 유숙할 곳이 없
어 남의 집에 들어가 하루 저녁 신세
를 지며 그 집에서 유하고 다음날 여
행을 또 떠나는 그와 같은 사람의 마
음으로 세상을 살라 내가 너희들에게
간곡히 부탁하느니라.
26 세상에서 욕심을 내지 않으며, 인간
사회의 부귀와 영화를 위하여 무엇인

가를 얻고자 발버둥치며 욕심을 버리
지 못하며 시기하고 질투하며 남에게
불쾌한 말을 전하며 그들의 마음을 상
하게 하는 그와 같은 행위를 감히 어
찌할 수 있는가?
27 그와 같은 행위를 너희들이 정녕 할
수 있다 생각하는가?
28 그와 같은 자격은 있다 생각하는가?
29 너희들이 인생을 여행하다 그저 하루
저녁 남의 집에서 잠자고 그다음 날
떠나는 그와 같은 마음으로 너희 육신
의 삶을 살면 아무런 하자 없이 너희
들이 하늘에 오를 수 있는 것이니,
30 너희들은 여행을 하다 남의 집에 하루
를 묵는 그와 같은 마음으로 살라, 사
랑하는 나의 아들아!
31 마음으로 세상의 삶을 살라.
32 진정 편안한 마음으로써 넓게 세상을
보며, 모두를 사랑하는 마음으로 육신
의 삶을 그리 살라.
33 이것이 나의 아들이 행하는 삶이요,
나의 아들을 따라 하늘에 오르는 그
역사를 이루며 그리고 나의 성령으로
써, 나의 혈통으로써 이어지는 너의
제자들이 사는 길이며 가야 하는 길이
라는 것을 그들에게 일러 주라.
34 잠깐 주막에서 유하고 가는 것이 너희
들의 육신이 사는 그 삶의 참 시간이
니라.
35 그가 하루 저녁 남의 집에서 잠자는
그 시간이 너희들의 육신의 삶 전체의
그 시간과 비유해서 똑같거늘, 어찌하
여 그곳에서 욕심을 내며 시기하고 질
투하는 그와 같은 마음을 가져야 하겠
는가?
36 만백성을 구하는 너희들이니라.
37 만백성을 구하는 너희들의 마음이 그
와 같이 비워졌을 때, 만백성이 너희
들의 얼굴에서 비치는 찬란한 빛을
보게 됨이니라, 사랑하는 나의 아들아!

3,208 번째 하나님 말씀

2002년 8월 31일 10시 08분

1 사랑하는 나의 아들아!
2 "네, 아버님! 말씀하옵소서."
3 너희들의 지금의 믿음의 종교 집단이
이끌어 가는 그 형태의 삶이 어떤 것
인지 아는가?
4 너희들은 나의 뜻에 순종하며 내가 원
하는 그 계명을 외우며 율법을 지켜
만백성을 사랑하며 종교 지도자 자신
이 천사와 같은 마음으로 변하고자 한
점의 부끄럼이 없는 삶을 위하여 그들
의 고통과 역경의 그 내면의 싸움을
이기고 가는 자가 과연 몇 명이나 있
는가?
5 저희 자신도 다스리지 못하는 자들이
종교 지도자라 하여 나의 피조물 만백
성을 하늘의 천국의 문으로 인도하고
안내한다는 그 형국이 얼마나 우스운
일이며 가증한 일이며 생각할 수 없는
일이던가?
6 그와 같은 집단들이 지금 창조주 나의
뜻에 순응함이 아니요, 나의 뜻에 역
행하는 짓만을 골라서 하는 것이며,
너희들이 나 여호와가 편안한 길, 내
가 웃는 그와 같은 삶의 길을 가는 것
이 아니라, 내가 인정할 수 없는 길,
내가 화를 참지 못하며 내가 역함을

참지 못하는 그러한 길을 지금 가고 있는 것을 알아야 될 것이니라.

7 그와 같은 형국으로써 너희들 종교 집단은 위의 조상으로부터 지금까지 몇 천 년 동안 그 역사가 계속 되었으며, 그 속성으로써 지금도 너희들은 나의 피조물 만백성을 구원한다 하며, 너희들 후손이 또한 그와 같은 형국으로 나의 피조물, 사랑하는 백성들을 지옥으로 이끌어 가는 그와 같은 사기극을 벌이며 갈 것이니라.

8 너희들은 사탄의 뜻에 의해 살며, 나의 뜻을 거역하며 나의 계명대로 살지 않음을 즐거움으로 생각하며, 너희 자신이 영리한 자라 생각하며 지혜로운 자라 그리 생각하고 살아가고 행하고 있음이 지금의 너희들이니, 내가 너희들을 바라보는 마음이 과연 얼마나 역하며 분노를 참지 못하는 것인가를 너희들은 생각해 보았는가?

9 내가 그리하여 그러한 너희들을 다 버려두고자 하는 그 세월이 2천 년의 그 길고도 긴 세월이 흘렀음이니라.

10 그리하여 너희들이 더 이상 지옥으로 가는 것을 보기가 내 마음이 아파, 너희들에게 천국의 문을 열어 줄 수 있는 그 길을 내가 너희들에게 원함이니, 너희들이 스스로 변해지지 아니하면 또한 그 길을 올 수 없는 것을 너희들이 알아야 될 것이니라.

11 내가 너희들을 버림으로 인하여 너희들은 그러한 대가를 치러야 하는 것이며, 내가 너희들을 버렸기에 너희들은 너희들의 지은 죄의 대가를 이제는 치르는 것만이 남았음을 알아야 될 것이니라.

12 내가 너희들의 손을 놓지 아니하였으며, 너희들을 버리지 아니하여 너희들이 구원의 길을 갈 수 있도록, 내가 내리는 십계명을 바르게 지키고 살며 내가 내리는 나의 법전을 읽고 깨우쳐 너희들이 하늘에 오를 수 있는 그와 같은 마음의 변화만 이룰 수 있다면, 나는 너희들을 버리지 아니하였으며 너희들로부터 손을 놓지 아니하였을 것이니라.

13 그러나 너희들은 내가 스스로 손을 놓게 만들었으며 너희들을 버리게 하였음이니, 너희들이 지금에 흘러내려 온 그 습성이 너희들 나름대로 지켜 온 그 전통의 변화를 이룰 수가 없음이니라.

14 그리하여 내가 이미 너희들의 손을 놓았으나, 나의 피조물 만백성이 세상에 존재함이니, 내가 그들에게 한 번의 기회를 더 주기 위하여 창조주 내가 법전을 만들어 나의 성령을 세상에 전함이니, 그 누구든지 나 여호와의 뜻을 거역하지 않는 백성만이 구원의 길을 볼 수 있음을 알아야 될 것이니라.

15 내가 너희들을 구원하고자 함이 아니요, 아무것도 모르고 너희들을 따라가는 그 착하고 순박한 나의 백성들을 구하기 위하여 다시 한 번 너희들에게 기회를 주는 것이니,

16 나의 백성에게 주는 그 기회인 나의 법전을 너희들이 읽고 깨우쳐 너희들도 또한 나의 백성들처럼 구원을 받는다면 내가 너희들을 버리지는 아니할 것이니, 너희들이 알아서 행하도록 그

리하라.
17 이후부터 너희들은 나의 아들의 이름
으로써 구원을 받았으며 보혈로써 구
원을 받았다는 그와 같은 말을 하여
나의 아들을 팔지 말라.
18 불쌍히 죽어 가는 그 고통을 겪으며
만백성을 구하고자 하는 그가 나의 뜻
에 순종하며, 거역하지 아니하며, 그
고통의 길을 따라, 하늘의 나의 명을
따라 행한 그의 이름을 너희들이 함부
로 팔아먹지 말며 욕되게 하지 말라.
19 그의 이름을 욕되게 하는 자, 내가 용
서치 아니함을 너희들은 알아야 될 것
이니라.

3,209 번째 하나님 말씀

2002년 8월 31일 14시 08분

1 사랑하는 나의 아들아!
2 "네, 아버님! 말씀하옵소서."
3 내가 너의 제자들과 이 법전을 읽고
깨우친 백성에게 전하라 하였음이니
라.
4 너희들이 어렵고 힘들다 하여 너희 마
음이 변화되며, 너희들의 고난이 계속
된다 하여 너희들이 언성을 높이며 등
을 돌리는 그와 같은 삶을 살아서는
아니 된다 하였음이니라.
5 어렵고 힘든 그 고비일 때마다 나 여
호와를 의지하며 나에게 기도하며, 너
희들이 인내하고 너희 스스로 딛고 일
어서는 그와 같은 마음 자세요, 그럴
때마다 너희들이 나를 찾으며 나에게
경배하며, 너희들의 흐트러지는 그 마
음을 바로잡아 가는 그와 같은 너희들
의 마음의 다스림이 없이는 나의 아들
을 따라서 너희가 같이 갈 수 없다 내
가 그리하였음이니라.
6 힘들고 어렵다 하여 너희들의 마음이
흔들리며 마음에 동요가 있는 그와 같
은 마음 자세로써는 너희들은 따라갈
수 없다 하였음이니라.
7 믿음이란 내가 뭐라 말하였느냐?
8 너희들이 어린아이가 성장할 때 그 아
이가 성장하는 것은 보이지 않으나,
세월이 지나면 그가 성인이 되며 그와
같이 변하는 것처럼,
9 너희들의 믿음이 변하지 아니하고 굳
건히 갈 때, 그리고 계속 너희들이 마
음의 동요, 없이 나를 향하여 한 발짝
한 발짝 서서히 다가오는 자만이 너희
들이 구원의 길에 올 수 있는 승자라
내가 말하였음이니라.
10 너희들이 믿는 마음이요, 너희들이 나
의 법전을 보고 깨우쳤다 하여 하루아
침에 무엇인가를 얻을 것처럼, 그리고
하루아침에 나의 법전을 다 이해하고
정독하는 것 같은 그와 같은 마음 자
세로써 달려드는 자, 그는 결국 얼마
가지 못함이니라.
11 그는 거기에서 얻고자 하며 구원하고
자 함이 있으며, 제가 그와 같이 빨리
제 마음이 동요되듯이, 그는 거기에서
얻어짐이 없으며 이루어짐이 없을 때
그는 또한 빨리 등을 돌리는 그와 같
은 자가 되느니라.
12 그보다 더 슬프고 불쌍한 자가 없으며
우매한 자가 없음을 너희들은 알아야
될 것이니라.
13 어렵고 힘들든, 어떠한 고비가 오든

너희들은 그를 다 나의 주관하에 이루
어진다 생각하며, 나의 축복과 영광
속에서 이루어지는 모든 고통이요, 시
련이라 그리 생각하며, 너희들의 마음
이 변화가 없이 자리를 지키며 꾸준히
전진할 때 그와 같은 마음자리를 가지
고 있는 자만이 성공할 수 있는 것이
니라.
14 너희들이 어렸을 때 배우고 익히지 않
았는가?
15 토끼라는 동물과 거북이라는 동물이
경주하매, 땀을 흘리며 걸어가는 거북
이와 같은 그 믿음만이 너희들이 구원
의 길에 오를 수 있으며 하늘에 오를
수 있는 영광을 얻는다는 것을 너희들
이 잊어서는 아니 될 것이니, 이를 명
심하여야 될 것이니라.
16 너희들이 세상사 살아가면서 인간의
세상 속에서도 너희들의 삶에 의하여
시련과 고통에 부닥치니, 그때마다 너
희들이 용기를 갖고 일어서는 자는 승
자가 되나, 좌절하는 자는 패자가 되
는 것과 마찬가지니,
17 하늘에 오르는 그 이치를 깨닫는 것이
요, 하늘에 오르는 그 영광을 얻는 것
이 너희들이 세속에 사는 그 무엇과
견주어 말할 수 있겠는가?
18 너희들이 인간 세속에서 살아가면서
그 수천수만 가지에 부닥칠 때마다
천사와 같은 심성으로 갈고 닦고 싸워
서 악을 뿌리치는 그와 같은 마음 자
세가 되지 아니하면 너희들은 정녕 구
원을 받을 수 없음이니 그리 알아야
될 것이니라.
19 그 길만이 너희들이 구원을 받는 길이
라는 것을 가슴 깊이 새겨야 될 것이
니라.
20 그리하여 내가 나의 아들의 마음에 파
장을 이루는 자, 그 죄가 무섭다 하였
으니, 마음의 파장으로 인하여 모두를
포기하며 모두가 쓰러지는 그와 같은
일이 이루어질 수 있기 때문에 내가
나의 아들의 마음에 파장을 이루지 마
라 너희들에게 처음에 그리 깨우쳐 주
었으며,
21 가장 선한 자, 그리고 선지자의 마음
에 파장을 이루지 않는 자가 옆에 있
는 것이 가장 큰 선물이요, 은혜라 말
하지 아니하였던가?
22 너희들의 믿음이 그러니라.
23 마음의 파장이 수시로 일어나는 자는
그 마음이 변화하기 쉬우며, 너희들
말로 변덕스러운 자이니, 그 변덕스러
운 자, 정녕 하늘에 오르는 그 깨달음
을 얻을 수 없음이니라.
24 그는 열 발짝을 올라왔으나 하루아침
에 아홉 발짝을 떨어질 수도 있으며,
그가 열 발짝을 올라왔으나 열한 발짝
을 추락할 수 있는 그와 같은 믿음에
서 그가 변하지 못함이니, 그와 같은
마음을 가진 자, 정녕 하늘에 오를 수
있는 그 뜻을 이룰 수 없음을 알아야
될 것이니라.
25 너희들의 모두는 다 나 여호와에게 초
점을 맞추며 나 여호와의 주관하에 너
희들이 생각하고 생활하는 그 근본을
가져야 될 것이니라.
26 모두는 내가 너희들에게 말했듯이, 가
을에 낙엽이 떨어지는 것까지도 내가
기억 못 하는 것이 없으며 기억하지

않는 것이 없다 말하였으니, 너희들이 살아가는 그 모두는 나의 계획하에 이루어진다는 것을 알아야 될 것이며, 내가 너희들과 항상 같이함을 알아야 될 것이며,

27 그리하여 너희들이 힘들고 어려울 때 나로부터 등을 돌리며, 너희들의 마음이 축복이요, 삶이 풍요로울 때 나에게 충성하는 것 같은 마음이요, 감사하며 기도하는 마음 같은 것으로 너희들이 살아가는 그와 같은 변화된 마음은 정녕 하늘에 오를 수 없으니, 그와 같은 마음을 너희들이 다스리는 데 오늘에 최선을 다해야 될 것이니 그리 알라.

3,210 번째 하나님 말씀

2002년 8월 31일 14시 23분

1 사랑하는 나의 아들아!

2 "네, 아버님! 말씀하옵소서."

3 내가 세상에 물을 내리지 않는 재앙을 내리니, 너희들의 모든 가축이요, 동식물이 말라죽으며 너희들 또한 존재할 수 없으며 땅이 갈라지고 쪼개지는 그와 같은 황폐한 땅을 만들어 너희들을 다 내가 거두게 하는 그와 같은 재앙과 너희들이 숨을 쉴 수 없는 그와 같은 무서운 재앙으로써 너희들에게 내릴 수도 있으나, 내가 지금 그와 같은 재앙으로써 너희들을 벌하며 그를 내리지 아니한다 하였음이니,

4 그를 내리지 아니하여 내가 지금 나의 제3의 시대를 열어 가는 법전이라 하여 책으로써 너희들에게 내림이니, 이게 바로 너희들이 구원할 자와 구원하지 아니할 자를 심판하는 나의 말씀의 칼이라 하여 너희들에게 내려감을 알아야 될 것이니라.

5 나의 성령이요, 나의 뜻의 그 칼이 내려가 너희들을 지금 구분하는 그 역사가 시작되었음을 너희들은 알아야 될 것이니라.

6 이 자체도 너희들이 모르면서 지금의 몇천 년 동안 흘러내려 온 너희들의 폐습과 관행에 의하여, 너희들이 그저 성전에 와 기도하면 구원을 받는다는 그와 같은 안일한 생각으로써 나의 피조물 만백성을 지옥으로 안내하며 인도한 자들, 너희들 자신을 지금 각성하지 아니하면 너희들 자신이 존재하지 못하는 그와 같은 시대가 열려 가고 있음을 알아야 될 것이니라.

7 내가 재앙으로써 너희들을 벌하지 아니하기 위하여 법전을 내려 너희들을 다스리고자 함이니, 나의 법전을 읽고 깨우쳐 깨닫지 않는 백성은 정녕 구원을 받을 수 없음을 알아야 될 것이니라.

8 너희들이 지금의 믿음의 그 관행으로써 너희들이 지은 성전에 가 광란의 기도를 하며 찬송을 부르며 나를 아무리 불러도, 나는 너희들의 그 음성을 듣지 아니함이니라.

9 너희들이 금식이라는 고통의 그와 같은 형국의 기도를 드려도, 너희들이 수없이 견딜 수 없는 그 고통의 시간을 금식이라는 것으로써 인내하고 견뎌 가며 나에게 경배한다 해도 그것 또한 내가 버린 너희들이니, 내가 그

를 듣지 아니하며 나와는 무관함을 알
아야 될 것이니라.
10 너희들이 하나밖에 없는 그 목숨을 바
쳐 나에게 기도하고 경배해도, 나는
너희들을 거둬들이지 아니하며, 너희
들이 드리는 그 기도를 듣지 아니하며
그것이 나와는 무관함을 알아야 될 것
이니라.
11 이제 너희들에게 다시 명함이니, 내가
불로 써 내린 그 십계명을 그대로 순
종하며 그대로 행하지 않는 자, 그리
고 그 모두를 내가 풀어서 너희들이
글을 아는 자는 누구나 다 깨우쳐 들
어서 알기 쉬운 나의 법전을 세상에
내려보내니, 이 법전을 읽고 깨우치지
아니하는 자는 정녕 구원을 받을 수
없음을 알라.
12 내가 2천 년 동안에 암흑의 시대에 너
희들에게 빛과 생명수를 내리지 아니
하며 그 암흑의 시대에 살아오는 동안
에 너희들은 너희들 생각으로써 이루
어진 종교 집단의 계획과 너희들의 법
에 의하여 그리 지금까지 행하여 내려
온 것이지, 나의 뜻에 행하여짐이 없
음을 알아야 될 것이니라.
13 너희들이 나의 뜻을 거역하며 나 여호
와가 존재하는 것조차 믿지 않으려 하
는 그와 같은 뜻으로써 너희들이 나의
뜻을 거역하는 것을 즐거움으로 알았
으며, 너희들의 행복이요, 지혜로운
것이라 생각하며 그와 같이 너희들이
갖은 수법과 방법으로써 내가 원하는
십계명을 지키고 사는 그 힘들고 어려
운 길을 피해서 지금까지 왔음이니라.
14 이제 너희들이 어떠한 방법으로써 나
에게 기도를 해도 나는 그를 들어주지
아니할 것이며 너희들의 손을 놓았음
을 알아야 될 것이니라.
15 오로지 나의 법전을 정독하는 자, 그
리하여 변화되는 자, 그들만이 나에게
구원을 받을 수 있음을 내가 다시 한
번 너희들에게 강조함이니라.
16 내가 뭐라 말하였느냐?
17 나의 아들을 통하여 세상에 모두를 전
하고 거두어들인다 하였음이니라.
18 신약 시대는 나의 아들 예수를 통하여
너희들에게 그 모두를 전했으며, 너희
들의 그 기적과 너희들이 원하는 것을
상달하여 내가 들었음이며,
19 2천 년이라는 나로부터 버려진 그 세
월이 지나 지금 제3의 시대의 역사를
이루면서 나는 오로지 나의 아들을 통
하여 나의 성령을 세상에 전하며, 그
를 글로써 증거하여 너희들을 정녕 마
지막으로 깨우치기 위하여 지금 이와
같은 역사를 이룸이니,
20 나의 아들을 통하여 너희들이 모든 영
광의 빛을 받으며, 나의 아들을 통하
여 너희들의 모든 기도가 상달됨이니,
아무의 기도나 들리지 아니함을 너희
들은 알아야 될 것이니라.
21 이미 내가 나의 아들에게 명하였음이
니라.
22 나의 아들이 이 세상의 모든 백성들의
신랑으로서, 너희들이 신부로서 변하
지 아니하는 자는 그 신랑 앞에 와 기
도드릴 수 없으며 신부로서 자격이 없
음이니, 신부로서 자격 없는 자, 나의
아들을 통하여 나의 나라에 오를 자격
이 없음을 알라.

23 이는 오로지 나의 법전을 읽고 깨우치
며 나의 성전에 와 나의 아들의 강론
을 듣고 깨우쳐 너희들이 천사와 같은
심성으로 변하여 내가 너희들을 신부
라 명했을 때, 그와 같은 자만이 나의
아들을 통하여 구원을 받는다는 이 무
섭고 엄연한 사실을 너희들은 알아야
될 것이니라.
24 이를 부인했을 때, 너희들이 얼마나
우매하고 어리석은 자인가를 너희 스
스로 알 것이니, 지금의 관행을 다 버
려야 될 것이니라.
25 너희들의 믿음이 잘못 가고 있는 것을
내가 단적으로 설명해 주었음이니라.
26 나의 아들은 나의 피조물 만백성이 의
식주를 해결하여 그들이 삶의 편안한
영광을 얻어, 나 여호와가 살아서 존
재하는 것을 느끼게 하며, 그래서 그
는 모든 것을 다 남에게 베풀어 주는
자요,
27 너희들 종교 집단의 믿음은 그들이 그
저 '아멘!' 소리 한 마디 잘못하며 너
희 성전에 발을 들여 놓는 그 순간부
터 죽을 때까지 평생 바치는, 그리고
그들을 이용하여 너희들이 계속 거둬
들이는 그와 같은 형국의 믿음을 흘러
왔음이니, 너희들은 이것을 양쪽 손에
올려놓고 글로 써 한번 펴놓고 보라.
28 한쪽에는 모두는 하나님의 뜻에 따라
서 모든 재물과 은혜를 어려운 신도라
는 그 제자들에게 의식주를 해결해 주
기 위해서 내리는 것이 하나님의 진정
한 사랑인가, 또 한쪽에서는 평생 계
속 거둬들이며 그저 너희들의 성전을
아름답게 짓기 위해서는 너희들이 있
는 모든 재산을 갖다가 바쳐야 된다
그리 가르치는 자가 하나님의 사랑이
요, 하나님이 원하는 길인가, 그 내용
을 너희들이 종이에 써 양쪽 손에 들
고 그를 견주어 보라.
29 그러면 너희들이 답을 알 것이니라.
30 그러고도 그 속에서 답을 찾지 못한다
면 너희들은 이미 사탄으로 전락하였
기 때문이니라.
31 사탄으로서 전락되었기 때문에 사탄
으로서 그 속에 사탄의 지혜가 너희들
은 뛰어나며, 사탄의 세계에서 용감하
기에, 감히 그와 같이 내가 글로써 증
거하며 가르치려는 내용을 양손에 들
고도 너희들이 옳은 것이 옳고 그른
것이 그르다 이렇게 판단하지 아니하
며, 옳은 것을 그르다 말하며 그른 것
을 옳다 그리 억측을 부리는 그와 같
은 삶을 사니,
32 얼마 남지 않은 너희들의 인생에서 심
판을 받을 때, 너희들이 얼마나 처참
한 모습으로 가는 것인가를 그때 알게
될 것이니라.

3,211 번째 하나님 말씀

2002년 8월 31일 14시 49분

1 사랑하는 나의 아들아!
2 "네, 아버님! 말씀하옵소서."
3 너희들이 지금까지 믿어 오는 종교 지
도자들이 종말은 있으며 심판은 있다
그리 말하느니라.
4 그리하여 종말의 심판이 반드시 있다
그리 말하며, 한 자도 더할 수 없고 뺄
수도 없는 성서에 그리 기록되었으며

그와 같이 종말이 온다 기록되어 있으
나,
5 지금 기록되는 나의 법전인 이 책은
종말이 없다 그리 말하였으니, 너희들
이 뭐라 말하느냐?
6 이는 정녕 사탄이요, 사악한 자요, 말
세에 오는 거짓 선지자의 행위라 너희
들은 그리 말할 것이니라.
7 그러면서 너희들은 종말이 오기 때문
에 너희들이 만든 성전에 와 금화와
은화를 바치며 너희들의 말에 따라 순
종하는 자가 구원을 받는다며 그리 나
의 피조물 만백성을 이끌어 가고 있음
이니,
8 그러나 나의 아들은 너희들에게 이르
기를 종말이 없다 그리 말함이니, 너
희들은 여기서 깨달아야 될 것이니라.
9 너희들이 말하는 것은 종말이 왔을 때
세상의 만백성은 다 지옥으로 가며 지
금의 믿음의 길을 가는 자 너희들만이
구원을 받는다 그리 생각하며 너희들
은 구제받는 백성이라, 그리하여 종말
이 온다는 것을 너희들은 만백성에게
그리 전하며,
10 너희들은 그것이 반드시 필연적으로
올 것이라 하여 그때 너희들이 구원을
받기 위하여 지금과 같은 그 종교 지
도자의 지시에 따라 그들이 이루는 성
전을 짓는 곳에 너희들이 역사를 하며
재물과 금화를 평생 거기다 바치는 그
와 같은 행위를 하고 있음이니,
11 그리하여 너희들은 천국에 오르는 그
티켓을 재물로써 사고자 하는 그와 같
은 마음을 가지고 믿음의 길을 가고
있음이니라.
12 그러나 너희들은 여기서 믿어야 될 것
이니라.
13 너희들은 알고 넘어 가야 할 것이 있
느니라.
14 2천 년 전에 나의 아들을 그리 너희들
이 슬프게 죽게 하였을 때 내가 모든
천국의 문을 닫았으며 너희들의 손을
놓았다 하였음이니, 거역하는 너희들
이 지금의 믿음으로써 지금까지 흘러
왔음이니,
15 너희들은 정녕 종말이라는 것이 와서
너희들을 심판할 때 너희들이 제일 먼
저 심판의 대상으로서 그와 같은 심판
을 받는다는 것을 잊지 말라.
16 순수한 나의 피조물 만백성이 먼저 심
판을 받음이 아니요, 너희들이 우리
부자의 이름을 팔아 가장 사악한 짓을
하고 살아온 그 죄를 먼저 심판받는
것을 알아야 될 것이니라.
17 그러나 나의 아들을 통하여 너희들에
게 종말이 없다 내린 그 뜻을 너희들
은 알아야 할 것이니라.
18 내가 종말이 없다 함은, 영원히 나의
천사요, 나의 심성으로 살아가는 자,
나의 법전이요, 십계명을 지키고 살아
가는 그 백성들이 새로운 시대에 살아
가는 씨앗을 뿌리기 위한 그들에게 종
말이 없는 것이지, 너희들에게 종말이
없음은 아니니라.
19 지금 내가 말씀의 나의 성령의 칼을
뽑아 너희들을 단죄하고 있음이니, 내
가 그리하여 긴 세월 동안 너희들의
후손이 뿌리를 내리지 못하도록 너희
들의 뿌리를 완전히 뽑아 버리고자 하
는 그와 같은 역사가 이루어짐이니,

너희들에게는 종말이 있음이니라.
20 잘못 가르치는 자들에게 종말이 있으
나, 나의 피조물 만백성이 나의 뜻에
따라 십계명에 따라 순종하며 나의 뜻
을 거역하지 아니하며 나의 법전을 읽
고 깨우쳐 그대로 행하는 자, 그들에
게는 종말이 없음이니,
21 그들은 새로운 시대요, 하늘에서 이룬
것같이 지상에서 이루는 그 낙원의 세
상에서 살아갈 자들이니라.
22 그리하여 이와 같은 역사를 천 년에
걸쳐서 내가 세상의 변화를 이루고자
함이니, 너희들은 나의 이 깊은 뜻을
알아야 될 것이니라.
23 이미 세상에 내려가 나의 성령을 태워
나의 아들을 통하여 세상에 내려보내
는 '하늘에 오르는 길'이요, 나의 법전
이요, 이 책이 바로 너희들이 말하는
여호와 하나님이요, 창조주의 말씀이
라는 그 칼이 지금 내려가 너희들을
단죄하기 시작함이니, 너희들은 그리
알아야 될 것이니라.
24 이를 못 보는 자, 너희들이 스스로 너
희 자신이 어찌 가는지는 머지않아 알
게 될 것이니라.
25 그리하여 너희들이 지금 그와 같이 지
어 놓은 성전에 나의 피조물 만백성
이, 맹종하는 자들이 그리 찾아가지
아니할 것이며, 너희들이 스스로 그
성전을 지배하고 관리하는 것이 아니
라,
26 너희들이 호화롭게 지은 그 성전의 경
영이요, 운영에 의하여 너희들이 성전
의 종이 되는 그와 같은 형국으로써
지탱하다 스스로 쓰러질 날이 머지않
았음이니라.
27 이제 나의 피조물 만백성이 너희 성전
을 찾는 일이 없으며, 너희들은 그와
같이 세 치 혓바닥으로 예수의 이름으
로, 보혈로써 구원을 받는다 그리 가
르쳐, 그들에게 재물을 하늘에 그득히
쌓아 놓는 만큼 축복이 있으며 영광이
있으며, 죽어 하늘에 올라가 그곳에
가 그만큼의 대가를 받으며 상을 받는
다 말하느니라.
28 마음이 가는 곳에 재물이 있고 재물이
가는 곳에 마음이 있나니 많이 바치는
자가 나 여호와를 따르며 경배하는 자
세라 너희들이 그리 말하나, 나는 너
희들에게 그와 같은 것이 필요 없다
말하였음이니라.
29 너희들은 내가 만든 이 세상의 성전에
서 무릎 꿇어 나에게 경배하고 기도하
며 너희들의 죄를 용서를 빌 때, 그것
이 가장 아름다운 성전에서 기도함이
요, 아름다운 모습이라 내가 너희들에
게 말하였으니,
30 2천 년 동안 저희들의 생각이요, 저희
들의 계획에 의하여 지금 나의 피조물
만백성을 고통으로써 이끌어 왔으며,
그 조상들 또한 고통과 시련 속에 살
도록 하여 그들을 지옥 불로 인도하는
그와 같은 안내자의 역할을 하는 너희
들이 제일 먼저 심판을 받으며 너희들
이 재앙의 제물이 된다는 것을 잊어서
는 아니 될 것이니 그리 알아야 될 것
이니라.
31 그리하여 내가 그 모두를 막기 위하여
지금 나의 아들을 통해서 이와 같은
역사를 이루니, 이걸 보고 깨우쳐 너

희들이 지옥으로 가는 발길을 멈춰 하늘에 오르는 길을 보며 그 영광스런 천국의 문을 들어서 나의 품에 안기는 그와 같은 영광을 얻으라.
32 너희들이 정녕 나의 법전을 읽고 깨우치지 아니하며 십계명대로 지키고 행하며 살지 않는 자, 그 누구도 구원을 받을 수 없다는 것을 다시 한 번 너희들에게 내림이니, 너희들이 이 나의 간절한 뜻을 받아 깨우침을 얻어야 될 것이니 그리 알라.

3,212 번째 하나님 말씀

2002년 8월 31일 23시 59분

1 사랑하는 나의 아들아!
2 "네, 아버님! 말씀하옵소서."
3 나의 아들이요, 목자요, 만백성을 구하는 대명을 받은 네가 다른 사람들과 차별화되는 것이 무엇이더냐?
4 남들이 보지 않는 곳에서 더 바르며 곧게 지키는 것이 네가 해야 하는 것이며 네가 가야 하는 길이니라.
5 네가 남들이 보지 않는 곳에서 너 자신이 흔들리며 네 마음이 흔들리는 그와 같은 자세로 간다면 너는 만백성을 구하는 목자로서, 또 나 여호와의 아들로서 자격이 없음이니라.
6 어떠한 뼈를 깎는 고통보다도 더한 아픔이 있어도 너는 남들이 보지 않는 곳에서 부끄러운 행위를 해서는 아니 될 것이니라.
7 내가 너를 아들이라 불렀으며, 또 내가 너를 아들이라 명하여 만백성에게 그를 깨우쳐 알려 주었으며, 네가 만백성을 받아 나에게 올리는 신랑의 본분의 그 위치에 서 있다 내가 말하는 것은 바로 네가 바로 갈 수 있고 바로 섰기 때문이니라.
8 여기에서 네가 흔들려서는 아니 되느니라.
9 네가 바로 가고자 하나 주변에 많은 사탄이요, 사악한 자들이요, 또 인간들이 더불어 사는 세속에서 너를 유혹하며 너에게 손짓하며 너를 흔들어 놓으려는 그와 같은 일이 수없이 있을 것이니라.
10 그때마다 네가 나를 향하여 한 점의 부끄러움이 없는 그와 같은 길을 선택하여 행함이 가장 중요함이니라.
11 네가 어떠한 이유든 간에 이번만큼은 이와 같은 일은 있을 수 있다며 행하는 너 스스로 부끄러운 일이 있어서는 아니 됨을 알아야 될 것이니라.
12 내가 너에게 명하였느니라.
13 네 옆에 어느 여인도 접해 올 수 없으며 네 옆에 와 그 거리를 가까이할 수 없다 하였음이니라.
14 그러나 네가 몸이 아프며 네가 정상이 아니요, 네가 고달프다 하여 내가 명하지 아니한 그와 같은 행위를 할 수 있으며 네가 내가 지키라 한 그 거리를 지키지 아니하며, 내가 아무나 네 방에 들이지 말라 하였거늘,
15 네가 몸이 불편하고 아프다 하여 그를 어긴다는 것은, 이는 용서할 수 없음이요, 있을 수도 없는 것이니라.
16 네가 몸이 아프든 어찌하든, 너는 그것을 지키는 그와 같은 네가 되어야 될 것이니라.

17 네가 정녕 견딜 수 없도록 네 몸이 아
프며 네가 견딜 수 없을 만큼 괴로울
때 나에게 묵상을 하면 내가 너에게
답을 줄 것이니,
18 그러하지 아니한 형태에서 네가 어떠
한 경우든 너 스스로 모든 내가 내린
그 지키라 함을 지키지 아니한다면 네
마음이 흔들리며 네 마음이 부서짐이
니,
19 네 마음에 사악한 뿌리가 아직도 남아
있기에 네가 그와 같은 생각을 할 수
있으니, 그와 같은 행위를 하고자 하
는 계산을 둘 수 있는 그와 같은 네 마
음의 자세가 되어서는 절대적 아니 됨
이니라.
20 그리고 너는 너의 제자들에게 한 말에
대해서 반드시 지켜야 될 것이니라.
21 개인의 앞에서 했든, 단체로 했든, 네
가 교육하는 과정에 말을 했든 네가
이리 살아가며 바로 살아가며 천사와
같은 마음으로 살아갈 수 있다 말했으
면 네가 그와 같이 지키고 와야 될 것
이니라.
22 거기에서 네가 흔들리면 아니 될 것이
며, 너의 제자들이 너를 볼 때 네가 천
사와 같이 선을 행하는 아름다운 마음
으로 살아가지 아니하며, 네가 순간에
힘들고 어렵고 또 네가 고달프다 하여
너 자신이 흔들리며 눈가림으로써 너
의 제자들을 속이려 하며 너 자신을
속이려는 그와 같은 행위가 있어서는
절대적 용서할 수 없음이니라.
23 그와 같은 것이 용납되지 아니하며,
그것이 하늘에 오르는 길이요, 만백성
을 구하는 나의 아들이요, 목자로서
가야 할 길이며 나의 선지자로서 네가
행하며 지켜야 할 길임을 너는 잘 알
고 있을 것이니라.
24 어떠한 유혹에서도 네가 그 유혹에 넘
어졌을 때 너는 이유가 필요 없음이니
라.
25 어떠한 변명을 네가 대도 그것은 변명
이 필요 없음이니라.
26 창조주 내가 지키라 명한 것을 지키지
아니하며 그를 행하지 아니할 때, 거
기에 대한 어떠한 이유나 변명도 나에
게 통할 수 없음이니라.
27 네가 나에게 기도드리며 네가 아무리
구원받고자 애원해도 내가 버린 너를
두 번 다시 돌아다보지 아니함을 너는
알아야 될 것이니라.
28 그러니 네가 바로 서야 될 것이며, 어
떠한 경우에도 네가 남들에게 부끄러
운 그와 같은 처신이요, 행동을 해서
는 아니 되며, 그는 용납되지 아니함
을 알라.
29 너는 오로지 어떠한 고통과 어떠한 시
련이 있어도 세상의 어떠한 백성도 갈
수 없는 그와 같은 길을 가야 되는 것
이니라.
30 너보다도 더 잘 지키는 사람도 있을
것이며 더 바르게 가는 사람도 있으
나, 그들은 정녕 나 여호와를 경배하
며 진정으로 나 여호와를 찾지 아니하
며 나에게 기도드리지 아니하는 자 있
을 것이며, 그들은 또 그 길이 다르며
그들이 가는 방향이 다름이니라.
31 나의 아들로서 육을 가지고 세상에 나
간 너는 바로 믿음도 진실한 믿음이
요, 진리의 길이요, 하늘에 오르는 길

에 네가 만백성을 구하는 그 일이 바
로 나에게 오르는 길이니,
32 그를 인도하는 너는 믿음에 의해서 그
길이 진실된 믿음이요, 네가 행하는
것은 만백성에게 본보기요, 나를 대신
하는 행위이니, 너는 어떠한 오점이나
어떠한 실수도 해서는 아니 됨을 잊지
말라.
33 그것이 네가 가는 길이며 네가 지켜야
할 길이며 나의 아들로서 네가 행하는
길임을 너는 가슴속에 깊이 새겨야 될
것이며, 네 가슴에 뼈를 깎으며 네 심
장을 도려내는 그 아픔이 있다 하여도
너는 부끄럽고 추한 생각이요, 행동을
해서는 아니 됨이니, 어떠한 이유도
내가 들어주지 아니할 것임이니 그리
알라.

2002년 9월

3,213 번째 하나님 말씀

2002년 9월 1일 0시 22분

1 사랑하는 나의 아들아!
2 "네, 아버님! 말씀하옵소서."
3 너희들은 멀리 있는 자보다 가까이 있
는 자가 서로 교류하며 살아가는 그
생활 속에서 서로 이해하며 서로 더
깊이 알고 살게 되어 있음이니라.
4 아무리 가깝고 친한 사이요, 너희들이
말하는 자식과 부모 사이요, 부부지간
이라 하여도 너희들이 멀리 떨어져 있
으면 서로 소원해지는 것이 인간관계
에서 이루어지는 것이니라.
5 너희들은 지금 그러기에 모두가 더불
어 살아가는 그 속에서 너희 인간이
서로 이해하며 더불어 살아가는 그와
같은 삶을 사는 것은 너희들이 자주
만나며 또 자주 생활권에서 같이 더불
어 사는 그 속에서 얽히고 미운 정 고
운 정이 들어 가며 살아가는 것이 너
희들 인간인 것이니라.
6 그리하여 자주 만나는 사이에 서로 이
해하며 너희들이 말하는 친족의 관계
보다도 더 가까워지는 것이 너희들이
자주 만나는 인간관계의 그와 같은 형
성됨이라 말하였느니라.
7 사랑하는 나의 아들아!
8 "네, 아버님! 말씀하옵소서."

9 너희들이 어렵고 힘든 그 역경 속에서
바로 서고자 하는 마음, 곧게 서고자
하는 마음, 그리고 나의 계명을 지키
며 살아가고자 하는 마음을 가지고 나
의 법전을 지키고 그 내용대로 살아가
려 하는 자, 너희들이 당장은 고달프
고 힘들고 어려운 길이나, 그 길을 지
키고자 너희들이 노력할 때 바로 나
여호와에게 한 발짝 한 발짝 다가옴이
니,
10 나 여호와로부터 멀리 가 있는 자가
나의 뜻을 알며 내가 원하는 것을 행
할 수 있겠는가?
11 나에게 한 발짝 한 발짝 너희들이 계
단을 밟아 올라오듯이 나 여호와의 천
국에 다가오는 자에게 모두를 내가 깨
우쳐 주며, 너희들이 또한 나 여호와
의 뜻을 알며 내가 원하는 것을 알 수
있지 않은가?
12 너희들 인간관계도 자주 만나며 같이
있는 자가 가까워진다 하였듯이, 너희
들이 매일매일 참진리요, 천사와 같은
마음으로 살아가고자 노력할 때 그것
이 나에게 한 계단 한 계단 올라옴이
니, 그게 바로 무엇이더냐?
13 나와의 거리가 단축됨이니라.
14 그러니 너희들이 내가 사랑하는 나의
아들딸이며, 또한 나 여호와가 이루고
자 하는 그 역사요, 내가 성령에 기록
하여 너희들에게 전했으며 나의 법전
에 기록하여 전한 너희들이 바로 살고
바로 가는 길이며 진정한 구원의 빛을
보는 그 길을 다 너희들이 거기서 깨
우쳐 행하고 있음이니,
15 너희들이 나에게 한 발짝 한 발짝 가
까이 오면 올수록 내가 너희들을 더
깊이 사랑하며, 너희들이 또한 나의
뜻을 더 많이 깊이 받아 행할 수 있는
그와 같은 영광을 얻게 됨이니, 너희
들은 이 뜻을 알아 행하도록 그리하라.

3,214 번째 하나님 말씀

2002년 9월 1일 0시 47분

1 사랑하는 나의 아들아!
2 "네, 아버님! 말씀하옵소서."
3 나의 백성 너희들이 나의 아들 예수를
그리 버렸을 때, 너희들이 나의 아들
에게서 등 돌리며 그에게서 떠났을
때, 내가 천국의 문을 닫았음이라 너
희들에게 말하였느니라.
4 지금 그 2천 년에 흐르는 역사 속에
수많은 각종 종파들이 정녕 나 여호와
의 뜻이 무엇이며 하늘의 이치가 무엇
인지 그것도 모르는 자들이 지금 종교
지도자라 하여 너희들을 가르치며 구
원의 길로 인도한다 그리 말하고 있음
이니, 과연 그들이 하늘의 이치를 얼
마나 알고 있는가?
5 그 가르치는 지도자 자신이 어찌해야
하늘의 그 영광된 빛을 보는 것이며,
저 자신도 어찌 구원의 길에 들어서야
하는지, 저 자신도 구원을 받는 것에
확신이 없는 그러한 사람들이 어찌하
여 너희들에게 지도자라 하며 너희들
을 하늘에 오르는 길로 인도한다 그
리 말하는가?
6 그리고 너희들은 지금 어찌하고 있는
가?
7 많은 나의 피조물 만백성이 저 자신이

구원의 빛이 무엇이며, 구원의 길이
무엇이며, 어찌하여야 구원을 받는 것
인지도 모르며, 저 자신이 나로부터
구원을 받지 못한 자에게 어찌하여 너
희들이 천국에 가는 길을 가르쳐 달
라, 그리고 도와 달라 그리 애걸복걸
하는 그와 같은 형국으로써 너희들이
잘못 가르치는 종교 지도자들에 매달
려 너희들의 삶을 그리 버리고 가는가?
8 너희들은 어찌하여 자신마저도 스스
로 추스르지 못하며, 저 자신이 하늘
의 뜻이 무엇이며, 나 여호와가 새로
운 역사를 이루고자 하는 것이 무엇이
며, 지상에 내가 새 역사를 이루고자
하는 그 뜻과 방법이 무엇인지도 모르
는 사람에게 재물과 모든 시간을 갖다
바치며 눈물의 기도를 드리며 그들에
게 구원을 해 달라 그리 매달리는가,
그리고 구원의 길을 인도해 달라 매달
리는가?
9 지금 너희들이 아무것도 모르는 지도
자에게 구원해 달라, 구원의 길이요,
천국에 가는 그 문을 열어 달라 그리
애걸복걸하는 것은 바로 어떠한 형국
이더냐?
10 죽은 자에게 너희들이 구원의 길을 도
와 달라 매달리는 것이며, 너희들이
하늘에 오를 수 있도록 그 길을 인도
해 달라 매달리며 애원하는 그와 같은
형국이니라.
11 바로 아무것도 모르는 자가 무엇이더
냐?
12 죽은 자이니라.
13 나의 뜻도 모르며, 나로부터 성령을
직접 받으며 명을 받은 것도 아니요,
성서의 깊이를 모르며, 내가 새로운
시대에 이루고자 새로운 나의 성령을
담은 나의 법전을 세상에 내려보내는
새로운 변화의 개혁이 지금 실시되고
있는 그 자체도 모르면서 어찌 그들이
너희들을 깨우쳐 하늘에 오르는 길이
라 하여 그리 너희들을 우롱하고 있는
가?
14 그와 같은 자에게 가 너희들이 평생
재물과 금화와 은화요, 시간 그 모두
를 바치며 그것만이 구원을 받는 길이
요, 구원의 길이라 하여 그들에게 애
걸복걸하는 것은 죽은 자에게 너희들
이 재물과 시간과 모두를 다 바치며
구원해 달라 몸부림치는 것과 마찬가
지이니라.
15 너희들이 성황당 고개에 돌을 하나 올
려놓고 소원을 비는 것만도 못한 그와
같은 형국임을 알아야 될 것이니라.
16 그는 대답이 없으며, 너희들을 잘못
가라 가르치지 아니하며, 너희들에게
어떠한 것을 바치라 하지도 아니하며,
너희들에게 시간과 재물과 그 모두를
바치도록 하지도 않으며, 평생 너희들
에게 재물을 거둬들이는 그와 같은 일
도 없음이니라.
17 차라리 그만도 못한 것이며, 잘못 가
르치며 천국의 길이 무엇인지도 모르
며, 저 자신이 구원의 길에 들어서지
도 못했으며, 내가 원하는 삶의 지표
가 무엇이며 내가 원하는 것이 무엇인
지 그것도 모르는 자에게 너희들이 그
와 같이 모두를 다 바치며 매달리는
것은 내가 너희들에게 다시 한 번 말
하나니, 죽은 자에게 가 매달리는 그

와 같은 형국임을 알아야 될 것이니라.

3,215 번째 하나님 말씀

2002년 9월 1일 0시 59분

1 사랑하는 나의 아들아!
2 "네, 아버님! 말씀하옵소서."
3 네가 나의 백성이요, 너를 따르는 제
자들에게 그 의식주를 해결해 주며,
그들이 편안히 살며 저희들이 육의 행
복을 얻어 나 여호와가 존재함을 믿어
기쁨을 얻으며 그 기쁨 속에 믿음의
길을 전진하여 나 여호와에게 올라올
수 있는 참 나의 아들딸을 만들기 위
하여 네가 밤늦게까지 손발이 부르트
도록 그와 같이 일을 거들며 네가 진
두지휘하여 그 역사의 한 장을 또 만
들고자 네가 그리하여 지금 밤늦게 돌
아와 나에게 경배의 기도를 드리니,
4 그 마음이요, 네가 살아가는 그 모습
이 한 점의 부끄러움이 없으며, 그 삶
의 아름다움에 나도 놀라며 나 여호와
가 기뻐하며, 모든 천사들도 고개를
흔드는 그와 같은 역사를 네가 이루고
있음이니, 그를 바라보는 나 여호와의
기쁨이 이루 말할 수 없음이니라.
5 종교 지도자라 말하며 너희들의 천국
이요, 하늘의 문으로 인도한다는 자들
은 저희들이 너희들 위에 제왕적인 역
할을 하며, 저희들은 성서를 가지고
다람쥐 쳇바퀴 돌듯이 오늘 한 것을 2
년 후에도, 10년 후에도 똑같은 방법
으로 그리 가르쳐 가며, 그들이 제왕
적인 대우를 받으며, 저희들을 나의
피조물 만백성과 차별화를 하는 그와
같은 삶을 살아가고 있으나,
6 너는 너 자신이 몸소 그들과 망치질을
하며 네가 그들과 같이 수수깡을 엮어
가며 너희들이 일할 수 있는 그 하나
의 사업장을 만들기 위하여 네가 그리
고생하며 네 육신의 고달픔을 마다하
지 아니하며,
7 이 깊은 밤 모두가 다 쓰러져 잠잘 시
간에 네가 그 고달픈 몸을 지탱하며
네가 하루에 하나의 테이프라는 것을
기록하여 네가 6일 만에 한 권의 법전
을 만들어 내고자 하는 그 나와의 약
속이요, 너의 제자들과의 약속을 위하
여 그를 지키고자 네가 눈을 비비고
오는 잠을 참아 가며 기도하고 경배하
여 네가 또 하나의 테이프의 그 역사
를 이루어 6일 만에 또 법전 한 권이
세상에 나올 수 있는 그와 같은 어렵
고 힘든 길을 감이니, 나 여호와가 너
를 사랑함이요,
8 또 네가 6일 만에 한 권씩의 법전을
만들겠다 하여 그 약속을 지키는 그와
같은 모습이 정녕 나의 아들이요, 선
지자로서 행하며 가는 길이니,
9 곧고 바르게 그리 간다면 네가 남에게
한 점의 부끄러움이 없으며, 도마 위
에 놓고 너를 샅샅이 발라서 헤쳐 본
다 하여도 그들에게 부끄러움이 없을
것이니라.
10 너는 선지자요, 나의 아들이라는 자가
못을 박으며 수수깡을 엮어 손발이 부
르트도록 그리 너희들의 사업장 하나
를 만들어 너의 제자에게 넘겨주기 위
하여 밤이 깊도록 네가 그리 일을 하
며 노동력을 다 바쳐 노력함이니, 과

연 지금의 종교 지도자들이 그리 가는
가?
11 그들이 솔선하여 못을 박으며 수수깡
을 엮어 사업장을 만들며 저희 재산을
다 털어 저희들에게 오는 그 신도의
어렵고 힘든 자를 과연 무상으로 도와
주는 그와 같은 역사를 이루며 사는
자가 있는가?
12 네 손이 저리고 네 손이 따가운 것을
나는 아느니라.
13 그러나 너는 그것이 즐거움이요, 네가
너의 제자의 의식주를 해결할 수 있도
록 그 사업장을 만들어 주었을 때, 그
제자와 그 아내와 그 아이들까지 기쁘
게 편안히 살아가는 그 모습만을 네가
머리에 그리며 그 어렵고 힘든 시간을
인내하고 넘어감이니,
14 또한 그것이 그리 만들어졌을 때 그들
이 편안한 마음이요, 아이들과 같이
즐거운 하나의 가정의 웃음꽃을 피우
며 살아갈 때, 그것을 보는 나 여호와
가 가장 기쁨이요, 나를 위하여 네가
가장 기쁜 역사를 이루고자 하는 그와
같은 네 마음을 내가 아나니, 그게 바
로 네가 효자요, 효도하는 나의 아들
이요, 나의 목자이니라.
15 사랑하는 아들아!
16 "네, 아버님! 말씀하옵소서."
17 네가 깊은 밤, 늦게까지 잠 못 이루며
그들을 위하여 손발이 저리도록 그들
과 더불어 같이 역사하는 그 일은 영
원히 기록될 것이며,
18 만백성에게 천년만년 흐른 후에 오늘
의 선지자가 어찌 살아갔으며 어찌하
여 너희들이 천사들만이 사는 에덴동
산의 역사를 이루었으며, 그 왕국을
이루기 위하여 최초에 그가 어찌 살아
갔는가 하는 것을 너희들은 알게 될
것이니라.
19 모세가 그 백성을 이끌고 나온 그 역
사보다도, 그 기적보다도 위대한 역사
를 네가 이루고 있음이니 너는 그를
알아야 할 것이며,
20 오늘의 힘들고 어려운 그 삶을 너 자
신의 즐거움이고 행복이라 여기며, 나
여호와에게 경배하며 기도하는 것 외
에는 아무것도 네가 삶의 기쁨이요,
행복이요, 즐거움이란 것을 네 가슴에
두지 아니하고 사는 그것이 바로 나의
아들이 가는 길이니, 네가 바로 서 가
는 그 모습에 하늘에서도 놀라고 있음
을 알아야 할 것이니라, 사랑하는 나
의 아들아!

3,216 번째 하나님 말씀

2002년 9월 1일 08시 44분

1 사랑하는 나의 아들아!
2 "네, 아버님! 말씀하옵소서."
3 이 지구상의 모든 동식물들의 살아가
는 모습과 형태를 너희들이 한번 연구
하면, 이는 창조주인 나 여호와의 권
능이 아니요, 내가 주관하지 아니하면
존재할 수 없다는 것을 알 것이라 하
였음이니라.
4 그리고 그것을 봄으로 인하여 너희들
은 내가 너희들과 같이 있다 함을, 그
리고 이것은 자연으로써 이루어지는
것이 아니라, 전지전능한 나 여호와,
창조주라 하는 내가 있음을 너희들이

실감나게 알 것이며 뼈저리게 그를 알
것이라 그리 말하였느니라.
5 그리하여 내가 세상의 모두가 다 그리
존재해야만 하기 때문에 그 자리에 다
있도록 하였음이니라.
6 해가 되는 것, 독소가 있는 것, 그리고
사람이 물리면 죽는 독소를 가진 미물
들, 이와 같이 모든 것이 다 그 자리에
있고 그 위치에 있어야만 하기 때문에
내가 그렇게 다 제자리를 지키도록 그
리하였음이니라.
7 너희들 인간 또한 그러하니라.
8 모든 것이 한 사람의 마음이요, 하나
로 가기가 어렵고 힘든 길이니, 그들
의 천태만상의 마음이 그저 세모로 된
사람, 원으로 된 사람, 사각으로 된 사
람, 또 엑스자로 된 사람, 일자로 된
사람, 그와 같이 여러 가지 천태만상
의 성격들을 가지고 있으며, 그들을
사랑하느니라.
9 그들을 어찌 만들어야 되는가?
10 그들을 하나로 만드는 것이 네가 해야
할 일이 아니더냐?
11 둥근 원 안에 모두의 마음을 집어넣을
수 있도록 만드는 것이 너이니라.
12 나의 성령이 또한 그들을 그리 다스리
기 위하여 존재하는 것이며, 그들을
바로잡기 위하여 내가 나의 성령을 너
를 통하여 세상에 내려보내는 것이니
라.
13 그러니 어떠한 종파든, 너희들이 집단
을 가지고 있는 종파요, 그저 소수의
집단이요, 대집단이요, 이 종파, 저 종
파 그들이 다 나의 백성이니라.
14 그리하여 그들 모두가 다 지금 잘못
가고 있는 길을 바로잡기 위하여 내가
나의 성령을 지금 세상에 내려보내니,
그들을 다 가슴에 안고 다스려야 하는
것이 너요, 천사와 같은 마음으로 변
해진 너의 제자들이 하여야 할 일인
것이니라.
15 그 모두가 모나고 둥글고 또 각자 자
기 생각대로 살아가며 자기의 믿음의
집단으로서 살아가는 그들을 하나로
만들어야 되는 것이 네가 해야 할 일
이니라.
16 그리하여 그들이 하나가 되었을 때는
똑같은 얼굴의 형태요, 똑같은 심성이
라 그리 말하였느니라.
17 오로지 하나가 되지 아니하는 그 욕심
을 완전히 스스로 비우는 그와 같은
자들이 되지 아니하면 하나가 될 수가
없다 말하였음이니,
18 첫째는 나의 십계명대로 그리 지키고
살고자 노력하며, 두 번째는 나의 법
전에 있는 내용을 읽고 깨우쳐 저희
것으로 만들어 삶의 행함을 그리 따라
하는 것이니,
19 이것을 행하지 아니하는 자는 각자가
자기 성격의 모난 대로 세상을 살아가
니, 그들을 네 앞에 와 둥글게 만들고
자 하는 것이 내가 존재하는 것이며
나의 법전이 세상에 나가는 뜻임을 알
아야 될 것이니라.
20 그리하여 그들이 내가 원하는 천사와
같은 심성으로 나의 법전을 읽고 깨우
치고 공부하여 변하지 아니하는 그 모
두를 다 네 가슴으로 받아들여야 하는
것이며, 네가 다스려야 되는 것임을
잊어서는 아니 되느니라.

21 아직 다스려지지 않은 자들이 완벽히
다스려진 사람이 되기를 원하며 그와
같은 행동을 하기 바란다면, 아들아,
그건 네 욕심이지, 그와 같이 이루어
질 수 없는 것이니라.
22 그래서 그것을 네가 모난 것은 집어넣
고, 그저 네모진 자 반듯이 잡고, 세모
진 자 또 두드려 만들고 그와 같이 하
는 것이 네가 가야 할 길인 것이니라.
23 그러니 그들이 다 와서 너와 같이 완
전한 사람이 되기 전에 그들의 모두를
다 받아 주고 이해하며 다스려 주는
바다와 같은 너그러운 마음이 있지 아
니하면 아니 됨이니라.
24 모든 시냇물이요, 강물이 흘러서 바다
로 흘러가며 그 바다가 그를 다 묵묵
히 수용하고 받아들이듯이, 그저 도둑
질하는 자, 살인하는 자, 거짓 하는
자, 또 남에게 피해를 주고 사는 자,
그리고 마음이 음흉한 자, 선한 자, 너
그러운 자, 제 앞에 더 큰 것을 놓고자
하는 그득한 욕심이 보이는 자, 그리
고 말로써 하늘에 오르는 길이요, 정
녕 저희는 천사와 같이 산다 하나 행
동은 그러하지 못한 자, 천태만상의
상태로 살아가느니,
25 남들 앞에서는 가장 깨끗한 체하나 보
이지 않는 곳에 남의 물건의 탐나는
것을 보고 훔치지 아니하면 안 되는
성격, 그리고 항상 남을 욕하며 남을
비방하는 것을 즐기는 자, 그저 모이
면 남의 흉보는 것이 즐거움이요, 제
가 더 죄를 지으며 제가 잘못하며 저
의 부끄러운 것은 모르고 그저 남의
험담을 하기 좋아하는 사람, 이러한
모든 나의 피조물 만백성이 나의 법전
을 읽고 스스로 변신이 되기 전까지는
그것을 다 네가 받아 줘야 되는 것이
니, 어찌하여야 하겠는가?
26 그들 모두의 심성을 보고 있는 네가
그 심성에 맞춰 그 심성에 따라서 그
때그때 네 마음이 변한다면, 너는 바
다처럼 흘러드는 강물이요, 냇물을 묵
묵히 받아 주는 그 역할을 할 수가 없
음이니라.
27 바다의 역할을 하는 것이 네가 해야
할 일이며, 가야 할 길임을 알라, 아들
아!
28 모두를 다 받아서 녹여야 됨이니, 이
와 같은 것이 네가 가야 할 길이니라.
29 이제는 네가 경지에 올라 남들로부터
부끄러운 짓, 하나의 유리로 비추어
봐 부끄러운 행위를 하지 아니하고 살
아가는 나의 아들로서 곧고 바르게 섰
음이니, 이제 모두를 다 가슴으로 안
아 주는 그와 같은 너의 마음의 행동
과 말이 중요함을 알라.
30 내가 너를 사랑하노라, 아들아!

3,217 번째 하나님 말씀

2002년 9월 1일 09시 19분

1 사랑하는 나의 아들아!
2 "네, 아버님! 말씀하옵소서."
3 너희들이 하늘에 오르며 이 천국의 문
을 통과하는 것이 너희들 인생의 가장
큰 목적이요, 그를 위하여 너희들이
살아가고 있지 않은가?
4 그러나 너희들은 알아야 할 것이니라.
5 너희들이 천국의 문을 들어오고자 한

다면, 천사와 같은 마음이요, 선한 마
음으로써 세상을 살아가지 아니한다
면 너희들은 천국의 문을 볼 수도 없
다 내가 말하였음이니라.
6 하물며 너희들이 사특한 마음과 그 사
특한 행동을 함에 있어서 주저하지 아
니하고 용감히 그와 같은 행위를 하며
즐겨 살아가는 자가 되어 있으니, 너
희들을 어찌 구원할 수 있겠는가?
7 나 여호와가 너희 스스로 행하는 모든
사특한 행위요, 거짓 하는 행위요, 죄
짓는 행위요, 그 모두를 하나도 놓치
지 아니하고 알고 있음은 물론이요,
8 너희들의 마음이 어찌 변할 것인가 너
희들이 알지 못하는 그 깊은 마음까지
도 알고 있음을 너희들은 알아야 될
것이며, 이 두려운 사실을 너희들이
지우려 해서도 아니 될 것이니라.
9 그리하여 너희들이 하늘을 향하여 한
점의 부끄러움 없이 사는 자만이 구원
을 받을 수 있다 하였으며, 천사와 같
은 마음을 가진 자만이 천사들이 사는
천국에 올 수 있다는 그 가르침을 내
가 마지막에 너희들에게 전하였거늘
너희들은 어찌 살아가는가?
10 너희들이 지금도 알고 짓는 죄, 모르
고 짓는 죄를 수없이 짓고 있음이니라.
11 너희들은 알고 짓는 죄를 용서해 달라
는 행위를 나에게 하지 말라.
12 죄를 지으며 그를 회개하는 자, 그리
고 또 반복하여 죄를 짓고 눈물로 회
개하는 자, 그와 같은 자의 사악함은
말할 수 없다 하였으며, 그와 같은 행
위를 하는 자는 나의 가슴에 대못을
박는 그와 같은 사악한 자라 내가 너
희들에게 말하였느니라.
13 사랑하는 나의 아들아!
14 "네, 아버님! 말씀하옵소서."
15 너희들이 죄를 수없이 지으며, 알고
짓고 모르고 짓는 그 죄를 나에게 '용
서하여 주옵소서.' 그리 기도하지 말
라 하라.
16 아무나 그와 같은 기도를 나에게 드릴
수 없음을 너의 제자들에게 깨우쳐 줘
야 될 것이니라.
17 나의 십계명을 몸소 지키며, 나의 법
전을 읽고 깨우쳐 하루하루 변하며 선
한 쪽으로 살아가도록 하여 나에게 스
스로 가까이 오는 자는 그 죄를 용서
하여 달라고 나에게 기도를 드릴 수
있으나, 변하지 아니하며 계속 죄를
지으며 사악한 행위를 하는 자, 그와
같은 자는 나에게 죄를 용서해 달라는
그 기도를 드릴 수 없는 것이니,
18 이제는 너의 제자들이 나 여호와에게
'저의 죄를 용서하여 주옵소서.' 그리
기도를 드릴 수 있는 것이 얼마나 영
광된 것인지 알고, 그와 같은 길을 갈
수 있는 자, 가지 못하는 자를 너희들
이 이제 확실히 구분하여야 될 것이니
라.
19 스스로 변하여 나를 향하여 한 발짝
한 발짝 다가오는 너의 제자들이요,
나의 백성이 아니거든, 너희들은 나에
게 '여호와 하나님! 저의 죄를 용서하
여 주옵소서.' 그와 같은 기도를 드리
지 말라. 그 기도를 드릴 자격이 없느
니라.
20 지금의 종파 속에서 내가 2천 년 전에
모두의 손을 놓은, 나와 아무런 관계

도 없는 그 종교 지도자요, 그들이 나
의 성전을 오염시켜 나의 성전의 아름
다움 위에 저희들이 성전이라 하여 그
두꺼비 집같이 지어 놓고 그곳에 가
기도하고 경배하는 자 구원받으며, 그
곳에 가 죄 용서를 빈다 함이니,
21 그곳에 가 기도하고 경배하며 나의 아
들 예수의 보혈로써 구원받았다 말하
는 그 오만한 자들, 너희들은 나에게
'저의 죄를 용서하여 주옵소서.' 하는
기도를 드리지 말라.
22 너희들은 그 기도를 드릴 자격이 없음
이니라.
23 오로지 나 여호와에게 '창조주 아버지
여! 저의 죄를 용서하여 주옵소서.' 하
는 기도를 드릴 수 있는 자는 십계명
대로 지키는 자요, 나의 법전을 정독
하여 그 삶에 생활의 지표로 삼아 내
가 명한 대로 행하고 살아가는 자, 그
리하여 마음이 하나하나 하루하루 다
르게 변하며 천사와 같은 마음으로 나
의 심성을 닮고자 노력하는 자, 그리
고 나에게 한 발짝씩 다가와 한 계단
씩 한 계단씩 천국을 향하여 그 어렵
고 힘든 노력을 경주하여 올라오는
자, 그와 같이 살아가는 자만이 할 수
있으니,
24 너희들이 나를 향하여 달려오다 힘들
고 어려울 때, 또 너희들이 잘못한 그
죄를 쉬며 나에게 '아버님! 저의 죄를
용서하여 주옵소서.' 하며 간곡히 그
반성의 회개 기도를 하는 것만을 내가
들을 수 있음이니라.
25 너희들이 반성하고 회개하면서 그를
회개하여 행하지 아니하며, 또 추하고
더러운 짓을 계속하는 자, 그와 같은
자는 나에게 그와 같은 기도를 드릴
수 없는 것이니라.
26 변화되는 자만이 나에게 용서를 빌 수
있음이니, 이 이치를 너의 제자들에게
깨우쳐 행하도록 그리하라.
27 변하지 않는 자, 나에게 '하나님, 여호
와 아버지, 창조주이신 아버지여! 저
의 죄를 용서하여 주옵소서.' 하는 그
와 같은 기도를 드리지 말라 이르라.
28 그는 내가 듣지도 아니하며, 나와는
아무런 관계도 없음을 그들에게 깨우
쳐 주라.

3,218 번째 하나님 말씀

2002년 9월 1일 09시 26분

1 사랑하는 나의 아들아!
2 "네, 아버님! 말씀하옵소서."
3 내가 너희들에게 일러 깨우쳐 주었음
이니라.
4 너희 자신이 구원받는 것은 너희 부모
가 대신해 줄 수도 없는 것이며, 형제
가 대신해 줄 수도 없는 것이며, 남들
이 해 줄 수 없는 것이며, 스스로 자신
의 선택의 깨달음에 의하여 구원을 받
는 길을 가는 것이라 하였음이니라.
5 재물로써 살 수 없는 것이요, 또한 권
력으로써 살 수 없는 것이요, 그와 같
은 것으로써 변화를 이룰 수 없는 것
이 너희들이 구원의 길에 오르는 것이
라 하였음이니라.
6 오로지 이는 누구도 대신해 줄 수 없
으며, 자신이 스스로 싸워 변화하며
마음을 다스리는 것만으로 너희들이

구원을 받을 수 있는 길임을 알아야
될 것이니라.
7 아무도 너희들을 대신해 줄 수 없는
것이 천국의 문을 들어서는 그 길에
너희들이 가는 것이며 오는 것이니라.
8 너희들이 어찌 살았으며, 너희 자신이
얼마나 다스려졌으며, 너희들이 얼마
나 악을 버리고 선한 행위 속에서 살
았느냐에 따라서 너희들이 심판을 받
아 너희 스스로 구원을 받고 구원을
받지 못함이니,
9 이는 어떠한 형편이든 자신을 대신하
여 행할 수가 없는 것임을 너희들은
알아야 될 것이니라.
10 그리고 너희들은 또 하나 깨우쳐야 될
것이니라.
11 너희들이 살아가면서 알고 모르고 지
은 모든 죄를 나 여호와는 하나도 기
억하지 못함이 없으며, 지워짐이 없음
이니라.
12 그리하여 너희를 내가 그 죄에 따라서
엄격히 벌하게 되어 있으며, 너희들은
그에 대한 대가를 받으며 상을 받게
되어 있는 것이니라.
13 지금 남을 구원해 주며 기도로써 남에
게 천국의 문을 열어 준다 하며 믿음
을 끌고 가는 것이 종교 지도자들이니
라.
14 그러나 누구도 그를 대신해 줄 수 없
음이니라.
15 하물며 저 자신의 죄가 어떠한 것인지
도 모르며, 저 자신도 용서받지 못하
였으며, 저 자신도 하늘에 오르는 길
을 알지 못하며, 저 자신이 지옥 불로
가는 가장 무서운 벌을 받아야 할 자
가 나의 사랑하는 피조물 만백성 너희
들을 위하여 복을 기원하는 기도를 드
린다 하니, 그리하지 말라 말하라.
16 그 기도는 나와 관계가 없으며, 죽은
자에게 너희들이 재물을 바치며 기도
를 원하는 형국이라 내가 너희들에게
말하지 않았는가?
17 그들이 무슨 자격으로서 그리하는가?
18 그들은 아무런 그와 같은 자격이 없음
이니라.
19 너희들의 복을 기원해 주며 너희들에
게 축복의 영광을 내려 달라 하는 그
와 같은 기도를 너희들을 대신하여 드
릴 수 없음이니, 너희들이 진정 깨우
치며 스스로 깨달아 나에게 기도를 드
리면 그것을 내가 들어줄 것이요
20 너희들 마음이 어찌 되었으며 너희들
행함이 어찌 되었는지도 모르면서 남
을 위하여 세 치 혓바닥으로써 그와
같은 감언이설의 행위를 하지 말라.
21 그들은 무엇을 원하는가?
22 사랑하는 나의 백성 너희들로부터 재
물과 그 모두를 갈취하여 긁어모아 저
희들의 육의 편안한 삶을 위하여 저희
들의 계획에 의하여 사악한 자들이 사
악한 사기극을 벌이고 있음을 너희들
은 알아야 될 것이니라.
23 내가 말하지 아니하였는가?
24 구원을 받는 것은 재물로써도 대신할
수 없으며, 부모도 형제도 그 누구도
대신할 수 없는 것이 구원의 길이라
하였으며,
25 스스로 깨닫고 스스로 선한 행동을 하
며 천사와 같은 마음으로 살고자 변하
는 자, 그리고 그와 같은 깨달음 속에

서 기도를 드리고 경배하는 자, 그와
같은 자만이 구원받을 수 있다 하였거
늘,
26 어찌하여 너희들은 남에게 너희들의
복을 빌어 주고 기원을 해 주고 너희
들에게 축복의 영광을 내리며 천국의
문을 열어 줄 수 있는 그 기도를 대신
해 달라 그리 매달리는가?
27 너희들도 나의 아들이요, 나의 딸이니
라.
28 그도 나의 자식이니라.
29 어찌 똑같은 자식이 저 자신의 죄를
모르며 남의 기도를 드린다 그리할 수
있는가?
30 이는 있을 수 없음이니, 너희들이 그
곳에 매달려서도 안 되며, 너희들이
그곳에 금화와 은화를 바치며 너희들
이 소원하는 것을 대신 빌어 달라 하
는 그리 어리석은 짓을 하지 말라.
31 그건 너희들의 죄만이 가중됨을 알아
야 될 것이니라.
32 이제 너희들은 깨달았는가?
33 너희들이 알고 짓는 죄를 대신 사해
준다며 사기극을 벌이는 자, 그 사악
한 자들에게 너희들이 기도를 원하며
그들로 하여금 구원을 받고자 하는
자, 너희들은 깨달아야 될 것이니라.
34 너희들의 눈에 있는 그 눈물이 다 마
르도록, 너희들이 목숨을 다할 때까지
빌고 울며 기도해도, 너희들의 모두는
용서할 수 없음이니라.
35 그리고 그 모든 행위는 나와 정녕 관
계가 없음을 알아야 될 것이니라.
36 너희들의 눈물이 다 마르도록, 피가
다 마르도록 너희들이 생명을 바쳐 기
도한다 해도, 그는 나와는 아무런 관
계가 없으니, 사기극을 하는 그들 앞
에 너희들이 구원이요, 또 너희들을
대신하여 축복의 기도를 드려 달라 하
여 은화와 금화를 바치며 너희들의 시
간과 모두를 바치지 말라.
37 너희들이 단 한 번 회개하는 그 마음
에서, 깨달음 속에서 나에게 기도하면
그것이 나에게 오를 수 있는 영광임을
알라.

3,219 번째 하나님 말씀

2002년 9월 1일 09시 36분

1 사랑하는 나의 아들아!
2 "네, 아버님! 말씀하옵소서."
3 너희들이 이제 만백성을 구하는 나의
아들과 딸로서 성령으로 너희들 몸에
임함이니, 너희들은 또한 나의 법전을
읽고 깨우쳐 만백성을 하늘로 인도하
는 지도자들이니라.
4 그러하니 너희들은 구약 시대와 신약
시대에 그 역사의 변천의 흐름을 알고
있어야 함이니라.
5 신약 시대, 나의 아들 예수의 시대에
그들이 살아갔던 정황과 그들이 행했
던 그 상황을 너희들이 정확히 알아야
될 것이며, 그리하여야 너희 자신이
스스로 다스릴 수 있으며, 나의 피조
물 만백성에게 너희들이 강론으로 그
를 깨우쳐 줄 수 있음을 알아야 될 것
이니라.
6 신약 시대, 예수가 존재했던 시대의
그 제자들을 너희들이 위대하다 생각
하며 존경하며 그들의 이름을 너희 이

름 앞에 붙이는 것을, 너희 이름 대신
그 이름으로 부르는 것을 영광으로 생
각하는 지금의 너희들의 마음자리요,
깨달음이 잘못되었음을 너희들은 알
아야 될 것이니라.
7 예수를 따랐던 그 제자들이, 그 많은
역사를 보며 많은 기적을 보며 그로부
터 은혜를 받은 그들이 과연 어떠했던
가?
8 지금의 많은 백성들이 그 믿음의 길을
가며 천 갈래, 만 갈래로 마음이 갈라
졌듯이, 그들도 마음이 하나로 되어
있지 못했으며, 각자 마음속에 욕심이
라는 사악한 생각을 갖고 예수를 따랐
으며, 자기들의 계산과 이해관계 속에
서 나의 아들을 따르는 제자로서 임했
다 함을 너희들은 부인해서도 안 되며
부정해서도 아니 됨이니, 그는 엄연한
사실이니라.
9 그리하여 그 제자 중의 하나가, 그 유
다라는 자가 예수를 팔 수 있었으며,
또한 유다만이 사악한 인간이라 너희
들은 생각하지 말라.
10 유다 혼자만이 그리 사악한 인간이라
생각해서는 너희들이 그때 상황을 제
대로 파악하지 못하며, 그때의 분위기
를 모르며 그 제자들의 심성을 알 수
없음이니라.
11 모든 제자들이 또한 유다와 같은 백성
이며, 그들이 하나의 마음이 되어 단
결되었다면 어찌하여 그들이 유다가
나의 아들 예수를 팔도록 놓아둘 수
있었겠는가?
12 지금 나의 성전에 와 법전을 가지고
공부하며 나의 아들로부터 나의 성령
을 들으며 깨달음의 경지에 오르는 너
희들은 앞에 있는 사람이 행동하며 그
의 언어요, 그의 눈빛이요, 얼굴의 형
태를 보면, 그가 무엇을 생각하며 무
엇을 어찌하는가 하는 것을 느끼지 아
니하는가?
13 그와 같은 분위기는 예수의 시대나 지
금의 나의 성전에서 공부하는 나의 아
들의 제자인 너희들이나 그 마음과 느
낌의 자리가 다 같을 것이니라.
14 정녕 예수의 제자들이 그 예수를 팔고
자 하는 것을 몰랐겠는가?
15 유다가 예수를 팔고자 하는 것을 그
제자들이 몰랐다고 생각하는가?
16 여기에는 무서운 함정이 있음이니라.
17 그 제자들은 그 모두를 다 알고 있었
음이니라.
18 그들은 또 유다를 그리하도록 부추겼
음이니라.
19 그는 왜 그러냐?
20 저희들은 예수 하나를 희생하여 저희
제자들이 살고자 하는 그 사특한 마음
이 그들 가슴속에 그득히 있었기 때문
에 유다를 대표로 하여 그와 같이 예
수를 팔아 예수를 그리 죽게 함으로써
저희들이 그 어려운 환경을 모면하고
자 했으며, 저희들에게 오는 그 압박
의 위험에서 벗어나고자 그와 같은 행
위를 했음이니, 그들은 작당한 자들이
니라.
21 너희들 제자들은 또 여기서 한번 들어
보라.
22 지금 나의 성전에서 공부하며 나의 법
전을 가지고 공부하는 너희들을 지금
외부의 무장한 병사들이요, 무장한 군

사들이 둘러싸고 너희들을 협박했다
하자.
23 '너희들은 잘못된 사탄이요, 사악한
자들이니, 이 지상에서 너희들을 멸망
하게 하고자 한다.
24 너희들이 몇 시간 내에 너희들의 우두
머리 괴수를 나에게 바친다 하면 너희
들을 용서해 줄 것이며, 너희들이 선
지자요, 하나님의 아들이라 말하는 그
사람을 나에게 보내 주면 내가 너희들
을 구원해 줄 것이다.' 그리 둘러싸고
있는 그 병사들이 너희들에게 엄포를
한다 하면, 너희들은 끝까지 같이 죽
음으로 갈 수 있다 생각하는가?
25 예수의 제자들이 그와 같은 상황에서
끝까지 같이 죽고자 했다 하면, 그들
은 예수를 팔지 아니했을 것이니라.
26 밖에서 위협하는 그 병사들의 엄포요,
협박에 그들은 두려웠으며 그 많은 백
성들을 감히 대적할 수 없다 생각하였
음이니라.
27 그들이 대적하고자 했다 하면 나 여호
와가 그들에게 힘을 주고 용기를 주어
대적할 수 있는 그와 같은 기회를 주
었을 것이거늘, 그들은 대적하지 아니
한 자들이니라.
28 그들은 모여 의논했음이니라.
29 그리하여 그 상황이나 지금 내가 너희
들에게 보여 준 그 상황이 같을 때, 그
제자들은 모여서 숙의하고 연구하고
지혜를 짰으니, 그 지혜는 사악한 쪽
으로 짰으며 사악한 쪽으로 용감한 심
판의 결심을 그들은 하게 되었음이니
라.
30 그것이 무엇이더냐?
31 예수를 던져 주기로 결정한 것이니라.
32 열두 제자가 다 투항하여 예수를 판다
할 필요가 있었겠는가?
33 한 사람이 열두 제자의 생명을 구원해
주는 조건으로 그들은 그리했음이니
라.
34 그러나 저희들이 온전히 지탱할 수 있
을 것이라 생각했던 것은 저희들의 착
각이며 저희들의 사악한 마음이었음
이니,
35 이와 같은 상황을 너희들이 생각하며
오늘의 너의 제자들이 마음자리를 한
번 다스려 보며, 너희들이 서 있는 자
리요, 너희들의 마음을 한번 생각해
보라.
36 그리하니 예수를 판 자요, 그가 팔 수
있도록 같이 행한 자들이요, 또 나의
아들 예수를 모른다 하여 고개를 돌려
돌아선 자, 그와 같은 정황을 너희들
이 볼 때, 내가 지금 너희들에게 가르
치는 그 상황이 그때의 그 현실이었음
을 너희들은 알아야 될 것이며,
37 그러니 나의 아들을 판 유다요, 또 나
의 아들을 배신한 자들이요, 또 나의
아들을 그리 처참히 죽어 가도록, 그
리고 십자가에 못 박아 그를 죽이도록
심판한 그 당시 그 백성들, 그 모두가
무엇이 다른가?
38 다 똑같은 자들이니라.
39 그들이 숙의하고 모의하여 나의 예수
를 유다가 대신 팔았음이니, 그 유다
를 열두 제자 중에서 열한 명이 용서
치 아니하며 그와 같이 쌍심지를 켜고
서 그 예수를 파는 자 색출하고자 하
며 배신하는 자 색출하여 그러한 자

있으면 용서치 않으며 단죄한다 했다
면, 유다가 어찌하여 나의 아들 예수
를 팔았겠는가?
40 열한 명의 제자가 예수를 팔았을 때
그를 용서치 아니하며 그를 갈기갈기
찢어 죽일 수 있는 그와 같은 무서운
마음으로 하나가 되었다면, 그 열한
명의 제자요, 열한 명의 형제가 두려
웠으니, 유다는 그와 같은 행위를 하
지 못하였을 것이니,
41 그들이 숙의하고 합의하여 예수를 넘
겨줌으로써 저희들이 스스로 생명을
구하며 저희 자손을 구하고자 하는 그
와 같은 사악한 행위에서 저질렀음이
니, 이 뜻을 너희들은 가슴 깊이 새겨
야 될 것이며, 오늘의 너의 제자들의
마음자리를 보라.
42 너희들은 과연 어떠하겠는가?
43 너희들도 똑같은 자들일 것이니라.
44 그 마음이 너희들이 차이가 있지 아니
한다면, 너희들은 구원을 받을 수 있
는 자가 없음을 알라.
45 예수의 제자가 더 나쁜 사특한 인간임
을 너희들은 알아야 될 것이니라.
46 예수를 포박하여 십자가에 못 박아 행
했던 그들보다도, 예수를 따랐던 열두
제자들이요, 또 예수로부터 은혜를 입
었던 그 백성들이 더 사특하며 사악한
인간임을 너희들은 알아야 될 것이니
라.
47 이와 같은 그 시대의 백성들이요, 그
후손을 내가 정녕 사랑할 수 있다 너
희들은 생각하며, 그 후손이요, 그 자
손들에게 내가 천국의 문을 정녕 열어
줄 수 있다 너희들은 생각하며, 나의
마음이 그렇다 생각하는가?
48 이는 내가 더 이상 용서할 수 없는 것
이며, 내가 그들을 더 이상 구원할 수
없으며, 그들을 내가 다 버렸으며, 그
들에게서 손을 놓았다는 것을 너희들
은 알아야 될 것이니라.
49 그리하여 2천 년의 암흑의 시대가 지
금 흘러왔음이니라.
50 그리하여 지금의 모든 종파가 잘못되
었으며, 그들은 저희들의 사특한 마음
에서 나의 피조물 만백성을 우롱하며,
저희들이 우리 부자의 말을 가지고 사
고파는 장사꾼으로 전락하여, 지금 만
백성을 구한다는 그와 같은 모든 종교
집단이 나의 아름다운 성전에 쇠말뚝
을 박는 그와 같은 형국으로 저희들의
성전을 지어 놓았음이니, 그 세월이
벌써 2천 년이 흘렀음이니라.
51 그리하여 내가 더 이상 너희들이 지옥
불로 가는 것을 볼 수 없다 하여, 지금
바로 너희들에게 단 한 번의 기회를
주고자 하며, 단 한 번의 나의 성령으
로 역사하여 너희들에게 다시 기회를
주고자 함이니, 이를 너희들은 깊이
깨우치고 알아야 될 것이니라.
52 이와 같이 내가 상세한 내용으로써 법
전에 기록하여 너희들에게 전해 주건
만, 이를 깨닫지 못하는 너희들은 이
제는 마지막 그 기회를 잃어버림이니
라.
53 너희들은 나의 법전을 정독하여, 지옥
으로 달려가는 너희들이 그 믿음이요,
잘못 본 그 행위를 이제 중단하고, 천
국으로 오는 그 열차로 갈아타는 그와
같은 역사를 이루지 못한다면 구원을

받을 수 없음을 알라.

3,220 번째 하나님 말씀

2002년 9월 1일 11시 44분

1 사랑하는 나의 아들아!
2 "네, 아버님! 말씀하옵소서."
3 나의 성령을 세상에 내려보내어 너희
들이 기록하여 책으로 만들어 내니,
이 세상 모두를 통제하는 것은 네가
육으로써 나를 대신하여 통제함이니
라.
4 그러니 네 삶이 얼마나 밝고 곧게 살
아가야 되며, 곧은 삶을 살아야 되는
가를 네가 이제는 깨우쳐 그리 감이
니, 네가 열 발짝을 전진하여 경지에
오름으로 인해서 너의 제자들이 또한
너를 따라서 오름이니,
5 지금 너의 제자들의 그 믿음이 매우
높이 와 있으며, 너의 제자들이 모두
최선을 다하여 깨우쳐 나에게 오르고
자 하는 그들을 보는 나의 마음이 기
쁘기 한량없음을 알라.
6 그들이 최선을 다하여 따라오고 있음
이니, 너는 그들의 마음을 헤아리는
그와 같은 안목을 가져야 될 것이니라.
7 세상사 조약돌도 네모진 것이 있으며,
둥근 것이 있으며, 또는 깨진 것이 있
으며, 모가 난 것이 있느니라.
8 나의 피조물 만백성 너의 제자들도 또
한 그러한 속에서 하나하나 깨우쳐 가
며 달구어져 그들이 너의 품 안에 올
수 있는 것이니라.
9 그러니 그들의 마음 하나하나를 네가
들여다보며 다스릴 수 있는 그와 같은
자가 되는 것이 네가 나의 아들이요,
만백성을 구하는 목자로서 할 수 있는
길임을 알라.
10 지금 너의 제자 하나하나가 그들이 할
수 있는 최선을 다하고 있으며, 그들
의 역량을 넘어서 그들이 더 노력하고
있는 그 마음을 내가 하늘에서 알고
있음이니라.
11 너희들이 변하고자 하는 마음, 법전대
로 살아가고자 하는 마음, 계명대로
살아가고자 하는 마음, 그와 같은 마
음을 갖고 살아가는 것이며,
12 너희들이 변하는 것은 인간으로서 너
희들의 현재의 마음으로써 최선을 다
하여 최대의 노력을 하고 있으니, 나
여호와가 너희들에게 이제는 상을 내
린다 하였음이니, 그만큼 너희들이 받
을 수 있는 상을 내가 내릴 것이니 그
리 알라.
13 지금 너의 제자들이 할 수 있는 역량
을 벗어나서 더 하고 있음을 너는 알
아야 될 것이니라.
14 그것이 소중함이니라.
15 어렵고 힘들 때 불평하는 자, 그리고
고달프고 힘들다 하여 등 돌리는 자,
그와 같은 마음을 가진 자는 믿음의
길을 갈 수가 없으며 나에게 오를 수
없음을 알아야 될 것이니라.
16 오늘 내가 너희들에게 전하노라.
17 정녕 마음을 비운 자는 얼굴의 혈색이
요, 마음의 형태요, 눈빛이 다 같아야
되는 것이니라.
18 너희들이 그와 같이 됐을 때 모두를
다 비움을 알아야 될 것이니라.
19 너희들이 다 비우지 못했을 때, 너희

들은 천태만상의 형태로 존재함이니,
나의 성전에 와 나의 성령을 직접 들
으며 나의 법전을 가지고 공부하는 너
희들이 하나의 형태로 변하는 그와 같
은 변화가 있을 때, 너희들이 세상에
빛을 전하게 되어 만백성을 구하게 됨
을 알아야 될 것이니라.
20 너희들은 오늘 하나를 더 깊이 깨우쳐
야 할 것이니 이를 알라.
21 지금 나의 성령이요, 나의 법전이요,
내가 글로 써 내리는 그 책을 너희들
이 정독하여 그 내용을 볼 때, 과연 그
곳에 너희들에게 거짓 하는 것이 어디
있으며, 너희들에게 잘못 살라 하는
것이 어디 있는가 보라.
22 그리고 너희들이 너희 몇 사람을 위해
서 지금 구원의 길을 가는 것이던가?
23 너희들이 한 집단을 위해서 가는 것이
냐?
24 이 세상의 만백성이요, 모든 인류요,
피부색이요, 생활의 언어가 다른 것을
하나로 만들기 위하여 그 역사를 너희
들이 지금 이루고 있으며, 거기에 동
참하고 있는 그 사실을 너희들은 어찌
하여 깊이 깨우치지 못하는가?
25 너희들이 소속된 지금의 종교 집단에
서 몇 사람이 모여 저희들만이 구원을
받으며 하늘에 오르는 길이라 말하는
자들과 열 명이요, 스무 명이요, 몇백
명을 놓고 그들만이 구원을 받으며 그
들 지도자만이 나로부터 선택된 자요,
거기 와서 경배하는 자들만이 구원을
받는다 그리 말하는 그들을 바로 너희
들은 무슨 말로 표현하는가?
26 '우물 안 개구리'란 말로써 너희들은
표현할 수 있을 것이니라.
27 그들은 우물 안의 개구리 같은 형국으
로 살아가나, 너희는 세상의 넓은 자
연이요, 내가 만든 모두를 느끼고 피
부로 접하면서 그 모두를 하나로 만들
고자 하여 지금 씨를 뿌려 전진하고
있음이니, 너희들이 역사하는 일과 우
물 안의 개구리가 역사하는 일이 과연
세월이 지난 뒤에 어떤 결과가 이루어
지겠는가?
28 너희들은 들어야 될 것이니라.
29 아무리 큰 역사도 작은 것으로써 시작
하느니라.
30 세상을 다 태울 수 있는 그 불도 성냥
개비 하나면 태울 수 있듯이, 너희들
은 성냥개비 역할을 하는 그와 같은
자들이니라.
31 너희들 자신을 평가하여 너희들이 주
저앉지 말며 너희들 자신을 과소평가
하지 말라.
32 나 여호와요, 창조주가 같이할 때 너
희들이 가지고 있는 것은 너희들의 임
의대로 하는 것이 아니며 너희 뜻대로
할 수 있는 것이 아니니라.
33 다만, 오늘은 너희들이 필요하기 때문
이며, 너희들이 존재하면 되는 것이니
라.
34 나의 법전의 3부가 세상에 나올 날이
머지않았음이니라.
35 나의 아들이 나에게 기도드리며 경배
하는 것을 너희 육의 삶의 가장 큰 기
쁨으로 생각하고 살아가는 그 하나만
바라보더라도, 그 마음 외에 무엇이
있겠는가?
36 그가 사악한 생각을 하고 있는가, 악

한 생각을 하겠는가, 그가 어떠한 육
의 삶을 위해서 생각하는가?
37 그는 오로지 기도하는 것 외에는 즐거
움도 생각하지 아니하며 기쁨도 받아
들이지 아니하고 사느니라.
38 여기서 너희들도 깨달아야 될 것이니
라.
39 나 여호와의 아들이요, 딸이요, 나 여
호와를 향하여 너희들이 구원을 받는
천국의 문을 들어선다는 그것 하나만
을 너희들이 생각하며 나의 법전을 정
독하라.
40 그리고 십계명을 너희들이 생활에서
가슴에 깊이 새겨 그를 행하고 살아가
는 그와 같은 마음을 가져라.
41 너희들의 육의 삶이 얼마 남지 않았음
이니, 너희들이 심판받을 날이 머지않
았음이니라.
42 이를 너희들은 깊이 깨우쳐 행하여야
될 것이니라.
43 모든 있는 것을 다 털어 내야 될 것이
며, 너희들이 가지고 있는 마음속의
모두를 다 뿌리째 뽑아야 되느니라.
44 내가 나의 법전을 가지고 세상의 온
백성을 통제하며 온 백성을 구하고자
하는 것이니, 내가 그리하여 언어요,
너희들의 생활 습관까지도 하나로 천
년에 걸쳐서 통일하고자 하니, 너희들
자신의 마음의 뿌리를 뽑아내지 못한
다면 이는 이루어질 수 없음이니라.
45 지금 2천 년이요, 구약 시대까지 잘못
계승해 왔으며 잘못 전통으로 내려왔
으며 잘못 믿어 온 믿음의 그 자체를
다 뽑아내고 그를 다 버린 다음에 나
의 성령이 천 년에 걸쳐서 역사를 이
루고자 하는 것이니,
46 그 잔뿌리가 있으면 악의 씨가 또 계
속 번성하여 세상을 덮는 그와 같은
형국이 일어나니, 그 잔뿌리까지도 다
뽑아내고자 하며, 그리 이미 시작되었
음을 너희들은 알라.
47 너희들 스스로 사악한 마음을 완전히
뽑아냈을 때, 너희들이 나의 성령으로
써 그득히 채워 천사와 같은 마음으로
살 때, 너희들이 하나 둘 모여 내가 이
루고자 하는 새로운 역사요, 하늘의
천국이 지상에서 이루어지는 그와 같
은 역사가 이루어짐을 잊지 말라.

3,221 번째 하나님 말씀

2002년 9월 1일 22시 18분

1 사랑하는 나의 아들아!
2 "네, 아버님! 말씀하옵소서."
3 내가 너희들에게 명하여 일렀으니, 이
제 너의 제자들의 안식처를 찾기 위하
여 제1호점과 제2호점, 3호, 4호…, 이
와 같이 네가 하나씩 점포를 늘려 줌
이니, 네가 대견하며,
4 나 여호와의 모든 천사들도 감히 할
수 없는 그 역사를 네가 이룸이니, 너
를 보기를 그들이 다 경탄하여 마지아
니함이니라.
5 네가 깨달음이 바로 서며, 자세가 바
르며, 또 네가 모든 일에 있어서 너 스
스로 몸을 아끼지 아니하며 너의 제자
들과 더불어 하나의 역사의 기틀을 잡
기 위하여 노력함이니, 그 모습을 보
는 나 여호와의 마음이 기쁘기 한이
없음을 알라.

6 너는 모든 깨달음에서 이 지상의 모든
인류의 인간 중에 제일가는 으뜸인 자
가 되며, 네가 궂고 험악하고 어려운
일을 함에 있어서 항상 솔선수범으로
모두를 행하는 그와 같은 사람이 되어
야 될 것이니라.
7 너희들이 나에게 기도하기를, 많은 백
성들의 그 험악하고 험악한 죄를 대신
짊어지고 지옥 불로 가게 해 달라 할
수 있도록 힘과 용기를 달라 기도를
하며, 그 많은 사람들을 구원함으로
인하여 나 여호와에게 기쁨을 바치겠
다 그리 말함이니,
8 너희들이 과연 많은 백성들의 그 죄를
다 짊어지고 지옥 불로 갈 수 있는 그
고통보다 지금 너희들이 육에서 사는
고통이 더하겠는가?
9 너희들이 아무리 궂은일이요, 아무리
험악한 일이요, 아무리 힘든 일이라
하여도, 너희가 솔선수범하여 앞에 서
서 가야 될 것이니라.
10 너희들이 보이지 않는 영의 세계에 죽
어 왔을 때, 많은 사람들의 지은 죄를
너희들이 대신 짊어지고 지옥 불로 가
겠다 그리 기도를 드림이니,
11 너희들이 과연 그와 같은 진정한 마음
이 있다면, 오늘의 너희들의 육에 삶
에 있어서 가장 힘들고 어려운 일에
너희 스스로 몸을 아껴서는 아니 될
것이며, 남에게 모범적인 그와 같은
삶과 행동으로써 가야 함을 잊지 말라.
12 너희들이 영원히 사는 그 영혼이 하늘
에 오르는 그 영광을 포기하며 많은
백성들을 구원하기 위하여 그들의 죄
를 다 지고 너희들이 뜨거운 불 속으
로 들어간다 함이니, 그것보다 더 고
통스럽고 힘든 일이 어디 있는가?
13 육은 영혼의 집이요, 육의 삶은 영혼
의 삶의 연장이라 하였음이니라.
14 그러니 너희들이 육에서 사는 생활에
서 너희들이 모든 이의 죄를 지고 불
속으로 들어가는 것만큼, 그것보다 더
한 고통도 인내하고 견디고 나가야 하
는 것이 너희들이 만백성의 죄를 짊어
지고 대신 지옥 불로 갈 수 있는 그와
같은 일을 행할 수 있는 자며 용기 있
는 자가 아니던가?
15 사랑하는 아들아!
16 "네, 아버님! 말씀하옵소서."
17 네가 모두를 다 안아 주며, 모두를 다
버리며, 나 여호와가 존재함을 알며,
네가 바로 서서 바로 갈 수 있으며, 네
가 경지에 오르는 만큼, 네가 이 하나
의 점이요, 사업장을 만들기 위하여
손수 너의 제자들과 힘들고 어려운 일
을 스스로 해 나감이니, 그것이 바로
네가 가야 할 길이며 네가 행하여야
할 자세이니라.
18 그리고 네가 1호점, 2호점, 3호점, 4호
점을 만들어 가면서 네 손때와 네 정
성과 네 생각이 거기에 깃들어 있지
아니한 것이 하나라도 있어서는 아니
됨이니, 너는 항상 그들과 더불어 하
나를 역사할 때 온갖 정성을 다 들여
만들어야 할 것이니라.
19 그게 누구를 대신하는가?
20 네가 나를 대신함이니, 네가 이루고
만드는 그 모든 점은 나를 대신하는
곳이며, 나를 대신하여 네가 경영함이
니,

21 그가 잘못되고 성업을 이루지 못하며,
남들로부터 칭송을 듣는 그와 같은 행
위를 하지 못할 때, 그 모두는 너희들
이 나를 욕먹게 하는 것이며, 나 여호
와의 마음을 너희들이 아프게 함이니,
22 너희들은 하나의 점을 만들 때 반드시
그곳에서 나의 뜻의 역사를 이루어야
될 것이며, 너희들이 실패하는 자가
되어서는 아니 됨을 알아야 될 것이니
라.
23 너희들은 내가 역사하여 너희들에게
이루어 주는 것이 아니요, 너희들이
노력하여 그 기틀을 얻었을 때 나 여
호와의 기쁨이 배가 되는 것이니,
24 나 여호와의 기쁨을 위하여 만백성의
죄를 걸머지고 지옥으로 간다는 그와
같은 마음 자세로써 기도하는 너희들
이니,
25 내가 내려 준 모든 사업장에 대해서
너희들이 남으로부터 지탄받으며, 남
으로부터 저주받으며, 남으로부터 너
희들이 실패하는 그런 사람이라 하여
문을 닫는 그와 같은 일이 있어서도
아니 되며, 그와 같은 형태로써 너희
들이 이끌어 가도 아니 됨이니, 너희
들은 마음 자세를 굳게 해야 될 것이
니라.
26 그리고 너의 제자들에게 또한 깨우쳐
이르라.
27 모두는 솔선수범이요, 모범적으로 너
희들이 행하지 아니하면 하나도 이룰
수 없다 그리 말하라.
28 너희들이 가장 힘들고 어려운 일을 스
스로 하며, 너희들의 손발이 부르트고
터지는 그 고통도 너희들이 남을 위해
서 감내해야 됨을 알라.
29 군림하는 종교 지도자요, 대우받는 종
교 지도자요, 제왕과 같은 지도자요,
만백성의 목자와 같은 생각을 해서는
아니 될 것이니라.
30 지금의 종교 집단이 가는 그와 같은
형국으로써 네가 간다면, 너 또한 그
들과 다를 것이 없으며, 그들과 무엇
이 다르겠는가?
31 너는 정녕 그들과는 달라야 될 것이
니, 네가 모두 다 솔선수범하며 너 스
스로 어렵고 힘든 일을 짊어지고 행하
여 그와 같은 삶으로써 가야 함을 너
는 잠시도 잊어서는 아니 될 것이니라.
32 너는 나의 아들로서 가장 높은 자요,
만백성을 통제하는 목자요, 이끄는 지
도자며, 너는 또한 만백성의 종이니라.
33 그리고 네가 제일 낮은 자임을 항상
잊어서는 아니 될 것이니라.
34 그와 같은 마음으로 너희들이 살아갈
때 모든 역사는 이루어질 것이니라.
35 오늘도 네가 밤늦게 사업장을 만들기
위하여 쓰러질 것 같은 고통을 안고
견디고 인내하며 그들과 더불어서 그
를 완성하였음이니, 너의 그 마음이
요, 너의 노고요, 네 마음의 변화요,
네가 나의 뜻에 따라 그 5달란트의 역
사를 모범을 보이며, 몇천 년 후에 네
가 이룬 그 5달란트의 진정한 깨우침
을 얻어 살아갈 수 있도록 너의 제자
들에게 문을 열어 주는 데 네가 몸과
모든 정성을 바치고 그리함이니, 그보
다도 더 아름다운 지도자는 없음이니
라.
36 바로 그러기에 네가 나의 아들이니라.

37 사랑하는 아들아!
38 너를 보고 천사들도 놀라며, 나 여호
와의 기쁨이 한량없으니, 내가 계속
너에게 그와 같은 점을 만들도록 하
여, 그 제자들이 그를 운영하며 모범
적으로 살아가며 아름답게 살아가는
모습을 보고 그들의 식구들이 다 나의
성전에 와 너를 경배하는 그와 같은
역사가 이루어질 것이니 그리 알라.

3,222 번째 하나님 말씀

2002년 9월 1일 22시 37분

1 사랑하는 나의 아들아!
2 "네, 여호와 하나님! 말씀하옵소서."
3 진정한 종교 지도자요, 만백성을 구하
는 지도자로서 나에게 선택된 백성은
그리 너희들처럼 안일하며 안주하며
육신의 삶에 편안한 시간이 없음을 알
아야 될 것이니라.
4 나로부터 선택된 자는 육신의 삶에 필
요한 것이 없으며, 갖고자 하는 것이
없으며, 이루고자 하는 것이 없음이니,
5 그리고 모든 만백성의 모범이요, 그들
의 본보기가 되기에 고달프고 어려운
길을 가는 것이 믿음의 길을 가는 것
이요, 나로부터 선택된 백성이 가는
길임을 알아야 될 것이니라.
6 너희들은 나에게 경배를 하며 나의 뜻
에 따라 나의 뜻을 들어 만백성을 가
르치고자 한다면 너희들이 수시로 나
에게 경배하며 기도해야 하며, 나의
성령을 받아 그를 깨우쳐 가야 되니,
7 너희 자신이 개인적으로 스스로 갖는
시간이 너희에게 없으며, 또한 너희들
은 육신이라는 것을 위해서 무엇인가
를 이루고자 하는 것이 아니라, 너희
들에게 돌아오는 것도 남에게 주며,
너희들 몫도 남에게 집어 주며 남에게
양보하는 그와 같은 마음 자세로 살아
가는 것이 하늘에 오르는 길을 가는
종교 지도자며, 나로부터 선택된 목자
임을 알아야 될 것이니라.
8 나로부터 선택된 그것 하나를 갖고 너
희들은 천 가지, 만 가지 모두를 다 양
보해야 되니, 너희들이 고달프고 어렵
고 힘든 길을 가는 것이 하늘에 오르
는 길임을 알라.
9 종교 지도자가 많은 백성들 앞에 군림
하며, 금화와 은화를 가지고 저희 맘
대로 쓰며, 저희들이 편안하게 활동하
며 편안하게 의식주를 해결하고자 하
는 그와 같은 마음을 가진 자, 그리고
육의 향락을 끝없이 추구하는 자, 이
와 같은 자는 정녕 종교 지도자라 할
수가 없으며 그 자격이 없음을 너희들
은 알아야 될 것이니라.
10 하늘에 오르는 길을 오는 것이 너희들
이 그렇게 남들보다 편안하며, 남들보
다 안일한 자세로써, 남들보다 육의
행복의 모든 즐거움이요, 또 너희들이
말하는 너희 인간으로서 최상을 누리
는 권력이요, 재물이요, 그 모두를 움
켜쥐며, 만백성에게 너희들이 제왕적
으로 군림하며 가는 것이 아니니라.
11 스스로 어렵고 힘든 길을 가지 아니하
는 자, 그와 같은 자는 종교 지도자의
자격이 없음이니라.
12 네가 나에게 경배하며 나의 법전을 받
아 만백성을 구원하는 것 하나로써 네

가 나에게 기도하는 것 외에는 어떠한 행복이요, 기쁨이 없이 살아가듯이,

13 인간 세상에 어떠한 기쁨도 너는 뿌리치며, 어떠한 향락도 네가 접어 두며, 어떠한 인간관계의 즐거움이요, 행복함을 너 스스로 다 접어 두며,

14 나 여호와를 향하는 마음이요, 나 여호와에게 기도하는 마음 외에 네가 어떠한 마음이 나에게 경배하는 마음보다 더 즐거움이요, 기도하는 시간보다 더 즐거움이요, 네가 나의 음성을 들어 책을 만드는 그 시간보다 무엇인가가 더 즐겁고 행복한 육의 삶이 너에게 도래하면,

15 네가 나에게 기도하고 경배하며 법전을 만드는 것에 게을러지며, 그를 만들 수 없으며, 나의 뜻을 따라갈 수 없어 네가 불안하여, 그 모두를 아예 네 머릿속에 지워 버리며 네게 돌아오는 부귀요, 행운이요, 모든 영광도 너 스스로 그를 거부하며 받지 않으려 함이니,

16 그것이 바로 나의 아들이 가는 길이요, 나의 목자가 가는 길이요, 내가 선택한 선지자가 가는 길이니라.

17 이 세상의 많은 종교 지도자, 너희들이 과연 그러한 마음으로 가는가?

18 나의 음성을 듣고 나에게 기도하며 나로부터 선택된 것이 모두가 영광이요, 너희들이 기도하며 만백성을 가르치는 것이 가장 행복함이요, 즐거움이요, 영광이라 하여 그 마음자리를 뺏길까 봐 너희들에게 오는 영광이요, 부귀요, 영화요, 권력이요, 그 모두를 받아들이지 아니하려 하며, 받지 아니하며, 생각지 아니하려 하며 살아가는 그 마음을 가진 자가 과연 얼마나 있는가?

19 종교 지도자 너희들은 그와 같은 깨달음이요, 그와 같은 경지에 올라야 너희들이 나의 피조물 만백성을 지도하며 이끄는 지도자라 말할 수 있음이니라.

20 그렇지 못한 자, 정녕 지도자가 아니며 나로부터 선택된 백성이 아님을 너희들은 알아야 될 것이니라.

21 사랑하는 나의 피조물 만백성, 너희들은 들으라.

22 종교 지도자가 너희들을 천국에 이끌며 천국의 문으로 인도하며 너희들을 구원한다 하여 평생 너희들에게 재물을 받으며, 너희들이 그곳에 가 찬송 부르며 광란으로써 기도하며, 그들에게 너희들을 천국으로 보내 달라 하여 너희들이 바치는 재물을 덥석덥석 받아 챙기며, 가져오지 아니하면 가져오라 말하며, 더 가져와야 된다 하며, 더 가져와야 하늘에 축복과 영광이 있다 말하는 자, 그들의 살아가는 모습을 보라.

23 너희들의 가장 가난한 신도보다 그가 낫게 산다 하면 그는 나로부터 선택된 자가 아니니라.

24 그는 왜 그러냐?

25 너희들이 나에게 경배하고 믿음을 갖고 나로부터 지시를 받으며 나에게 뜻을 받고 명을 받은 자는 그것으로써 세상에 더 바랄 것이 없으며 더한 영광이요, 축복이요, 행복이 없으니, 너희들의 육의 삶에서 그보다 더 소중하

고 더 아름답고 즐거운 것을 생각한다
면,
26 나를 향하여 기도하는 마음이 무너질
까 봐 두려워 너희들은 아무것도 손에
쥐지 아니하며, 받지 않으려 하며, 오
는 복도 돌려보내는 그와 같은 마음을
갖지 아니하면, 정녕 너희들은 종교
지도자라 말할 수 없음이니라.
27 나의 아들이 어찌 가고 있는가?
28 그는 나에게 기도하며 경배하여 나의
성령을 받아 법전을 기록하는 것보다
도 더 위대한 것이 없기에, 그 마음자
리를 뺏길까 봐, 그 마음자리를 침투
당할까 봐, 그 마음이 흔들릴까 봐 어
떠한 영광이요, 어떠한 축복도, 어떠
한 인간의 향락과 즐거움도 받아들이
지 아니하며, 좋은 집이요, 금화와 은
화를 갖고 제가 편안하게 살아가는 것
까지도 거부하고 살아감이니,
29 그는 나에게 경배하며 나의 음성을 듣
는 것이 그보다 더 행복하며, 나를 향
하는 마음의 그 빛줄기가 흐트러질까
봐, 그 빛줄기가 중단될까 봐 그는 모
두를 다 포기하며 가장 어렵고 힘든
인생의 삶을 스스로 선택하여 가고 있
음이니라.
30 그것이 바로 나의 아들이요, 진정한
나의 목자요, 나의 피조물 만백성을
구하여 하늘의 길로 인도하는 자이니
라.
31 너희들의 종교 지도자가 그와 같은 마
음이요, 그와 같은 형태로 살아가는
자가 아니면, 그들을 너희들이 이제
단죄해야 될 것이며, 너희들이 그동안
빼앗겼던 모든 시간과 너희들의 재물,
그 모두를 다 너희들은 돌려받아야 될
것이니,
32 그를 돌려받지 못하는 자, 너희들은
정녕 너희들이 쓴 그 재물에 대한 죄
의 대가를 받을 것이니 그리 알라.
33 가장 어렵고 힘든 길을 가며, 너희 신
도보다도 가장 가난한 길을 가는 자,
가장 어렵게 사는 것을 영광으로 생각
하며 축복으로 생각하며,
34 그가 육신의 향락이요, 즐거움 때문에
나 여호와에게 기도하고 경배하는 마
음이 흐트러지고 저의 마음이 무너질
까 봐 두려워 어떠한 것도 영광으로
받아들이지 아니하며, 어떠한 것도 축
복으로 받아들이지 아니하며, 어떠한
행복한 것도 그 모두를 받아들이지 아
니하고,
35 오로지 기도하는 마음이요, 나에게 경
배하는 마음이요, 나의 성령을 받아
하나를 이루고자 하는 그 마음보다 더
소중한 것이 없으며, 그것을 생명보다
더 소중하다 생각하니,
36 아무것도 원하지 아니하며 아무것도
필요 없는 그와 같은 마음으로 살아가
는 나의 아들의 모습을 너희들이 보라.
37 그러면 너희들이 진정한 종교 지도자
가 어떠한 사람인가를 알게 될 것이니
라.

3,223 번째 하나님 말씀

2002년 9월 1일 23시 42분

1 사랑하는 나의 아들아!
2 "네, 아버님! 말씀하옵소서."
3 지금 너희들의 종교 집단이 이끌어 온

그 방향이 어떠한 형국으로 왔던가?
4 종교 집단 너희들이 조상부터 자리를
잘못 잡았으며 잘못 가르쳤으며 그 시
작부터 잘못되었음이니, 지금의 너희
들의 종교 집단은 과연 어찌하는가?
5 너희들은 나의 백성들로부터, 또 나의
백성들의 조상 때부터, 너희들의 믿음
의 조상들이 그로부터 대가 없이 수없
이 거둬들인 그 재산과 보물과 그 모
두를 너희들은 과연 어찌 거둬들였으
며, 어찌 너희들이 사용했으며, 나의
아들과 나의 이름을 팔아 거둬들여 과
연 그걸 가지고 어찌 너희들이 구원의
길로써 나의 피조물 만백성에게 받은
대가만큼 천국의 문으로 인도했다 생
각하는가?
6 너희들이 그와 같은 사기극을 벌였으
며, 너희들 자신이 구원의 길이 무엇
이며 하늘에 오르는 길이 무엇인지 그
자체도 모르는 너희들이 나의 피조물
만백성 너희 조상은 조상으로부터, 지
금의 종교 지도자 너희들은 지금의 나
의 백성으로부터 긁어모으고 모아들
인 그 모든 재산을 이제는 내가 분산
토록 할 것이며,
7 성령의 칼로써 너희들을 엄히 심판하
고자 하여 지금 이 지상에 나의 제3의
시대요, 나의 법전이 세상에 내려와
너희들에게 마지막 기회를 주고 있음
이니,
8 이를 보고 깨우치는 자 영원히 구원을
얻을 것이며, 그렇지 아니한 자 뿌리
째 뽑아 내가 버리고자 하는 그 무서
운 심판이 시작됐음을 너희들은 알아
야 될 것이니라.
9 이제 너희들이 나의 법전을 보고 깨우
쳐 다시 회개하며 나 여호와의 품으로
돌아온다면, 나 여호와가 너희들을 다
시 받아 이끌어 쓸 것이며, 진정한 나
의 백성을 구하는 지도자로서 내가 너
희들을 다시 태어나게 하여, 나의 법
전대로 만백성을 가르치는 그와 같은
영광을 너희들에게 내릴 것이나,
10 그렇지 아니하고 지금의 믿음 속에서
너희가 구원을 받는다 그리하여 지금
의 형국으로 계속적으로 그 길만을 간
다 하면, 나 여호와는 너희들을 더 이
상 보호할 수 없으며 너희들을 안을
수 없기에, 내가 너희들을 버리는 것
을 알아야 될 것이니라.
11 너희 자신이 악에서 너희 자신을 잘라
버리고 새로 태어난 삶을 바로 갖지
아니한다면, 너희들은 영원히 구원의
빛을 볼 수 없음을 알아야 될 것이니
라.
12 이 모두는 너희들에게 달렸음이니라.
13 내가 제3의 시대를 열어 너희들을 구
원하고자 나의 법전을 세상에 내려 이
제 3부가 내려감이니,
14 이제부터 너희들의 모든 재산을 내가
분산토록 할 것이며, 성령의 나의 칼
로써 심판하여 그 뿌리를 잘라 그 모
두를 뽑아서 내가 버리고자 함이니,
15 너희들 스스로 선택의 길은 너희들에
게 달렸음을 그리 알라.

3,224 번째 하나님 말씀

2002년 9월 1일 23시 57분

1 사랑하는 나의 아들아!

2 "네, 아버님! 말씀하옵소서."
3 지금의 너희들이 흘러오는 그 종교 집
단이 정녕 나와는 아무런 관계도 없는
그와 같은 형국으로 흘러감이니, 그리
고 그들이 조상서부터 잘못 시작한 그
믿음이 지금까지 흘러내려 왔음이니,
4 지금의 너희 시대가 더 사악한 그와
같은 형국으로써 흘러감이니라.
5 이는 감히 나 여호와가 하늘에서 내려
다볼 수 없는 모든 그와 같은 행위로
써 너희들이 나의 피조물 만백성을 구
한다 함이니, 그를 내가 보기에 얼마
나 마음이 아프고 저려 오는지를 너희
들은 알겠는가?
6 지금 온 세상을 다 덮으며 나의 지구
를 다 덮어 저희들이 만든 그 성전이
라는 곳에서 가르치는 자들, 그 누구
도 나로부터 선택된 자가 없으며, 나
로부터 직접 메시지를 받으며 나로부
터 선택된 목자가 없음이니라.
7 그리하여 그들은 저희들 스스로 지금
그와 같은 집단을 이루어 가고 있음이
니, 그 집단의 방대함과 그 집단의 조
직의 위력이 얼마나 대단하던가?
8 그들이 지금으로부터 더 계속 그와 같
은 세월이 흘러간다 하면, 너희들은
스스로 너희 자신밖에는 모르며 너희
자신만을 위하여 사는 그와 같은 세대
로 바뀔 것이며,
9 너희들은 형제와 부모와 같은 인간관
계의 정이라든지 서로 사랑하고 아끼
는 그 마음 자체도 지키지 아니함이
아니라, 스스로 그를 알지도 못하고
살아가는 세대가 온다 내가 말하였음
이니라.
10 자식은 부모에게 공경하는 것이 아니
요, 저를 어찌하여 이 세상에 태어나
게 했는가, 저를 태어나게 했으니 그
대가를 지불하며 책임을 지라는 그와
같은 험악한 형국으로 돌아가는 시대
가 이루어짐이니라.
11 그것뿐이던가?
12 그와 같은 자손들은 서서히 사악한 뿌
리가 내리기 시작하며 너희들 후손은
후손을 생산할 수 없는 구제불능의 형
태로 돌아가게 되어 있음이니라.
13 그리하여 너희들 스스로 너희 후손이
단절되며, 너희들의 지금의 모든 집단
자체도 다 스스로 문을 닫게 되며 쓰
러지게 되어 있음이니라.
14 이는 너희 조상들부터 믿음을 잘못 알
고 잘못 가르치며 지금과 같은 형국에
이르렀기에 지금 바로 너희들이 종말
의 시대를 맞이하였으며, 너희들이 종
말의 시대에 살아가는 그와 같은 형국
이 되었음이니라.
15 내가 너희들을 지금 더 이상 볼 수 없
고 너희들이 너무도 가련하고 불쌍하
여 내가 너희들에게 단 한 번의 기회
를 다시 주고자, 잘못 믿어 가는 자,
또 그곳에 가 기도한다 하며 구원을
받고자 하는 자, 죽은 자와 같은 자에
게 재물을 바치며 하늘에 오르겠다 몸
부림치는 그 불쌍한 너희들에게 다시
한 번 기회를 주고자 함이니,
16 너희들이 이대로 세월이 지나서 흘러
간다 하면 너희들의 육신은 죽을 것이
며, 육신이 이 세상에 사는 동안 그 누
구도 죽지 아니하는 자가 없음이니라.
17 그리하여 너희들이 육신이 죽었을 때

너희들의 그 육신을 묻어 줄 그와 같은 후손도 없게 되며, 그리하여 너희들의 죽은 그 육신은 자연히 너희들이 지금 관리하고 통제하는 짐승들의 먹이로서 변질되는 그와 같은 시대가 오는 것이 자명한 것이니라.
18 내가 이와 같은 시대를 막기 위하여 너희들에게 다시 한 번 마지막 기회를 주고자 하여 제3의 시대에 내가 직접 나의 성령을 나의 아들을 통하여 책으로 만들어 내며,
19 내가 그 책 속에 같이하며, 너희들이 나의 책을 열 때 내가 너희들과 같이 하며 나의 책을 덮을 때 내가 내 마음을 걷어 온다 하였음이니,
20 이와 같은 나의 뜻을 너희들이 알아, 나의 법전을 높이 들고 깨우쳐 만백성을 구하는 나로부터 선택된 백성으로 돌아서야 할 것이니, 그리하는 자, 내가 너희들에게 축복과 영광과 은혜를 내려 줄 것이니 그리 알아야 할 것이니라.
21 그렇지 아니한 자, 너희들만이 지옥에 가 너희들이 상상할 수 없는 고통 속에서 그 대가를 치름이니, 이를 너희들이 명심하여 깨우쳐 행하도록 하라.
22 그리하여 너희들이 정녕 나의 아들이요, 나의 법전이요, 나의 책이 의심스러우며, 이를 이해할 수 없으며, 이가 사탄의 장난이요, 마지막 거짓 선지자가 와서 세상을 뒤집어엎는 이와 같은 형국으로써 지금 대사탄이요, 왕사탄이 왔다고 생각하며 미리 겁먹고 두려워하지 말며 그와 같이 밀어붙이지 말라.
23 너희들이 그와 같이 생각되거든 나의 법전을 읽고 성서를 읽어 보라.
24 나의 법전을 정독하여 1부만 두 번 이상 읽는다 해도 너희들이 성서의 내용을 알게 될 것이니, 그때는 너희 스스로 감탄하며 너희들이 어리석었음을 알게 될 것이니라.
25 내가 나의 아들을 통하여 너희들에게 전하노니, 너희들이 지금의 믿음의 형국으로써는 절대 구원을 받을 수 없으며,
26 그는 내가 버린 것이며 나와는 아무런 관계가 없다 내가 수백 번 나의 법전에 기록하여 내렸음이니, 그것이 얼마나 중요하면 내가 반복 또 반복을 하겠는가?
27 모든 종교 지도자요, 그곳에 와 구원을 받는다 하여 그 죽은 자 앞에 재물과 시간을 바치며 모두를 바치는 나의 사랑하고 불쌍한 백성, 너희들은 깨달아야 될 것이니라.
28 내가 너희들을 한없이 사랑하나, 너희들이 지옥 불로 가니 너희들이 또한 불쌍하기 그지없는 나의 백성이니라.
29 너희들은 지금 여기서 깨우쳐야 될 것이니라.
30 그리고 나의 백성들을 인도하는 종교 지도자, 너희들만 스스로 지옥으로 가는 것이 아니요, 많은 나의 사랑하는 백성들을 너희들이 지옥 불로 인도해 가니 그 얼마나 무서운 죄인가를 알아야 될 것이니라.
31 지금 나의 작은 성전에서 공부하며 나의 법전을 배우고 깨우치는 나의 아들의 제자들은 뭐라 말하는가?

32 만백성의 죄를 스스로 지고 저희들이
지옥 불로 가겠다 그리 말하며 그들이
깨우쳐 저희 스스로 천사와 같은 마음
을 갖고 살아가고자 노력하느니라.
33 나 여호와의 심성과 같이 되지 않는
자, 남의 죄를 짊어지고 갈 수 없으며,
남의 죄를 대신 벌을 받을 수도 없는
그와 같은 형국이니,
34 천사요, 나의 심성과 같은 마음을 가
진 자만이 그러한 역사를 이룰 수 있
음이니라.
35 그리하여 지금 나의 성전이요, 나의
아들 밑에 와 공부하는 그 백성들은
그 모두의 죄를 대신 지고 가고자 하
며 나에게 기도하며 경배하느니라.
36 저 한 사람의 구원을 받는 것이 아니
요, 만백성을 구원하는 것이 나 여호
와의 기쁨이라 그리 생각하느니라.
37 그러나 너희들은 지금 어찌 가르치는
가?
38 너희들이 그들을 다 깨우쳐 하늘에 오
르는 길로 인도한다 함이니라.
39 그저 재물을 바치고 너희들의 교리요,
설법을 들으면 구원을 받는다 너희들
은 그리 말하느니라.
40 너희들이 스스로 그들의 죄를 짊어지
고 가고자 하는 생각으로써 가는 지도
자가 아니요, 너희들은 금화와 은화를
거둬들이면서 그들을 세 치 혓바닥으
로써 말로만 그리 감언이설로 끌고 가
니,
41 너희들이 이대로 가 죽어 왔을 때 너
희들이 그 말한 만큼 대가를 받을 것
이며 너희들이 말로 하는 것만큼 이루
어질 것이니, 그 고통은 너희들이 말
할 수 없을 것이니라.
42 너희들이 말로써 지껄인 그 모두가 죄
가 되며, 너희들이 이룰 수 없고 행할
수 없는 말을 나에게 기도로써 경배하
며, 그리하여 너희들이 나의 피조물
만백성을 천국의 문으로 인도한다는
그와 같은 행위를 저지른 그 죄의 대
가를 너희들은 말로써 한 만큼 다 받
을 것이니 그리 알라.
43 그 죄가 너희들이 얼마나 무섭고 감내
할 수 없는 것인가를 너희들은 죽어
내 앞에 왔을 때 알 것이니,
44 내가 너희들에게 이리 강조하는 나의
법전이요, 새로운 시대가 열렸음을 너
희들은 알아야 될 것이니라.
45 그리고 너희들이 공부하는 그 성서에
새로운 시대가 열린다는 것이 기록되
어 있으며, 내가 너희들을 다 버릴 것
이라는 그 내용 또한 너희들의 성서에
기록되어 있으니, 너희들이 잘못 가고
잘못 가르치는 백성이라는 것이 다 기
록되었음이니, 그것을 너희들 것으로
바라보라.
46 너희들이 성서를 이해하지 못하기 때
문에 그건 이방인 것이요, 너희들 것
이 아니라 그리 말하나, 내가 버리는
백성이요, 내가 손을 놓는 백성이요,
내가 성령의 칼로써 단죄를 한다는 백
성들이 바로 잘못 가르치는 종교 지도
자요, 그곳에서 구원을 받고자 울부짖
는 너희들을 의미하는 것이니, 그 성
서를 너희들이 바라보라.
47 내가 성서를 공부하는 자 뭐라 말했던
가?
48 나의 법전을 공부하는 백성들은 뭐라

말했던가?
49 너희들이 살아가는 그 기초의 기본은
무엇이라 말했던가?
50 가장 고통스럽고 불리한 쪽으로 너희
들이 행하고 살라 하였음이니라.
51 그곳에 내 정답이 있다 말하였음이니
라.
52 성서에는 내가 성령의 칼로써 심판하
며 손을 놓은 백성들이라 하며 내가
저주하는 백성들이라 하며 내가 버린
백성이라 하였으며, 짐승이 너희들을
지배하고 짐승이 너희들을 먹는 그와
같은 시대가 된다 하였으며, 너희들의
후손을 다 단죄한다 하였음이니, 그와
같은 것이 성서에 기록되어 있을 것이
니라.
53 그 기록된 내용들이 이방인이요, 너희
들이 아닌 다른 백성들을 위해서 내린
것이 아니라, 지금 잘못 가르치고 잘
못 믿음의 길을 가고 있는 너희들에게
해당되는 이야기니, 너희들 것으로써
만들어서 너희들이 부끄러운 줄을 알
아야 될 것이니라.
54 그것이 성서를 가장 너희들에게 불리
한 쪽으로 해석하는 것이니 그 이치를
깨달으라.
55 그 모두는 다 너희들을 단죄하기 위한
것이니라.
56 나의 순수한 백성들이요, 순수하게 살
아가는 나의 피조물 만백성을 단죄한
다는 뜻이 아님을 너희들은 알아야 될
것이니라.
57 또한 나의 법전도 마찬가지이니라.
58 모든 힘들고 어려운 길을 가도록 하
는 것은 모두가 어렵고 힘든 것을 너
희 것으로 만들며, 너희들이 축복이
요, 영광이요, 영화를 너희들 것으로
기록하여 너희 것으로 착각하지 말라
하였음이니라.
59 내가 상을 내린다 생각하지 말며, 내
가 은혜를 내린다 생각하지 말며, 너
희들이 받을 만큼 고통과 시련을 겪고
나서 너희들이 받아가는 것이라 내가
그리 말하였으니 그 뜻을 깊이 알아야
될 것이며,
60 나로부터 선택된 백성이요, 나로부터
선택된 아들딸 너희들은 너희들이 세
상에 나 여호와의 음성을 들으며 내가
존재함을 알며 너희들이 구원을 받을
수 있는 수천수만의 나의 백성들 중
에서 선택된 자들이니,
61 너희들은 육의 가장 힘든 고통도, 육
의 가장 힘들고 어려운 것도 너희들이
스스로 먼저 모범이 되며 너희 스스로
먼저 이끌어 가는 그와 같은 고통의
세월 속에서 살아가고자 하는 자가 아
니라면, 너희들은 또한 나로부터 선택
된 백성이 아님이니라.
62 너희들이 구원을 받은 그 마음 하나를
지키기 위하여 모든 향락과 즐거움을
다 너희 스스로 거부하며 부귀와 영화
를 다 거부하며 재물과 권력을 거부하
며, 나 여호와를 향하여 달려가는 그
마음에 상처가 생기며 그 마음에 너희
들이 딴생각을 가지며 그 마음이 흔들
리는 것을 막기 위하여 모두를 다 버
리고 고통 속에 가는 것이 나로부터
선택된 백성이니,
63 이와 같이 모든 것을 너희들이 불리한
쪽으로, 너희들에게 나쁜 쪽으로, 너

희들에게 악조건 쪽으로, 너희들이 힘
든 쪽으로, 너희들이 견디기 어려운
쪽으로 그리 적용하여 세상을 봐야 되
며, 성서를 봐야 되며, 법전을 봐야 되
며, 너희들이 삶을 그리 살아야만 구
원의 길에 들어서 나에게 오르는 빛을
볼 수 있는 기초가 됨을 알라.

3,225 번째 하나님 말씀

2002년 9월 2일 0시 21분

1 사랑하는 나의 아들아!
2 "네, 아버님! 말씀하옵소서."
3 내가 너에게 뭐라 말했으며 너를 따르
는 제자들에게 뭐라 말하였느냐?
4 너희들이 어린아이를 키울 때 그 아이
가 성장하는 것은 너희 눈에 보이지
아니하나 그 아이는 성장하여 큰다 하
지 않았던가?
5 내가 그리하여 너희들이 믿음에 가는
길이요, 믿음의 길은 그와 같이 서서
히, 변하지 아니하며 꾸준히 가는 것
이 믿음의 길에 오를 수 있다 하였으
며, 마음의 변화요, 마음의 파장이요,
마음의 변동이 있어서는 아니 된다 그
리 말하였느니라.
6 그러나 너의 제자들 또한 어찌 생각하
는가?
7 수시로 그들의 마음이 파장을 이루며,
그들이 어렵고 힘들 때 스스로 등 돌
리고 돌아섬이니, 과연 그들이 어렵고
힘든 길을 갈 수 있다 생각하는가?
8 내가 너희들에게 뭐라 말하였으며, 너
희들이 나에게 뭐라 기도하였느냐?
9 너희들은 모두를 다 바쳐 나를 경배하
며, 이 모든 은혜와 은총으로써도 너
희들이 감내할 수 없는 자들이라 그리
말하였으며, 생명이 세상에 태어난 것
도 나의 은혜라 감사하며, 너희들이
살아갈 수 있는 것도 감사하며, 너희
들이 구원의 길을 알고 깨달은 것만큼
너희들이 선택되었으니 그것보다 더
큰 은혜와 영광이 없다 하였으며,
10 그것 또한 갚을 길이 없는 것이 너희
들이라 내가 그리 말하였으며, 너희들
또한 그렇다고 나에게 기도드렸음이
니라.
11 그러나 너희들은 어찌하는가?
12 수시로 너희들이 마음의 파장이요, 마
음의 변화가 있으며, 어렵고 힘든 길
을 가는 것이 나에게 오르는 길이라
하였으나, 너희들은 돌부리에 걸려 한
번 넘어져도 다시 한 번 생각하며 마
음이 변하며 생각이 동요되는 그와 같
은 마음을 가지고 나의 아들을 따름이
니, 그와 같은 자들은 정녕 나의 아들
과 같이 갈 수 없는 자라 내가 말하였
음이니라.
13 이제 내가 그와 같은 자를 정리할 것
이며 그들을 또 골라낼 것이니라.
14 그와 같은 마음을 가진 자로 하여금
나의 아들이 파장을 이루며 또 그가
쓰러짐이니, 내가 나의 아들을 쓰러지
게 하지 아니함이며, 내가 나의 아들
을 지키며,
15 그가 바로 가 160권의 법전을 세상에
내어 내가 이루고자 하는, 천 년의 역
사를 이루고자 하는, 그 천 년 후에 지
상의 낙원을 이루고자 하는 것을 방해
하며 그의 길을 막으며 그 마음에 동

요를 일게 하는 그와 같은 제자들을
이제 또 내가 추려 내고 걸러 낼 것이
며, 그러한 자는 내가 용서치 아니함
을 너희들은 알아야 될 것이니라.
16 절대 내가 그를 용서하지 아니함이니
라.
17 아무리 거센 태풍이 몰아쳐도 내가 나
의 아들을 보호할 것이며, 그 앞에서
나의 아들의 손을 놓지 아니할 것이
며, 나의 아들이 그 태풍에 휩쓸려 가
도록 내가 그리하지 아니할 것을 너희
들은 알아야 될 것이니라.
18 내가 너희들에게 1호점서부터 앞으로
사업장이 수십 개, 수백 개가 생겨 역
사하여 나갈 것이니라.
19 그때 내가 나의 아들에게 사람을 선정
하여 그 임무를 주나니, 그것은 그가
합당한 자며 그와 같은 자격이 있는
자요, 그만큼 능력이 있는 자요, 미래
에 능력이 있는 그 모두를 아는 나 여
호와이기에 내가 그를 명함이니, 너희
들은 또한 그와 같은 것으로 시시비비
하는 자가 있어서는 절대적 안 될 것
이니라.
20 시시비비하는 자, 너희가 스스로 떠나
면 될 것이니라.
21 내가 너희들에게 말하여 일깨워 주었
느니라.
22 나에게 달라 하는 기도를 하지 말라
내가 그리 말하였음이니라.
23 창조주인 나 여호와가 알아서 주는 것
이요, 주며 베푸는 것만도 너희들이
감사하며 그 은혜에 감사의 기도를 드
리면 된다 하였음이니,
24 내리는 나에게 너희들이 달라 하는 것
은 나의 입은 옷을 벗어 달라는 것과
마찬가지라 했으며, 나의 뜻을 알지
못하며 나에게 거역하는 자며, 순종치
아니하는 자며, 나 위에 군림하고자
하는 자와 똑같은 자로 내가 너희들을
취급할 것이니 그리 알라.
25 내가 줄 때는 거기에 합당한 자요, 능
력에 맞는 자요, 해 나갈 수 있는 자를
내가 알아서 선정하여 줌이니, 나의
아들이 임의로 주는 것이 아님을 알라.
26 너희들은 주는 것에서 감사하는 것이
아니라 너희들이 무엇을 받고자, 더
큰 것을 받고자, 더 큰 것을 얻고자 한
다면,
27 자기 스스로 제가 저 형제보다 나으며
제가 저 형제보다 나 여호와의 아들인
나의 아들에게 더 모두를 다했으며 열
과 성의를 다했다 그리 생각하는 자,
너희들은 거기서 마음의 동요요, 섭섭
한 마음을 가지며, 나 여호와에게 아
쉬움을 가지며,
28 이 모두는 다 나 여호와의 주관이 아
니요, 나의 아들이 주관하여 이룬 것
같이 나의 아들에게 섭섭한 마음을 전
하는 자, 그와 같은 자가 바로 무엇이
더냐?
29 주는 나 여호와에게 거부하며, 칼만
안 들었지 강도와 같은 자라 내가 말
하였으니, 너희들이 이와 같은 이치를
깨우쳤다면, 감히 너희들이 어디서 말
을 할 수 있으며 어디서 갑론을박을
할 수 있는가?
30 그와 같은 것을 너희들은 배워서 깨우
쳤으나 실천할 때는 몸소 그를 실천하
지 아니하며, 너희 자신의 생각이요,

인간의 생각으로써 모두를 규합시킴
이니, 그리하고도 너희들이 나의 법전
을 보고 깨우친 자요, 나의 아들을 통
하여 내리는 성령의 가르침을 들었다
하는가?
31 너희들은 모두를 남을 위하여 가르치
며 다른 종파 사람들을 가르치며 다른
종교 지도자가 잘못된 것을 가르치고
지도하는 것을 너희들 것으로 만들어
서 그와 같은 지적을 받지 아니하도록
행하는 것이 너희들이 하여야 할 일이
며 너희들의 근본이며 지켜야 할 길임
을 알라.
32 너희들이 너희 스스로 알아야 될 것이
니라.
33 나의 아들이 가는 길에 한 달 동안 충
성을 다하여 그를 받들고 그를 따랐다
하여 무엇을 달라 하는 자는 한 달이
지난 다음에 그의 본색이 나오며 그의
속셈이 나오며 그가 생각하는 마음이
나옴이니, 너희들은 너희들 자신을 속
이나, 나 여호와는 그를 알고 있음이
니라.
34 그러나 지금 서서히 달구어지는 나의
아들과 진정한 그의 제자는 1년, 10
년, 백 년이 가도 변하지 아니할 자니,
내가 누구를 선택하여 나의 아들에게
명을 주겠는가?
35 그것은 물어보나 마나이니라.
36 이는 주는 나의 뜻이니 너희들이 그것
에 대하여 갑론을박하지 말라.
37 너희들이 갑론을박하는 것은 너희들
이 나와 똑같은 자가 되고자 하는 그
와 같은 무서운 죄를 짓는 것이기에
내가 다스린다 하였음이니 그리 알라.
38 1개월이요, 1년을 나의 선지자 앞에
모두를 다 바치고, 2년이요, 3년의 어
렵고 힘든 고비가 올 때 등 돌리는 그
와 같은 제자와 2년이요, 3년이요, 10
년을 가도 나의 아들을 따라 한결같은
마음으로 갈 수 있는 자, 이를 나는 구
분하여 알고 있음이니라.
39 단기간에 단물을 빨아먹으려는 그와
같은 마음으로 나의 성전에 오며 나의
아들의 가르침을 들으며 나의 아들로
부터 그와 같은 기적을 바라는 마음으
로 온 자들은 여기 오래 존속할 수 없
는 것이며, 그러한 자를 내가 알기에
그를 중히 쓰지 아니하며 내가 상을
내리지 못함이니라.
40 내가 상을 내리는 것이요, 임무를 주
는 자는 그만큼 자격이 있으며 미래가
있으며 행할 수 있는 자이기 때문이니
너희들은 그리 알며,
41 그로 인하여 나의 아들에게 너희들 마
음의 불편한 뜻을 보이지 말며, 너희
들의 섭섭하고 아쉬운 마음을 나의 아
들 앞에 내세우지 말라.
42 그 모두는 다 너희들이 받을 자격이
있느냐, 없느냐에 따라서 상을 내리는
나 여호와의 주관하에 내림이니,
43 너희들이 이를 바로 알고 행해야 될
것이며, 너희들이 여기에 대해 어떠한
의사를 내세우거나 갑론을박하며 나
의 아들에게 파장을 던지는 행위를 하
지 말라.
44 그의 마음을 흔들어 놓지 말라.
45 그 죄가 얼마나 무서운가를 알게 될
것이니라.
46 너희 스스로 잘못된 마음이기에 내가

너희들을 돕지 아니하며, 너희들의 잘못된 마음이 끝이 없기에 너희들을 돕지 아니하며, 단기간에 끓는 물에 무엇인가를 얻고자 하는 그와 같은 심성을 가진 자를 내가 어찌 받아들이겠는가?

47 기적을 보고 믿음의 길을 가는 자는 그 기적을 이루지 않을 때 등을 돌린다 하였음이니, 기적을 바라는 것은 너희들의 믿음의 길을 막는 것이라 말하였음이니라.

48 기적이 아닌, 나의 말씀인 성령으로써 너희들이 깨우쳐 거기에서 변하는 그 역사가 기적보다 천배 만배 위대하며, 영원히 변하지 않는 가르침이라 하였느니라.

49 그러니 너희들은 이제 내가 내리는 것에 대해서 너희들 스스로 부끄러움을 알며, 너희 스스로 잘못 깨우치며 잘못 가고 있음을, 너희들의 마음속의 그 모두를 털어 내는 그와 같은 자세로 살아가도록 그리하라.

50 너희들 자신을 먼저 다스리며, 너희들 스스로 반성하고 회개하는 마음을 먼저 가져야 될 것이며, 너희들이 감히 나의 아들 앞에 와 파장을 이루는 갑론을박을 하지 말며, 얼굴 붉히며 너희들의 섭섭한 마음을 전하지 말라.

51 그는 다 나의 뜻이니라.

3,226 번째 하나님 말씀

2002년 9월 2일 0시 34분

1 사랑하는 나의 아들아!

2 "네, 아버님! 말씀하옵소서."

3 지금까지 모든 믿음을 가지고 오며 그 믿음으로써 나의 백성들을 인도하는 자, 그들의 집단들이 과연 어떠한 형국으로 지금까지 존속해 왔으며 그들의 지금의 형태는 무엇이던가?

4 지금의 모든 종교 집단들은 창조주인 나 여호와의 뜻에 따름이 아니요, 나 여호와의 뜻을 거역하는 그와 같은 교리로써 가르치며 그와 같은 설법으로써 나의 피조물 만백성을 인도한다 그리함이니라.

5 또한, 그곳에서 배우는 자, 잘못 가르치는 자, 너희들의 뿌리를 천 년에 걸쳐 내가 다 뽑아 제거하고자 하는 것이 제3의 시대를 열고자 하는 나의 역사요, 뜻이며 내가 이루고자 하는 것이니라.

6 너희들은 너희 믿음의 조상으로부터 너희들 자신이 나의 뜻에 따라 만백성을 구하는 것이 아니요, 나의 뜻을 거역하는 그와 같은 믿음으로써 시작하였음이니라.

7 이 모두는 너희들의 조상서부터 잘못 가르치고 그 밑에서 잘못 배웠으며, 그리하여 나 여호와가 너희들을 더 이상 볼 수 없기에, 내가 너희들을 벌하여 구할 자와 버릴 자를 구분하고자 함이 지금 내가 시행하고자 하는 뜻임을 알아야 될 것이며, 내가 너희들을 선별하는 그 작업이 지금서부터 시작되었음을 너희들은 알아야 될 것이니라.

8 내가 엄격히 너희들을 다스리며 너희들을 구별하며, 그와 같은 이치에서 내가 버릴 자와 구원할 자를 선별하는

그 역사가 지금 이루어지고 있음을 너
희들이 몰라서는 아니 될 것이니라.
9 너희들은 지금의 흐름을 봐야 될 것이
니라.
10 너희들의 믿음이 과연 2천 년이라는
그 역사가 흘러오는 속에 어찌 존속되
었으며, 나의 계명을 어떻게 지켰으
며, 나의 성경에 있는 어렵고 힘든 그
뜻을 너희들이 어찌 행하고 지켰는가?
11 너희들 스스로 이끌고 있는 그 집단들
이 과연 어떠한 힘으로써 그와 같이
방대한 조직이 되었으며, 하늘에 바친
다는 금화와 은화를 거둬서 너희들이
성전을 짓고 너희들이 착복하며 너희
임의로 쓰는 것이 과연 하늘나라에 바
치는 것인가, 나 여호와에게 바치는
것인가? 그 뜻을 알아야 될 것이니라.
12 너희들은 어찌하여 여기서 금화와 은
화를 거둬들이는 것만으로써 만백성
에게 보급하며 전한다 하는가?
13 그리 대가를 받으며 너희들이 금화와
은화를 가지고 나의 피조물 만백성을
전도하며 깨우치는 것은 나와는 전혀
관계가 없는 것이니라.
14 성서를 가르치며 나의 말을 가르치며
나의 뜻을 가르치며 진리를 가르치는
데 너희들이 어찌하여 금화와 은화를
거두어들여 그걸 가지고 있어야만, 그
금화와 은화를 너희 손에 쥐여 주어
야만, 너희들에게 그와 같은 금화와
은화를 주어야만 그것을 가지고 만백
성을 구하는 그 역사를 이룬다 그리
말하는가?
15 너희들 밑에서 배우며 가르침을 받는
신도라는 자들은 말없이 이웃에게 전
하고자 하며 이웃을 깨우치고자 함이
니라.
16 그러나 너희들은 하나를 이루기에도
자금이요, 둘을 이루기에도 금화와 은
화요, 또 재물이요, 너희는 금화와 은
화를 계속 거두어들이는 그와 같은 형
국으로써 형성하고 있으니,
17 너희들의 신도라 하는 사람은 이웃에
게 깨우침을 전하며, 나 여호와가 존
재한다 가르치며, 제대로 알지도 못하
며 제대로 배우지도 못한 그 신도라는
자들은 너희들에게 몇 마디 들은 것을
가지고도 감사하다 생각하여 만백성
을 구원하고자 그들이 발과 몸으로써
직접 뛰어 그리 전하거늘,
18 너희들도 그와 같은 방법으로 전하는
형국을 이루면 아니 되는가?
19 너희들은 그와 같은 역사를 이루며 그
일을 한다 하여 재물을 거두어들이며,
너희들의 성전을 아름답게 지으며 궁
궐보다도 더 호화롭게 지으며,
20 너희들이 제왕적인 위치에 서서 만백
성을 호령하고자 하는 심성이 아니면
어찌하여 너희들이 그와 같이 재물이
요, 금화를 함부로 거둬들일 수 있는
가?
21 그 모두는 너희들의 사행심에서 그와
같이 행하고 있음이니라.
22 이것이 바로 종교 집단 너희들의 조상
서부터 지금까지 흘러온 잘못된 관행
이니라.
23 그리하여 내가 그를 벌하고자 하며 그
를 선별하고자 하는 것이 제3의 시대
에 내가 지금 시행하고 있는 것임을
너희들이 알아야 될 것이며, 이 작업

은 지금 깊이 시행되고 있음을 알아야 될 것이니라.
24 기초를 다져 가고 있음이니라.
25 이를 보지 못하는 자, 정녕 너희들이 어리석은 삶에서, 우매한 그 생활 속에서 우물 안 개구리와 같은 너희들의 삶으로써 끝마치고 지옥으로 간다는 것을 잊지 말아야 될 것이니라.
26 지금 너희들 조상부터 지금까지 거둬들이며 너희들이 잘못 가는 그 믿음에 간 것, 그리고 너희들이 잘못 가르친 것, 너희들 스스로 지금 자신이 어느 곳에 서 있는지 그 자체도 모르면서, 저 자신도 모르는 자가 남을 일깨워 준다 함이니, 저 자신이 정답을 모르는 자가 어찌하여 남에게 정답을 가르쳐 줄 수 있는가?
27 정답을 확실히 아는 자만이 남에게 정답을 가르쳐 줄 수 있으니, 그게 가르칠 자격이 있는 자요, 안내할 자격이 있고 교리를 전할 수 있는 자이니라.
28 정답도 모르는 주제에 너희들이 정답을 안다고 설쳐대나, 나 여호와가 채점할 때 정답이 아닌 오답을 써 놓은 것에 몇 점을 주겠는가?
29 그 시험지는 보기도 싫은 것이 나 여호와이니라.
30 너희들은 이와 같은 이치를 깨우쳐야 될 것이니라.
31 너희들 스스로 알지도 못하면서, 너희들이 그와 같은 죄를 짓고 나의 백성들을 그리 우롱하였으니, 이제 그와 같이 사악한 자, 그 사악한 너희들은 상상할 수 없는 곳에 너희들을 한 곳에 모아 놓아 그 속에서 받는 고통은 감히 너희들이 생각할 수도 없을 것이며, 너희들이 견딜 수 없는 그와 같은 고통의 벌을 받는다는 것을 알라.
32 너희들만을 모아 놓고 너희들이 말로써 지은 그 죄를 다 너희 스스로 갚아야 되는 그 무서운 대가가 너희들을 기다리고 있는 것을 너희들은 잊지 말라.
33 나 여호와가 2천 년의 세월이 지난 지금부터 너희들을 심판하는 그 이유를 너희들은 모를 것이니라.
34 그리고 어찌하여 지금의 너희들에게 심판을 실시하고 있는가, 그리고 너희들을 선별하는 작업이 지금 진행되고 있는가, 어찌하여 지금의 시대에 '하나님의 말씀'이요, 법전이라 하여 책으로써 그 장장의 무서운 대장정의 말씀이 세상에 내려올 수 있는가, 그리하여 제3의 시대라 하여 법전을 가지고 너희들을 심판하는 시대가 왜 지금 열렸는가, 너희들은 그를 의아해할 것이며, 감히 두려워하는 자 있을 것이니라.
35 이는 바로 너희들 조상 때부터 너희 조상들이 이끌어 온 종교 집단의 그 형태보다도 지금의 너희들이 더 사악해졌으니, 너희들이 더 이상 사악한 쪽으로 가는 것을 두고 볼 수 없기에 지금 내가 너희들을 심판하며 너희들을 구원하고자 하는 것이 나의 뜻이니라.
36 이제 너희들이 지금서부터 너희들의 조상보다도 더 악랄한 방법으로써 나의 백성들을 이끌어 가며, 그들을 너희들의 소유물인 양 너희 마음대로 그

들의 모두를 지배하며 그들 위에 군림
하고 있는 그 형국이 더 이상 지속된
다 하면,
37 순수한 나의 백성들이요, 아름답게 살
아가고자 하는 나의 백성들까지도 너
희들의 사악한 그 방법에, 지금 잘못
가는 종교 집단의 그 방법에 서서히
잠식되어 가 그들까지 다 버리게 됨이
니, 지금 나의 선한 백성들을 구하고
자 하는 것이 나의 뜻임을 알라.
38 또한, 너희들에게도 단 한 번의 기회
를 다시 줌이니, 너희들이 스스로 깨
우쳐 너희들이 이 법전을 들고 하늘에
오르는 길을 보는 영광을 얻는다면,
내가 너희들을 버리지 아니할 것임을
내가 오늘 나의 아들을 통하여 너희들
에게 전하나니 이 뜻을 깊이 깨우치라.

3,227 번째 하나님 말씀

2002년 9월 2일 0시 49분

1 사랑하는 나의 아들아!
2 "네, 아버님! 말씀하옵소서."
3 지금의 나의 피조물 만백성이 어떠한
생각을 가지고 살며, 그들에게 무엇으
로써 어찌 깨우침을 전해 주어야 되는
것이며, 나 여호와가 존재함을 그들에
게 어찌 가르쳐 줘야 하겠는가?
4 어찌하여야 그들이 구원의 길을 바라
볼 수 있으며 순수한 마음으로써 그
모두를 받아들일 수 있는 변화의 역사
가 이루어지겠는가?
5 그것은 말로써 전하는 것으로써는 이
루어질 수 없음을 알아야 될 것이니
라, 아들아!
6 말로써 전하는 것은 전하는 자와 듣는
자와 또 다음에 전하는 자와의 격이
너무나 크니 이는 바로잡을 수 없음이
니라.
7 그리하여 내가 너에게 밤과 낮을 가리
지 아니하고 160권이라는 법전을 만
들어 세상에 내보내는 것이 네가 이루
어야 할 대명이며, 3부까지는 많은 민
족이요, 온 인류가 다 볼 수 있도록 각
나라의 언어로써 번역하여 그들에게
다 전해 주라 그리하였음이니라.
8 그리하고 4부부터는 모두가 다 동양
의 작은 나라의 이 언어로써 세상에
나감이니, 그리하여 내가 온 백성이
요, 온 인류를 다 하나로 통일하는 그
역사를 이루고자 하며, 그 역사가 천
년에 걸쳐서 이루어짐이니,
9 천 년 후부터는 하늘의 낙원이 지상에
서 이루어진 것같이 나의 지구가 아름
다운 형태로, 그 아름다운 자만이 이
세상에 존재하며 살아가는 그와 같은
시대가 열리는 것이 당연한 것이며 이
는 꼭 그리 이루어짐을 알라.
10 그와 같이 형성되며 그와 같이 변화되
는 것이 나의 뜻이요, 나의 계획에 의
함이니, 그와 같은 변화가 이루어지는
것이니라.
11 그리하여 내가 나의 아들을 통하여 이
시대에 나의 성령을 그가 받아 너희들
에게 전하도록 하기 위하여 '하늘에
오르는 길'이요, '하나님! 말씀하옵소
서.'라는 그 책에다 나의 모두를 기록
하여 너희들에게 책으로써, 글로써 전
하고 또 전하여, 너희들이 바른 깨우
침을 가져 하늘에 오르는 빛을 볼 수

있도록 하고자 하는 것이 나의 뜻이니
라.
12 그리하여 내가 제3의 시대에 나의 아
들을 통하여 이 어렵고 힘든 길을 가
도록 나의 아들을 채찍질하여 이 법전
160권을 세상에 내보내는 것이며, 너
희들 앞에서 나의 아들이 시간을 아끼
지 아니하며 강론하는 이유는 너희들
을 구원하고자 함이니라.
13 그리하여 너희들을 구원하는 길은 나
의 법전뿐이요, 너희들이 하늘에 오를
수 있는 길의 기초를 다지는 것도 나
의 법전이요, 구원을 받고 못 받는 것
도 이 기록된 법전이니, 이 법전이 세
상에 내려가는 것의 그 소중함을 나의
아들은 알고 있음이니라.
14 내가 지금 나의 아들을 통하여 내리는
성령으로써 기록된 이 법전이요, 이
책 외에는 구원을 받을 길이 없으며,
구원을 받을 수 없다는 것을 나의 아
들은 알기에, 너희들을 한 명이라도
더 구원하고자 밤과 낮을 가리지 않고
지금 160권의 법전을 써 가고 있음이
니, 너희들은 알아야 될 것이니라.
15 한 권에 288쪽이라는 이 책을 열여섯
권을 1부로 하여 10부로 나누어 160
권을 단기간에 세상에 냄이니, 이것이
인간의 지혜로 이루어질 수 있으며 인
간의 능력으로써 이루어질 수 있다 너
희들은 말하는가?
16 누구도 이와 같은 역사를 이룰 수 없
음이니라.
17 단기간에 160권을 다 기록하여 책으
로 만듦이니, 이가 하루에 얼마만큼
많은 나의 성령을 받아 기록해야 되겠
는가?
18 이는 너희들이 말하는 그 6일 만에 한
권의 책을 만들어 내는 그와 같은 무
서운 속도로써 나의 성령을 받아 기록
하여 만백성을 한 명이라도 더 구원하
고자 그가 그 고통의 길을 가며, 그가
편안하고 안락하며 너희들의 인간사
에 사는 즐거움을 느끼며 살아가는 것
이 나의 성령을 받는 데 그 마음이 흔
들리며, 성령을 받는 것보다, 그가 기
도하는 것보다 더 즐거운 마음이 제
가슴속에 생길까 봐 '다른 신을 네게
있게 하지 말라.' 하는 그 뜻을 지키고
자 함이니,
19 그가 나에게 성령을 받아 법전을 만드
는 내가 내린 대명에 따라 움직이는
것보다 더 소중한 것이 그 마음속에
생길까 봐 그 마음속을 도려내고 또
도려내는 그와 같은 아픔으로써 너희
들에게 이 법전을 기록하여 내림이니
라.
20 내가 너희들에게 오늘 교육을 시켰음
이니, 그가 나의 성령을 받기 위하여,
미꾸라지라는 그 미물에게 소금을 쳤
을 때 그가 그 속에 있는 그 모두를 다
토해 낸다 하였음이니,
21 나의 아들이 스스로 변하며, 제가 60
평생에 살아왔던 그 모두를 다 하나하
나 토해 내는 그 고통과 어려움 속에
서 이 법전을 기록하고 있음이니라.
22 세상에서 가장 깨끗한 자요, 세상에서
나 여호와의 뜻을 지키는 자로서 그는
그리 가고자 하여 그 고통 속에서 저
자신을 토해 내며 저 자신의 뿌리를
뽑아내며, 그와 같은 어렵고 힘든 길

을 스스로 가면서 너희들을 위하여 이
법전을 써 내려가고 있음이니라.
23 그러나 너희들은 나의 아들을 어찌 대
하는가?
24 나의 아들은 너희들을 구원하고자 그
모두를 다 토해 내며 고통과 시련 속
에서 가며, 모든 인간의 향락이요, 즐
거움을 눈물로써 거부하며, 그 모두를
눈물로써 잘라 내며, 그리고 그를 보
지도 아니하려 하며 들으려 하지도 아
니하려 하며, 오로지 나의 성령을 받
아 만백성을 구하는 법전을 세상에 빨
리 내는 것에만 그가 모두를 다 바치
고 감이니,
25 그리하여 그가 나의 성령을 받아 책으
로써 기록하여 세상에 냄이니, 이는
무엇 때문이던가?
26 너희들을 위하고 너희들을 구원하고
자 함이니라.
27 그러니 너희들에게 은혜를 베풂이요,
너희들에게 영광을 베풂이요, 나의 아
들로서 하늘에 오르는 길이 무엇이라
는 것을 알며, 그 길을 알고 있는 나의
아들이 이를 너희들에게 전하고자 그
고통의 세월과 그 고통의 시간을 보내
고 있건만,
28 너희들은 은혜를 원수로 갚으며, 은혜
를 은혜로 갚지 못하는 자들이니, 그
와 같은 사악한 자들이 지금 나의 피
조물 만백성 너희들의 종교 집단에 속
해 있는 자들의 지금의 형태이니라.
29 너희들은 은혜를 원수로 갚으며, 은혜
를 은혜로 갚지도 못하며, 더욱이 나
의 아들을 해하려는 그와 같은 사악한
마음이 도사리고 있으며, 그를 위하여
연구하고 계획하는 그와 같은 사악한
무리가 있다면 너희들은 어찌하겠는
가?
30 너희들은 나의 아들 예수의 시대에 그
예수를 살해했던 자를 원망하고 욕하
며 그를 어리석은 자라 말하느니라.
31 그리고 그들이 나의 예수를 팔았으며
그 예수를 죽게 하였으므로 2천 년 동
안 암흑의 세월이 흘렀음이니라.
32 그리고 나와 아무런 관계도 없는 믿음
의 종파들이 수천수만 개가 생겨 지금
저희들만이 나에게 오는 길이라 그리
울부짖고 있으며, 저희들은 그리 나에
게 무엇인가 응답을 받고 나에게 메시
지를 받고 나에게 음성을 듣고 싶어
몸부림치는 것이 지금의 종교 지도자
들이 단상에 서 있는 형태이니라.
33 이제는 나의 아들 예수처럼, 지금의
나의 아들이 너희들에게 당하게 나 여
호와가 방치하지 아니하며, 내가 그의
손을 놓지 아니할 것이니라.
34 나의 아들 예수의 그 아픈 상처와 그
와 같은 고통의 시련을 나의 아들에게
또 한 번 그리 겪게 하지는 아니할 것
이니라.
35 너희들은 이를 알아야 될 것이며, 이
를 깨우친 자, 나의 아들을 해하려 하
지 말며, 은혜를 원수로 갚는 그와 같
은 행위를 하지 말라.
36 나의 아들을 해하며 나의 아들을 쓰러
트리고자 하며, 나의 법전이 세상에
나오지 못하도록 하며 이를 다 태워
버리고 찢어 버리고자 하는 자, 너희
들 스스로 멸망을 자초하는 것임을 알
아야 될 것이니라.

37 이와 같은 사악한 행위를 하는 자, 너
희들 스스로 자멸하고자 나에게 와 심
판을 내려 달라 하는 그와 같은 너희
스스로 우물을 파는 형국이 될 것이
니, 나의 아들을 너희들이 감히 해하
려는 생각을 접어 두어야 할 것이니
그리 알라.
38 너희들에게 그리 던져 주지 아니하며
너희들에게 그렇게 내주지 아니할 것
이니, 나의 아들은 내가 보호하며 내
가 이루고자 하는 그 역사를 이룰 것
이니, 너희들은 은혜를 원수로 갚지
말며, 은혜를 은혜로 갚는 그와 같은
현명한 자세를 취하도록 그리하라.
39 그것만이 너희들이 영원히 사는 나의
나라의 그 빛을 볼 수 있음을 알아야
할 것이니라.

3,228 번째 하나님 말씀

2002년 9월 2일 01시 02분

1 사랑하는 나의 아들아!
2 "네, 아버님! 말씀하옵소서."
3 네 마음의 동요가 무엇이며, 네가 생
각에 빠져들어 가는 그 뜻이 어디에
있는가?
4 네가 어찌하여 너 스스로 마음으로 그
리 슬퍼하며 괴로워하는가?
5 나는 네 마음을 아느니라.
6 그러나 너는 이 길을 가야 되며, 이 역
사를 이루어야 되는 것이니라.
7 내가 너에게 무어라 말하였느냐?
8 네가 지금까지 살아온 그 인생의 절름
발이와 같은 삶을 살아온 그 모두가
네가 노력하지 아니하여서가 아니요,
네가 남들처럼 게을러서가 아니요, 네
가 남들처럼 못된 자라서 그러함이 아
니라 하였음이니라.
9 오로지 너를 오늘에 쓰기 위하여 너는
나의 계획에 의하여 그와 같은 인생을
살았음이니, 네가 배고픈 자의 심정을
알며 배부른 자의 심정을 알며 어렵고
힘든 사람의 심정을 알 수 있으며, 그
리고 어렵고 힘들게 살아오는 그 자체
에서 네가 천사와 같은 마음으로 변하
는 과정 또한 과연 역사할 수 있는 것
인가, 역사할 수 없는 것인가를 너 스
스로 깨우쳐 판단하게 하고자 하여 너
를 그리 살게 하였음이니라.
10 너는 지금 지난 과거에 대하여, 지난
세월의 삶에 대하여 가슴 아파하며 눈
물을 흘릴 때가 아니라 내가 말하였느
니라.
11 너는 그러한 시간을 가질 수도 없으
며, 그때를 생각하여 네가 반성할 시
간도 없다 하였음이니라.
12 "전지전능하신 여호와 하나님!
13 이 세상에는 너무나도 훌륭한 사람들
이 많으며, 인간으로서 갖출 것을 모
두 갖춘 사람이 많이 있다고 생각되옵
나이다.
14 그 훌륭하고 능력 있는 사람들이 모두
아버님의 자식으로 세상에 나와 말씀
을 받아 기록한다 하면, 만백성도 그
를 보고 잘 따를 것이옵나이다.
15 그러나 무명초와 같은 저를 아버님께
서 이리 훈련시켜 아버님의 그 거룩한
이름에 '내 아들'이라 그리 부르시오
니, 저 자신이 너무도 고통스럽고 너
무나도 제 가슴이 아파 오며 저려 옴

을 잊으려 해도 그를 지울 수 없는 것
이 저 자신의 마음이옵나이다.
16 그리고 많은 종교 지도자들이 인간은
신이 될 수 없으며, 인간은 천사와 같
은 마음을 갖고 살 수 없으며, 창조주
이신 아버님의 마음의 형태로 변할 수
없다 하며, 차라리 포기하고 그와 같
이 가르치고 그리 사는 그들의 마음을
이해할 것도 같으며,
17 또한 그들은 그들 나름대로 인생에 어
떠한 철학이 있으며 여유가 있는 그와
같은 삶을 살아가는 것 같기에, 때로
는 그들이 인간적으로 부러우며, 때로
는 그들이 살아가는 그 모습에, 그와
같은 삶에 저도 동반자가 되고 싶은
생각과 충동을 저로서는 다스리기 어
려울 때가 있습니다."
18 내 네 마음을 다 아느니라.
19 네가 완벽하게 변해 가며 창조주 아버
지인 나의 심성에 맞추려 하며 네가
그를 따라오려 하며 천사와 같은 마음
으로 변하고자 하니,
20 천이면 천, 만이면 만 가지 그 모두가
완벽하지 아니하면 아니 되는 그 길을
간다는 것이 너무나 고통스럽고 힘든
것에 너 스스로 자책하고 괴로워함이
니, 나 여호와가 나의 아들 네 마음을
아느니라.
21 그러나 그와 같이 하나씩 벗어 가며
그와 같이 하나씩 지켜 가며 그와 같
이 하나씩 깨달아 가면, 결국은 너는
천사가 될 수 있음을 알아야 될 것이
니라.
22 네가 나의 법전을 받아 기록한 지 얼
마나 많은 세월이 흘렀다 생각하는가?
23 이제 아무리 세월이 흘렀다 해도 법전
3부가 세상에 나오려면 좀 더 시간이
남아 있는 그와 같은 시점에서, 네가
완벽하게 서고자 하는 그 노력이 너무
나도 벅차고 괴롭고 감내하기 어려우
며, 순간에 무너지고자 하는 그 마음
을 달랠 길이 없어 너 자신이 발버둥
치며 몸부림치는 것을 나 여호와가 알
고 있음이니라. 그러나 갈 수 있음이
니라.
24 그 누구도 너와 같이 갈 수 없음을 알
라.
25 네가 나의 아들이기에 내가 너에게 성
령으로 임하여 있으니, 너는 네 주관
이 아니요, 나의 주관에 의하여 감이
니, 너는 갈 수 있으니 육의 그 모두를
덮어 버리라.
26 네가 육으로써 보며 육으로써 생각한
다면 너 자신이 고통스럽고 번뇌의 시
간이 너에게 와 너를 무한정 그리 때
림이니, 너 스스로 좌절하며 너 스스
로 무너지고자 하는 마음이 번갯불이
스쳐 가듯이 스쳐 가는 그 상황은 어
쩔 수 없음이니라.
27 그러나 너는 해 낼 수 있음이니라. 그
리고 너는 갈 수가 있음이니라.
28 그리하여 갈 수 있기에 네가 선택되었
으며, 해낼 수 있기에 네가 나의 아들
로서 준비되어 세상에 내려온 자임을
알아야 될 것이니라.
29 육신 속에 그 고통을 다 지우라.
30 그리고 다 털어 내고 다 버리면 버릴
수 있는 것이니라.
31 욕심이라는 것이 무엇이냐?
32 무엇을 더 갖고자, 더 이루고자 하는

생각이 아니더냐?
33 그 생각을, 욕심을 버리는 쪽으로 생
각하고, 욕심을 뽑아내고 모든 것을
지워 버리는 쪽으로 생각하고 또 생각
한다면 너는 행할 수 있음을 알라, 사
랑하는 나의 아들아!
34 그리 가야 할 것이니, 네 마음의 자리
를 굳건히 해야만 될 것이니라.
35 그리고 너는 해낼 수 있으며, 네 뜻대
로 하는 것이 아니요, 나 여호와의 주
관대로 모두가 이루어짐이니, 너는 갈
수 있음을 알라.
36 육의 생활을 덮으며, 육의 생각을 다
지우고 덮으라.
37 그것만이 네가 이길 수 있는 길임을
알라.

3,229 번째 하나님 말씀

2002년 9월 2일 01시 11분

1 사랑하는 나의 아들아!
2 "네, 아버님! 말씀하옵소서."
3 네가 60평생에 이르는 그 많은 나이
요, 인간으로서 그 많은 세월을 세속
에서 살아왔음이니, 네 지난날의 삶을
돌이켜 보면서 보통의 나의 피조물 만
백성이 살아가는 모습과 한번 견주어
볼 때가 되지 않았나 생각되느니라.
4 네가 어찌 살았는가?
5 남보다 더 좋은 주거 환경이요, 남들
보다 더 좋은 편의 시설을 갖고자 했
으며, 금화와 은화를 남들보다 더 많
이 쌓아 놓는 것이 성공한 사람이요,
남들 앞에 당당히 설 수 있는 사람이
라 그리 생각하여, 너는 거기에 모두
를 다 바쳐 살아왔음이니라.
6 너는 너희들의 몸을 해하며 너희들의
생명을 단축시키는 그 알코올이라는
것을 몸에 부어 넣기를 즐겨 하였으
며, 그리고 너는 육식이라는 것을 그
저 즐겨 하였으며, 너희들 또한 그와
같은 것으로써 쾌락과 즐거움을 얻고
살아가는 그와 같은 삶을 살아가느니
라.
7 네가 그 속에 있었음이니라.
8 그러나 지금 나의 피조물 만백성이 살
아가는 모습을 보라.
9 그들은 과연 어찌 사는가?
10 변함없이 그들은 그리 사는 것이니라.
11 좋은 주거 환경이요, 좋은 환경이요,
좋은 시설이요, 모든 편의 시설을 갖
추어 놓으며, 남으로부터 대우받으며
존경받는 것은 금화와 은화를 많이 쌓
아 놓는 것이라 그리 생각하며, 그리
하여 그들은 기쁘다 하여 저희 몸이
요, 생명을 죽여 가는 그 알코올을 육
신에 들이부어 넣으며, 육식을 그저
끊임없이 해 대며, 그리고 아름다운
말을 해야 되는 그 입에서는 감히 누
구도 들어서는 안 될 소리요, 창피한
그와 같은 소리로 떠들며 살아가는 그
들의 모습을 너는 지금 보지 아니하는
가?
12 그것이 지난날의 너의 모습이었으며
네가 살아온 환경이었음이니라.
13 그 잘못되고 잘못 가는 환경 속에서
네가 손을 씻고 나온 사람이니, 그 환
경의 취약점 속에서 손을 씻고 나온
네 생활이 과연 네가 견디고 이겨 나
가기가 그리도 힘들고 어렵던가?

14 너는 지금 어찌 살아가는가?
15 그들이 별천지요, 네가 그들을 기억하
기도 싫으며, 지금의 살아가는 그 모
습을 보기도 싫으며, 너 자신이 얼마
나 잘못 살아왔는가를 후회하며 반성
하는 그와 같은 생활 속에서,
16 네가 나에게 경배하며 나의 음성을 들
어 만백성을 구하는 법전을 써내고 이
를 기록하여 만백성에게 나의 법전을
전하여, 세상을 이 법전으로 그저 눈
이 내리덮듯이 그와 같이 덮고자 하
는 것이 나의 뜻이니,
17 그를 역사하고 시행하는 네가, 과연
오늘에 변한 네 모습이 그리도 지탱하
기가 힘들며 어렵던가?
18 그 취약점이요, 잘못된 삶 속에서 저
희들의 인생의 목표가 무엇이며 육신
의 삶이 무엇이며 그를 지배하고 있는
영이 어찌 살아가는지, 그 영이 심판
을 받는 그 고통과 축복의 기로에서
방황하는 그와 같은 삶을 살아가는 것
이 저희들이라는 것을 망각한 채, 그
들은 그저 육의 즐거움을 위하여 살아
가느니라.
19 너 또한 그러하지 아니하였던가? 너
도 그들과 똑같이 살아왔음이니라.
20 그리하여 너희들은 그저 알코올이라
는 것을 몸에 부어 그가 너희 몸을 지
배할 때가 되면 너희 자신을 가누지
못하며, 그 입에서 나오는 소리는 옆
에서 감히 들을 수 없고 그저 남들이
들어서는 안 되는 이야기를 거침없이
씨부렁대며 고성으로 말하며 떠들어
대는, 그와 같은 질서도 없는 그 생활
속에서 네가 살아왔으나,
21 네가 나로 하여금 거기에서 손을 씻고
새로운 생명이요, 새 삶을 살아가며,
너희 육의 세상에서 살던 네가 나의
아들임을 내가 밝혀, 만백성의 길잡이
가 되며 만백성의 목자로서 살아가라
했음이니,
22 네 마음이 깨끗해지며 네 몸이 깨끗해
지며 네 생각이 깨끗해진 지금의 삶이
네가 그리도 어렵고 힘들던가?
23 너는 그 많은 사람들 중에서 잘못 살
아가는 인생의 삶에서 손을 씻고 나온
자이니라.
24 사랑하는 나의 아들아!
25 "네, 아버님! 말씀하옵소서."
26 너는 울어서도 안 되며, 고통스럽다
생각해서도 안 되며, 어렵다 생각해서
도 아니 됨이니라.
27 그리고 네가 요령을 피워서도 안 되
며, 잔 수를 펴서도 아니 됨이니, 너는
이 역사를 이루어야 될 것이니라.
28 네가 지난날의 그 혼탁한 삶 속에서,
삶의 목표도 없고 목적도 없이 그저
육의 삶을 살다 죽어 가면 한 줌의 흙
으로 된다는 그 무지몽매한 생각에서
살아왔던 삶에서, 그리고 또한 너희들
이 지금 살아가는 그 모습에서 손을
씻고 나온 자요, 너는 나의 아들로서
우뚝 섰으니, 지금의 이 시련과 고통
을 네가 고통이요, 시련이라 두 번 다
시 입에 담아서는 아니 될 것이니 그
리 알라.

3,230 번째 하나님 말씀

2002년 9월 2일 09시 37분

1 사랑하는 나의 아들아!
2 "네, 아버님! 말씀하옵소서."
3 내가 너희들이 하늘에 오르는 길에 들
어섬은 '나 여호와가 존재함을 믿는
그 자체가 구원의 길에 들어서는 기본
이요, 근본이라.' 말하였음이니,
4 너희들은 나 여호와가 존재함 그 자체
를 마음속 깊이 심음으로 인하여 악과
선의 길에서 선을 선택할 수 있는 그
와 같은 용기 있는 나의 백성으로 살
아갈 수 있음이니라.
5 너희들이 생각해 보라.
6 이 세상에 물이요, 공기요, 모든 그와
같은 것을 너희들에게 잠시만 중단한
다 해도 너희들은 과연 어찌 되겠는가?
7 너희들의 생명은 씨를 말리게 될 것이
니라.
8 그렇다면 비를 내리는 것 또한 누구의
권능이며 누구에 의해서 그와 같은 역
사가 이루어지겠는가?
9 또한, 너희들은 이와 같은 이치를 깨
닫지 못함이니, 정녕 내가 존재한다
생각하는 마음이 어디에 있는가?
10 너희들은 여기에서 깨우쳐야 할 것이
니라.
11 너희들이 여호와 하나님이요, 창조주
요, 너희 생명의 주인이라 하여 너희
들이 지은 그 성전에 가 나를 찾고 울
부짖느니라.
12 그러나 그와 같이 하는 것이 나를 찾
는 자요, 나를 향하여 기도하며 너희
들이 내가 존재함을 믿는 백성이라 생
각하지 말라. 이는 너희들의 착각이니
라.
13 너희들은 그저 너희들이 지은 성전에
가서 예수의 보혈로써 구원을 받았으
며, 너희들이 나를 '주여!' 하고 찾으
며 창조주라 부르짖으며 아버지라 부
르니, 너희들은 내가 존재함을 믿는
그와 같은 백성이요, 그리하여 너희들
은 구원의 길에 들어선 자라 그리 착
각하지 말라.
14 그건 너희들의 환상이며 너희들의 꿈
이니라.
15 너희들은 여기서 알아야 될 것이니라.
16 내가 존재함을 믿고 내가 존재함을 인
정하는 백성은 매일같이 하루하루 변
해 가는 그와 같은 삶을 사는 자들이
니라.
17 너희들이 지은 성전에 가서 기도하는
곳은 죄의 온상이며, 그곳에 가고 안
가는 것은 나하고는 관계가 없음이니
라.
18 나 여호와가 창조한 이 지상이 곧 나
의 성전이니, 아무 곳에서나 나에게
기도하는 자가 나에게 선택된 백성이
며, 너희들이 내가 존재함을 믿는 그
자체로 구원을 받는 백성이니, 이는
무엇이더냐?
19 회개하고 반성하며, 죄를 반복해서 짓
지 아니하여야 함이니, 너희들이 기도
하면서 너희 스스로 인간으로서 할 수
없는, 남의 눈을 속이며 남이 보지 않
는 곳에서 너희들 자신을 지키지 못하
는 그와 같은 행위를 하는 자는 아무
리 나를 찾는다 하여도 소용없음이니
라.

20 너희들이 말로써 부르짖으며 말로써
나를 향하여 달려온다 하며, 나를 아
버지라 부르며 너희들이 눈물의 찬송
이요, 그저 너희 모두를 다 바치는 그
와 같은 믿음의 길을 가고 있으나, 그
는 나와 관계가 없음이니라.
21 곧, 이는 나의 계명을 지키며 변화되
는 그와 같은 삶을 사는 자요, 육의 행
함의 소중함을 아는 자, 육의 행함이
잘못되었을 때 절대로 구원을 받을 수
없다는 것을 깨닫고 있는 자, 이와 같
은 백성이 되어야 될 것이니라.
22 너희들의 육의 행함은 아무것도 아니
요, 그저 믿음을 갖고 너희들이 나의
성전 위에 지은, 나의 심장부에 못을
박는 그와 같은 너희들이 지은 성전이
라는 곳에 찾아가 거기서 기도하며 울
부짖는 자, 그리고 구원을 받았다 말
하는 자, 그리고 믿음으로써 모두 구
원을 받으며, 내가 존재한다 그와 같
이 생각하여 너희들이 지은 성전에 가
나를 부르고 창조주를 찾는 그와 같은
형국에 있는 것이 나에게 구원을 받는
백성이 아니고 내가 존재함을 인정하
는 백성들이 아니니라.
23 너희들의 마음에 달렸으며 행함에 달
렸음이니라.
24 그들은 나에게 역행하는 자며 스스로
죄의 구렁 속에서 죄를 짓는 행위를
하는 자들이니라.
25 믿음 그 하나로써 구원을 받으며 육의
행함은 아무것도 아니라 함이니, 너희
들이 얼마나 사악한 마음을 가지고 살
아가는 것이더냐?
26 내가 너희들에게 일찍이 깨우쳐 주었
음이니라.
27 이방인이 무엇이라 말하였느냐?
28 너희들의 손으로 지은 죄의 온상인 그
성전에 들어가 있는 자나 거기 가서
울부짖는 자가 아닌 자는 이방인이라
생각하지 말라 하였음이니라.
29 진정으로 나를 찾는 자, 그리고 나의
뜻에 따라 변하여 역사를 이루는 자,
계명을 지키는 자, 그리고 나의 십계
명에 따라서 살아가고자 하는 자는 나
를 순종함이며 그게 영혼의 양식이며
곧 구원의 길이라는 것을 알고 그리
감이니,
30 그를 거역하는 자요, 그와 같이 행할
수 없으며 이는 너희들 인간으로서는
도저히 이룰 수 없는 길이라 말하는
자, 그와 같은 자들은 나를 찾는 자가
아니니, 말로써만 나를 부르짖음이요,
행함에 있어서는 추하고 더러운 짓을
함이니, 그는 나의 백성이 아니니라.
31 나 자체를 모르며 나를 부르지 않으면
서도 저희들이 질서에 어긋나지 아니
하며 남들이 봐서 부끄럽지 않은 삶을
살아가는 사람들이 그들보다 더 훌륭
한 백성임을 너희들은 알아야 될 것이
니라.
32 이제 내가 나의 법전에 나의 성령을
통하여, 나의 아들을 통하여 너희들에
게 지금의 믿음의 옳고 그름을 수백
번, 수천 번 부르짖었음이니, 너희들
은 그와 같은 형국을 봐야 될 것이니
라.
33 너희들은 지금 너희들의 몸의 반을 검
정 물감으로 물들여 놓고, 반은 내가
너희들에게 내린 살의 형태로 그대로

놓고 사람의 형태를 한번 상상해 보라.
34 그리고 너희들이 종이 위에 사람의 형
태를 그려 놓고 반은 검정으로써 모두
칠해 버리며 반은 그냥 놔두는 형태로
보라.
35 이것이 지금의 너희들의 형태임을 알
라.
36 너희들 마음속에 그와 같이 검은 자와
흰 자가 있음이니, 그 검음을 몰아내
지 아니하고 뽑아내지 아니한다면 너
희들은 구원의 길을 올 수 없음이니라.
37 지금 내가 너희들에게 말하니, 백지
위에 사람의 형태를 그려 놓고, 반은
검정 물감으로 지워 버리며 반은 그대
로 놔두라.
38 그 지워진 것이 지금의 종교 집단 너
희들이 존재함이라.
39 그것이 바로 너희들의 모습이며 너희
들의 형태임을 내가 너희들에게 그림
으로써 보여 줌이니, 그러고도 너희들
이 깨달음이 없을 때는 너희들 스스로
대가를 치르는 그와 같은 길로 가는
수밖에 없음이니라.
40 내가 지금 제3의 시대에 나의 법전을
내려 나의 아들이 밤과 낮을 가리지
아니하고 그에게 이와 같은 법전을 만
들어 세상에 전하고자 함은, 너희 육
신의 반에 칠해진 검정 물감은 서서히
깨끗한 너희들의 반을 잠식하여 그를
다 꺼멓게 물들이고 마니,
41 지금 너희 종교 집단들이 그 반에서
너희들을 거의 다 잠식하였으며, 그저
한쪽의 팔다리만이 간신히 남아 있는
것이 선한 자들이 살아가는 그 형국이
니라.
42 팔 하나가 남아 있는 그와 같은 형국
을 네가 원상태로 이루고자 함이니,
그 물감을 지우고 버림이 얼마나 힘든
가?
43 너희들에게 물감을 지우는 것은, 외형
의 물감이라면 내가 지울 수 있으나,
너희들의 심성이요, 본성이 그와 같이
썩고 물들어져 갔음이니,
44 그것은 물에 젖은 너희 자신의 내면을
씻어 내는 것은 너희들이 해야 할 일
이기 때문에, 너희들이 구원을 받고
못 받는 것이 너희들에게 달렸다 함
이니라.
45 너희들의 외형이 그리 물들어져 있다
하면 내가 물로써 그를 씻어 줄 수 있
으나, 너희들은 내면까지 썩어져 있으
니 그를 바로잡을 수가 없음이니라.
46 이 얼마나 힘들고 어려운 역사를 이루
고자 하는 것이 나의 뜻이더냐?
47 지금 팔 하나 남아 있는 그것이 바로
나의 성전에 와 나의 법전을 읽고 깨
우치는 백성들이며, 지금 나의 법전을
읽고 깨우친 너희들이니라.
48 그리고 너희들 제자가 지금 그 한 팔
의 손가락을 움직여서 그를 다 지우려
함이니, 그리고 내면에 너희들의 정신
적인 것을 다 뽑아내고자 함이니,
49 그 적게 남은 깨끗한 피가 역류하여
그 내면을 다 씻어 내야 됨이니, 이것
이 너희들이 가야 하는 길이고 너희들
이 행해야 하는 어려움이니라.
50 사랑하는 나의 백성들아!
51 이제 내가 너희들에게 무엇으로써 더
간단히 가르쳐 주며, 무엇으로써 나의
법전에 기록하여 너희들을 깨우쳐 주

어야 될 것인가?
52 모든 백성들은 들으라.
53 지금 잘못 가는 종교 지도자들이 나의
뜻을 거역하는 것이니, 그들이 거역하
는 것을 예를 들어 수없이 내가 기록
하여 주었음이니, 그것을 상기하여 보
라.
54 너희들의 몸의 형태를 하얀 백지 위에
정성껏 그리라.
55 그리고 반을 검정 물감으로 칠하라.
56 그리고 팔 하나만 남겨 놓고 검정 물
감으로 칠해 보라.
57 이것이 지금 종교 지도자들이 나의 백
성들을 잠식하여 썩어져 가게 만드는
형국이니라.
58 그리하여 너희들의 내면의 정신세계
를 바로잡기 위하여 내가 바로 법전이
라 하여 너희들이 알기 쉽도록 하늘에
오르는 길의 이치를 깨우쳐 나의 아들
을 통하여 내려보내니, 이 법전을 읽
는 자만이 그 썩어져 가는 육신을 살
릴 수 있음이니, 사랑하는 나의 아들
아!
59 이제 너희들의 한 팔의 그 살마저 검
정 모습으로 된다면 내가 잡아서 성령
을 부을 길이 없으며, 새로운 피를 공
급할 수가 없으며, 새로운 역사의 나
의 말을 그리 전할 수가 없음이니라.
60 나의 뜻을 전할 수가 없음이니라.
61 너희들이 말하는 창조주의 말씀을 받
아들일 자 없으며 받은 곳이 없음이
니, 오로지 지금 그리하여 나의 성전
이 소중하며, 이게 하늘에서 지상에
이루어진 하나의 거점이니, 너희들의
손과 같으니라. 움직이는 손가락과 같
은 곳이니라.
62 그러니 너희들의 위치를 깨닫고, 너희
들이 얼마나 소중한 자들이며, 너희들
이 얼마나 어려운 길을 가야 되며, 얼
마나 어려운 역사를 해야 되는 것인가
를, 너희들이 육신을 그리 그려 놓고
보라.
63 그리고 너희들이 지구가 그리 썩어졌
다 생각해 보라.
64 너희들이 존재해 있는 지금의 이 성전
을 빼놓고 온통 썩은 것으로써 그리
그려 놓고 보라.
65 악취가 나며, 그 썩은 것이 남은 것을
다 잠식하기 위하여 지금 수없이 공격
하니, 그 힘은 감히 막을 수 없으며,
66 너희들이 작은 이 성전에서 새로운
피로써 나의 성령을 받아 이 지구를
씻어 내기에는 얼마나 어렵고 역부족
이던가?
67 그 일을 이루는 것이 너희들이니라.
68 그리하여 나의 아들의 고충을 내가 알
며, 너희들의 어렵고 힘든 고충을 아
나니, 그러나 내가 존재하기에 너희들
이 이길 것이니라.
69 너희들이 승자가 된다 함이 내가 그것
을 말함이니라.
70 썩어져 있는 속과 겉의 그 지구의 모
두를 씻어 내는 것이며, 인간을 씻어
내는 것이 너희들이 기초요, 너희들로
부터 역사가 이루어짐을 알라.

3,231 번째 하나님 말씀

2002년 9월 2일 09시 59분

1 사랑하는 나의 아들아!

2 "네, 아버님! 말씀하옵소서."
3 작은 거짓말도 살인과 같으며, 더욱이
농담의 거짓말도 살인과 같다 내가 말
하였느니라.
4 너희들은 살아가면서 약속이라 하는
것이 얼마나 소중한 것인가를 알아야
될 것이니라.
5 약속이라는 것을 지키지 못하며 너희
들이 그 약속을 행하지 못한다면, 이
는 너희들이 아무리 인격자요, 세상에
부러울 것이 없는 존경받는 사람이라
하여도, 그는 완벽한 성을 구축하였다
하나 모래성만도 못한 인생의 삶을 엮
어 가는 자이니라.
6 약속이 얼마나 소중한 것인지, 인간사
에 살아가는 너희들의 모든 인격체의
평가요, 남들이 너희들을 평가할 때
그 약속의 행함의 척도에 의하여 모든
것이 평가됨을 알아야 될 것이니라.
7 내가 작은 거짓말도 하지 말라 하였음
이니, 너희들이 약속을 지키지 못하는
것은 어찌하여 거짓말이라 생각하지
아니하는가?
8 너희들에게 작은 거짓말이나 농담의
거짓말도 하지 말라 하였으나, 너희들
이 남과의 약속을 지키지 못하는 나의
아들딸로서 존재한다면,
9 더욱이 나의 아들이요, 나의 성령을
받아 만백성을 이끄는 목자인 네가 약
속을 지키지 못한다는 것은 네가 허구
한 날 거짓말을 하고 사는 것과 마찬
가지니,
10 약속이라는 것을 네 생명보다 더 소중
히 지키는 그와 같은 훈련이요, 그와
같은 삶을 지금서부터 네가 살아가야
될 것이니 그리 알라.
11 네가 경지가 높으며 깨달음이 높으며,
이제 네가 사는 것이 무엇인지 알며,
나 여호와가 존재함을 알며, 사람들을
사랑하며 베풂을 알며 5달란트의 역
사를 하며 네가 추진하여 몸부림을 치
는 그 모두는 다 네가 깨우침의 경지
의 일환으로서 그리하느니라.
12 그러나 네가 아직까지도 60평생에 살
아오면서 남들과 지키지 못할 약속을
수시로 한다 하면 이는 네가 다 무너
짐이요, 나를 욕되게 함이요,
13 네가 약속이라는 것을 지키는 그와 같
은 훈련이 완벽해지기 전에는 나의 법
전이 세상에 나갈 수 없으며, 너의 제
자들의 고통과 어려움이 변화될 수 없
음이니라.
14 이제 이것을 고치는 훈련에 네가 돌입
하여, 이를 네가 시행할 때 모든 큰 역
사의 기적을 너에게 내릴 것이니, 너
의 제자들도 마찬가지니라.
15 내가 너를 달구어 이리 지키라는 것을
너의 제자들은 열배 백배 더 엄히 다
스리고 지켜야 되며, 너희들 자신이
소중한 나의 가르침임을 알아야 될 것
이니라.
16 나의 아들은 내가 직접 명하니 그는
그를 지키기가 쉬울 것이며 그는 행하
여 갈 것이니라.
17 그러나 너희들은 나의 음성을 직접 듣
지 못하며 나의 아들을 통하여 내가
너희들에게 내리는 것을 들음이니, 너
희들이 어렵고 힘든 인생사에서 약속
을 더러는 지키지 못하는 그와 같은
삶을 살아갈 것이니라.

18 이제 약속을 지키는 네가 되어야 될
것이며, 약속을 지키지 못하는 그 이
야기는 네가 거짓말하는 것과 마찬가
지며 살인하는 형국으로서 네가 살아
감이니,
19 나의 아들이요, 나의 목자요, 나를 따
르는 너의 제자들은 성령으로 임하였
으며 너희들을 내가 아들과 딸이라 불
렀음이니라.
20 그리고 너는 세상의 모든 백성들을 가
슴에 안아 하늘에 전하는 신랑이요,
너희 열여섯 가족은 신부요, 신랑과
신부의 관계라 말하였음이니,
21 너희들이 신랑과 신부의 관계로서 그
아름다운 마음으로 이루어지는 나의
성전에서, 그와 같이 나의 신랑과 신
부로서 형성된 너희들 입에서 약속이
라는 것을 지키지 못하는 말이 나온다
면,
22 지금의 종교 지도자들이 재물을 거두
어들이며 나의 피조물 만백성을 우롱
하며 그들을 고통 속에서 끌고 육에서
살도록 만들다가 그들이 그 육에서 삶
에 고통으로써 시련을 준 것도 부족
하여 그들을 지옥으로 가는 열차를 태
워서 그냥 보내는 그 사악한 자들과
무엇이 다르던가?
23 내가 말하지 아니하였느냐?
24 이 자연의 모두가 나의 성전이요, 그
성전에 두꺼비집과 같은 집을 짓고 그
죄의 온상으로서 그들이 그 죄에 그
사악함이 우글거리는 그와 같은 형국
이라 하였음이니,
25 나의 성전에서 살아가는 나의 백성이
요, 선택된 너희들이 약속을 지키지
못한다면, 그들이 두꺼비집같이 지은
그 죄의 온상과 이곳이 다른 것이 무
엇이던가?
26 약속을 지키는 훈련을 지금서부터 네
가 행해야 될 것이니라.
27 너부터 60평생 살아오면서 그 젖어진
습관과 그 버릇을 지금서부터 고치도
록 그리하라.
28 네가 지킬 수 있는 것은 약속이니라.
29 그리고 너의 제자들 또한 지킬 수 있
는 것이 모두가 다 약속을 엄히 행하
는 그 훈련부터 실시한다면, 너희들이
거짓말을 하지 아니하게 될 것이며,
너희 스스로 서 있는 위치를 알게 될
것이니,
30 오늘부터 너는 약속에 생명을 거는 그
와 같은 삶을 살아가도록 그리하라.
31 그 약속을 지키지 못했을 때 너는 나
의 아들이 아니요, 너는 죽은 자이니
라.
32 죽은 자가 어찌하여 만백성을 구할 수
있으며 죽은 신랑이 어찌하여 그 아름
답고 고운 신부들을 맞이하며 하늘나
라 천국으로 인도한다 생각하는가?
33 너는 산 자가 되고자 하거든 약속을
지켜라.
34 약속을 지키지 못한다 하면 너는 죽은
자이니라.

3,232 번째 하나님 말씀

2002년 9월 2일 10시 09분

1 사랑하는 아들아!
2 "네, 아버님! 말씀하옵소서."
3 내가 너에게 일러 너를 누구라 말하였

느냐?
4 나 여호와가 육의 형태로 세상에 내려
가 만백성을 다스릴 수 없음이니, 네
가 나의 육을 가진 나의 아들로서 나
를 대신하여 세상에 삶이라 하였음이
니라.
5 나를 대신하여 육을 가지고 사는 나의
아들인 네가 과연 어떤 언행으로써 살
아가야 되는가?
6 너는 어찌하여 조금씩 변화되는 것으
로써 나에게 네 도리를 다한다 하며,
그 변화되는 것과 남들과 차별화되는
경지에 오르는 것으로써 네가 바르게
살며 곱게 산다 그리 말하는가?
7 이는 너에게는 해당되는 것이 아님이
니라.
8 너는 조금씩 변하며 경지에 오르는 그
것으로써 나의 삶을 대신하는 나의 아
들로서 존재하는 것이 아니니라.
9 너는 완벽해야 됨이니라.
10 너는 네가 삶이 아니요, 네 삶 속에 내
가 있으며 네가 나를 대신하여 산다
하였으니, 네가 행동 하나, 언어 하나,
네가 걸치는 옷의 매무새 하나까지 어
찌 다스려야 되겠는가?
11 너의 언어 하나도 네 것이 아니요, 네
가 나를 대신하는 것이며, 네가 강론
할 때 나를 대신하는 것이며 네가 만
백성을 만나 대화할 때 네가 나를 대
신하여 함이니, 나를 대신하는 네가
어찌 행해야 되는 것인가?
12 그를 생각하고 철저히 그리고 완벽히
가라.
13 네가 그와 같이 완벽하지 않으며, 항
상 네 가슴속에 내가 존재하며 네가
하는 것은 나를 대신해서 살아가는 것
이라는 것을 네가 잠시라도 잊어서는
아니 되며 그에 어긋나는 일을 해서도
아니 되느니라.
14 너희들이 100이라는 깨우침을 하여
천국에 오른다 하면, 네가 30이요, 40
이요, 50이요, 조금씩 깨우쳐 가는 것
으로써 네가 나의 아들로서 너의 소임
을 다했으며 나를 대신하는 삶을 사는
자로서 살아가는 데 손색이 없으며 부
끄러움이 없는 삶이라 생각지 말라.
15 완벽해야 되느니라.
16 나를 대신하여 사는 너는 완벽해야 되
느니라.
17 네가 말 한 마디나 행동 하나, 앉는 자
세까지도 조금도 흐트러짐이 있어서
는 아니 될 것이니라.
18 이것이 너이니라.
19 모든 것에서 다 네가 모범이 되어야
하며 근본이 되어야 하며 기본이 되어
야 하며 기초가 되어야 될 것이며, 너
로 하여금 모든 세상에 살아가는 모
습이 비칠 것이니라.
20 또한, 너의 제자들에게 그리 이르라.
21 나의 아들 너만이 그리 살아가는 것이
아니라, 나의 성령으로써 나의 법전을
읽는 너희들도 나 여호와가 너희들에
게 임하여 있다 생각하며 너희들도 나
를 대신하여 산다 그리 생각하라.
22 너희 생명을 내가 세상에 내보냈음이
니, 나의 은혜로써 내보냈음이니, 육
으로써 내가 존재하지 못하는 삶을 너
희들이 육으로써 살아감이니, 너희들
이 곧 나이니라.
23 이제는 너희들이 나라 생각하고 살라.

24 너희들이 나의 삶을 사는 자라 생각한
다면 너희들이 나의 심성을 따르며 나
의 심성으로 변할 수 있음이니,
25 너희들의 가장 작은 것도 용서할 수
없으며, 가장 작은 실수도 그대로 넘
어갈 수 없으며, 번갯불보다 빠른 너
희들의 실수도 다 기억하며 너희들의
행한 선한 일 또한 내가 다 기억한다
하였음이니, 너희들은 곧 나 여호와이
니라.
26 창조주인 나 여호와라 생각하며 살라
너의 제자들에게 이르라.
27 나를 대신하는 너희들이 어찌 살아가
야 하겠는가?
28 너희들이 나를 욕되게 하지 말며 나를
부끄럽게 하지 말며, 너희들이 영원히
가슴속에 나를 기억할 수 있는 자로서
변하는 것만이 나에게 가장 기쁨을 주
는 것이니, 곧 오늘부터 너희들이 나
의 삶이라 생각하라.
29 나의 아들과 신부요, 신랑의 그 관계
라 내가 말한 너희들은 나이니라.
30 그게 곧 천사이니라.
31 그와 같은 삶으로 오늘서부터 변하지
않는다면 너희들은 나를 기만하여 나
를 슬프게 하는 자들이니라.
32 완벽하지 아니한 자는 나를 기만함이
니라.
33 너희들이 나를 기만하고 그 벌을 받
게 됨이니, 너희들이 나를 기만하고
천국에 오를 수 있다 생각하는가?
34 너희들이 나를 대신하여 사는 자라 그
리 가르치라.
35 또한, 너도 이 시간부터 그와 같이 변
하는 삶을 살아야 될 것이니, 이를 명
심하여 그리 행하도록 하라, 나의 아
들아!

3,233 번째 하나님 말씀

2002년 9월 2일 11시 54분

1 사랑하는 나의 아들아!
2 "네, 아버님! 말씀하옵소서."
3 네가 밤과 낮을 가리지 아니하고 급속
도로 6일 동안에, 나 여호와가 세상을
창조한 그 6일이라는 날짜에 나의 성
령을 받아 한 권의 법전을 세상에 만
들어 냄이니,
4 너의 그 마음과 네 노력하는 그 자세
가 기특하기 한량없으며, 나 여호와의
기쁨을 이루 말할 수 없음이니라.
5 네가 아무리 고달프고 힘들어도 나와
의 약속을 지키기 위하여, 내가 세상
을 창조했던 6일 동안에 네가 한 권의
법전을 만들기 위하여 네가 나에게 기
도하여 녹음테이프 한 개를 꼭 떼어야
만 눈을 붙임이니,
6 네가 아무리 고달픈 하루의 생활을 마
쳤다 해도 새벽 한 시든, 두 시든, 세
시든, 그 역사를 이루고 눈을 붙임이
니, 너의 그 노력함이 가상하도다.
7 그리하여 3부가 세상에 나올 날이 머
지않았으며, 이제 그리하면 10년에
걸쳐서 나올 160권의 법전을 2년 만
에 완성하며 그와 같이 역사를 단축하
고 있음이니 그 얼마나 위대한 노력이
던가?
8 그러나 그와 같이 네가 감으로 인하여
네가 변하는 속도가 무섭게 변해야 될
것이며, 내가 너에게 명하는 것이 더

무겁고 짐이 되며 네가 인내하기 어려
운 그와 같은 너 자신을 지키는 매질
을 내림이니, 나 여호와의 마음이 기
쁘며, 또한 한편으로는 아픈 마음이니
라.
9 그러나 네가 법전을 빨리 세상에 내는
만큼 네가 그와 같이 빨리 변해야 되
는 것이니 너는 어찌하겠는가?
10 사랑하는 나의 아들아!
11 네가 어떠한 고통의 길과 역경이 있어
도 나의 아들로서 존재하며 세상에
160권의 법전을 내어 만백성을 구하
는 그 역사를 이루고 하늘에 오를 것
인가,
12 아니면 네가 너무나 고통스럽고 힘든
길을 갈 수 없어 네가 서서히 전진하
는 그와 같은 방법으로, 법전은 앞에
가나 너의 깨달음이 뒤처지는 그와
같은 삶을 살겠는가?
13 그렇지 않으면 네가 모두를 포기하고
쓰러져 그 영광을 다 버리며, 네가 하
늘에 오르는 것이요, 나의 아들임을
저버리고, 네가 나와의 인연을 끊고
그와 같은 고통의 세월을 가고자 하는
가?
14 네가 이제 선택할 때가 되었음이니라.
15 네가 법전을 세상에 내는 것은 무섭게
달려감이니, 너의 행함 또한 그리 무
섭게 변화되지 않으면 아니 됨이니,
16 네가 그리 맞춰 따라가겠는가, 그렇지
않으면 너는 법전만을 쓰며, 마음이
요, 정신이요, 깨달음은 높으나 몸으
로 행함은 역시 인간의 세속에서 벗어
나지 못하는 그 세월 속에서 허덕이겠
는가?
17 너는 빨리 변해야 됨을 알아야 될 것
이니라.
18 네가 이제 모두를 다 나에게 받는 그
영광을 누릴 수 있는 나의 아들로서
존속할 수 있는 길을 갈 것이냐, 네가
너 자신을 포기할 것이냐 하는 이와
같은 결정을 내려야 할 때이니,
19 그리하려거든 너 자신이 하나부터 백
가지를 다 무서우리만큼 깨우쳐 변하
여 행하여야 함을 알라.
20 너는 해낼 수 있으며 갈 수 있음이니
라.
21 네가 288쪽의 법전을, 내가 세상을 엿
새 만에 창조한 것같이 6일에 한 권씩
만들어 내며, 그 안식일에도 네가 쉬
지 아니하며 하루도 쉬지 아니하고 그
리 만들어 냄이니,
22 이제 앞으로 2년이라는 그 세월 안에
마지막 남은 160권의 책을 끝맺을 수
있도록 그와 같이 네가 무서우리만큼
달려가니, 이는 아무도 상상할 수 없
었으며, 아무도 감당키 어려운 네 정
신의 노력이요, 나의 성령을 네가 받
아들여 순종하는 그와 같은 삶을 바로
가기 때문이니라.
23 이제 무섭게 변해야 될 때가 되었음이
니라.
24 "창조주이신 아버님!
25 예수께도 이리 아버님께서 명하셨나
이까?
26 예수도 그리 스스로 깨우치며 말씀을
받아 그곳에서 본인이 알아 행할 길과
행하지 아니할 길을 선택하여 정녕 그
리 행하였사옵나이까?
27 아버님께서는 행하는 것을 먼저 명하

시지 않고, 제가 행한 다음에 그 행함
을 칭찬하시며 제가 그를 이루었을 때
칭찬하심이니, 사전에 아버님께서 그
와 같이 설 수 있도록 가르쳐 주시면
아니 되며, 저를 바로잡아 주시는 것
은 정녕 법도에 어긋나며 하늘의 뜻에
어긋나는 것이옵나이까?
28 저에게 그리 가르쳐 주시듯이 예수께
서도 그와 같이 다스림을 받았사옵나
이까?
29 그와 같이 깨우쳐 주셨사옵나이까?
30 성령으로 잉태하사 모든 것을 다 이룰
수 있도록 명하신 것은 아니옵나이까,
아버님?
31 정녕 저와 같이 문제만 주시며, 스스
로 깨달아 그 완벽한 삶을 살아야 하
옵나이까?"
32 사랑하는 나의 아들아!
33 나는 공의의 하나님이요, 만백성의 어
버이라 하지 아니하였더냐?
34 너희들이 순종하여 따르는 자는 나의
아들과 딸이라 하였음이니, 내가 너에
게 무엇인가를 미리 깨우쳐 주며 너를
완벽히 만들어 놓고, 나머지 백성들에
게 따라오라 한다면 이것이 공평하던
가? 아니지 않으냐?
35 내가 너를 사랑하는 마음은 너희들이
너희 자식을 사랑하는 것보다 백배 천
배 더 깊음이니, 내가 너를 그보다 더
사랑함이니라.
36 그러니 너도 똑같은 입장에서 똑같은
환경에서 똑같이 변해 가야 할 것이니
라.
37 그래도 너는 나로부터 얼마나 큰 은혜
와 영광을 받는가?
38 내가 직접 너를 가르침이니, 하나의
스승이 가정교육이라 하여 한 학생을
가르치는 그와 같은 방법보다도 더 강
한 방법으로써 창조주인 내가 너를 가
르침이니,
39 그 가르침을 받는 그것만으로도 너는
나의 피조물 만백성과 차별화를 두고
있음이 아니던가?
40 너는 나의 것을 100퍼센트 받아서 소
화시키나, 나의 법전을 읽고 나의 성
령의 가르침을 듣는 자들은 30퍼센트
요, 50퍼센트밖에 소화시키지 못하는
그 속에서 너를 따라 완벽히 변하여
가야 하니, 그들의 고충이 얼마나 더
강하고 심한가?
41 이 얼마나 차별화를 두는 것이더냐?
42 다만, 한 사람을 통하여 세상에 전해
야 되기에 나의 아들 너를 통해서 전
함이니, 너는 그와 같은 은혜와 영광
과 특혜를 받고 있는 자이니, 어찌하
여 네가 여기서 무엇인가를 더 이루고
자 하는가?
43 너를 완벽한 사람으로 만들어 놓고 만
백성에게 나의 아들 너를 따르라 한다
면 그들이 따르겠는가?
44 내가 너를 사람이 먹을 수 있는 완전
한 묵이라는 음식으로 만들어 놓고 도
토리나무에게 묵으로 변하라 하면 과
연 그가 그리할 수 있겠느냐?
45 너는 어찌하여 그와 같은 이치도 모르
는가?
46 지금 이파리가 파랗게 나와 앞으로 도
토리요, 묵의 재료가 되는 열매를 여
는 그 나무에게 커서 묵이 되라 그리
말한다면 그는 어찌 되겠는가?

47 콩이 열리는 그 콩밭에 가서 콩 하나
를 심어 놓고 그에게 두부가 되라 말
하며 도토리나무 하나를 심어 놓고 그
에게 묵이 되라 그리 말한다면 과연
되겠는가?
48 과연 도토리가 묵으로 변할 수 있으며
콩이 두부로 변할 수 있겠는가?
49 말로 해서 되겠는가?
50 그 제조 과정을 거쳐야 되며 그 순서
대로 인간의 손에 의하여 두부가 되고
묵이 되지 않는가?
51 그와 같은 것과 마찬가지니라.
52 내가 두부를 만들어 놓고 콩나무에게
두부가 되라고 한다거나, 내가 묵을
만들어 놓고 도토리나무에게 묵이 되
라 그리 말한다면, 정녕 공의의 하나
님이라 할 수 있겠는가?
53 내가 너에게 성령을 주어 깨우치는 것
이 도토리가 묵이 될 수 있는 그 길을
안내하는 것이요, 또 콩이 두부가 되
며 도토리가 묵이 되는 그와 같은 과
정의 훈련을 시켜 그들과 더불어 내가
이끌어 오며 그들과 같이 변하여 오는
것이 네가 당당히 거쳐야 할 과정이니
라.
54 꽃이 피어 열매를 맺고 그 열매가 또
사람의 손을 거쳐 콩은 두부로 가며
도토리는 묵으로 가는 그와 같은 과정
을 똑같이 거쳐 변하는 것이 공의의
하나님이 너희들에게 명하는 것이 아
니더냐?
55 그리하여 내가 너에게 그리 명함이니
라.
56 그래도 너는 나로부터 직접 가르침을
들으니 그보다 더 큰 영광이 없으며,
네가 더 무섭게 변해야 되는 이유가
거기 있느니라.
57 나로부터 직접 들으며 나로부터 깨우
침을 얻으며 나로부터 배운 네가 그만
큼 너의 형제들이나 나의 피조물 만백
성보다 앞서 가야 함이니,
58 네가 이를 게을리해서는 나의 아들의
자격이 없음을 알아야 될 것이며, 목
자로서의 자질이 없으며 만백성을 구
할 수 있는 나의 아들이 아님이니라.
59 너는 이룰 수 있으며 해낼 수 있는 자
이니라.
60 너는 오늘의 네 삶에 최선을 다하며,
모든 잘못된 것을 미리 포기하며, 오
로지 나의 성령을 받는 그 기쁨을 가
장 큰 영광으로 생각하는 그 마음에
더 강한 마음으로써 네 마음을 다져
가야 함이니 그리 알라.

3,234 번째 하나님 말씀

2002년 9월 2일 12시 29분

1 사랑하는 나의 아들아!
2 "네, 아버님! 말씀하옵소서."
3 내가 가훈이라 하여 너의 제자들에게
하나씩 그를 전달하며 너희 방에 그를
걸어 놓으라 하였음이니, 그 가훈의
뜻을 네가 이제 알겠는가?
4 이는 곧 인간 세상에서 너희들이 만든
너희들의 가훈이 아니요, 나 여호와가
직접 너희들에게 내린 너희 가정의 가
훈이거늘,
5 너희들이 소홀히 생각하며 '하늘을 향
하여 한 점의 부끄러움이 없는 삶을
살자, 아들아 딸들아!' 하는 그 의미를

그저 시 한 수처럼 읽어 가며 생각할
것이니라.
6 그러나 이제 너희들이 그 뜻을 음미해
볼 때가 되었으며, 그 뜻의 깊이를 알
아야 될 때가 되었음이니라.
7 하늘을 향하여 한 점의 부끄러움이 없
이 살라 말하였으니, 그게 바로 무엇
이더냐?
8 하늘을 향해 한 점의 부끄러움이 있다
면 너희들은 천사들이 사는 그 세상에
올라올 수 없음이니, 이를 내가 너희
들에게 깨우쳐 주기 위하여 가훈을 내
렸음을 너희들은 알아야 될 것이니라.
9 이 가훈의 의미가 거기에 있음이니라.
10 너희들이 나의 심성을 닮지 못하며 천
사와 같은 마음을 닮지 못하여 하나의
죄를 안고 있다면, 나로부터 용서를
받지 못한 죄를 안고 있다면 너희들은
천국의 문을 통과할 수 없음이니, 하
늘에 오를 수 없으며 너희들이 천국에
와서 살 수 없다 내가 말하였느니라.
11 그러니 바로 그 가훈의 뜻이 거기에
있음을 이제 알겠는가?
12 한 점의 부끄러움이 없어야 되느니라.
13 너희들이 남에게 말 못할 한 점의 큰
죄보다도, 너희들이 스스로 말할 수
없는 부끄러운 그 형태가 있더라도 너
희들은 하늘에 올라올 수 없는 것이며
천사들이 사는 그 천국에 올라올 수
없음이니,
14 오로지 너희들의 삶에 깨달음에 의하
여 너희들이 경지에 오름에 따라 나
여호와가 너희들은 구원하고 구원하
지 않음이니, 그것은 나에게 달렸다
하였음이니,
15 너희들 스스로 한 점의 부끄러움이 없
는 그와 같은 삶을 살고자 노력하며
그리 살아야만 하늘에 오를 수 있다는
의미가 여기에 있음이니라.
16 너희들에게 내가 가훈으로 내렸음은
그를 너희들이 걸어 놓고 매일 그를
암송하고 보면서 거기에 들어 있는 그
깊이를 깨우치라 함이니라.
17 '하늘을 향하여 한 점의 부끄러움이
없는 삶을 살자, 아들딸들아!' 그리하
여 그 아들과 딸들이 그 의미를 알며,
'하늘을 향하여 부끄러움이 있으면 정
녕 하늘에 오를 자격이 없음이니, 천
사만이 사는 하늘에는 천사와 같은 자
가 아니면 올라올 수 없는 그 의미요,
하나님께서 내리신 우리 집의 가훈의
뜻이 그러한 것이다.' 하여 너희 자녀
들에게 가르쳐 주고자 함이며,
18 너희들 스스로 그를 매일 정독하고 보
면서 한 점의 부끄러움이 없는 삶을
살도록 그리하고자 함이니, 그 가훈의
뜻과 그 소중함을 이제 알겠는가?
19 그와 같이 너희들이 한 줄기의 가훈의
뜻에서 깨우침과 느낌이 다르며, 너희
들이 깨달을 것이 수없이 있으며, 너
희들이 인생의 지표로 삼을 뜻이 거기
있으니, 또한 내가 불로 써 직접 내린
십계명의 그 의미는 얼마나 방대하며
위대하겠는가?
20 그리고 내가 성서라 하여 나의 뜻을
전한 그 속에는 얼마나 더 넓고 방대
한 뜻이 있겠는가?
21 너희들을 구원하고자 지금 제3의 시
대에 마지막 내리는 나의 법전 160권
의 구절구절 속에 가지고 있는 그 의

미를 너희들이 음미할 수 있다면, 너희들은 천사가 되지 말라 하여도 스스로 천사가 될 것이며, 신이 되지 말라 하여도 신과 같은 심성 즉, 나 여호와와 같은 심성을 가지고 너희들이 살아갈 수 있는 그와 같은 변화는 스스로 이루어지게 되어 있음이니, 그리하여 정독하며 또 정독하라 함이 여기에 있음이니라.
22 이제 너희들이 가훈의 뜻을 알았으면, 그 가훈을 바라보기를 그리하라.
23 나 여호와가 직접 너희들에게 내린 가훈이며, 내가 거기에 같이하고 있으며, 너희들이 작은 죄를 지어서는, 그 죄를 안고서는 하늘나라에 올 수 없다는 것을 가슴에 새기라는 뜻이니, 그를 지키고 행하도록 그리하라.

3,235 번째 하나님 말씀

2002년 9월 2일 21시 59분

1 사랑하는 나의 아들아!
2 "네, 아버님! 말씀하옵소서."
3 네가 이 동양의 작은 나라의 한 귀퉁이에, 그것도 남들의 눈에 띄지 않는 한 조그만 골목에 나의 이름을 걸어 놓고 나로부터 성령을 받아 법전이라는 나의 뜻이 기록된 책을 만들어 만백성을 구하고자 하는 이 역사를 이루고 있음이니, 내가 이곳에서 무어라 말하였느냐?
4 몇천 년 동안 저희들의 믿음이 그리 왔던 것처럼 그들은 저희들의 성전을 짓고 저희들이 안일한 방법으로 살아가기 위하여 저희 손으로 지은 그 성전에 발 한번 들여놔 '아멘!'이라는 소리 한 번 지른 그 죄로 평생 죽을 때까지 낚싯바늘에 꿰인 잉어처럼, 그저 재물을 바치라 하면 바치며, 시간을 바치라 하면 바치며,
5 저희 집에 심방이라 하여 찾아간다면 시도 때도 없이 그 준비를 해야 되며, 저희 집에 심방을 하여 축복의 기도를 해 준다는 바람에 자식은 먹이지 못하며 노부모에게 대접하지 못해도 제가 그 상을 못 차리는 것이 죄라 생각되어 남의 돈을 얻어서라도, 빚을 내어서라도 상을 차려야 되는 것이며, 그리고 봉투를 주는, 그렇게 더럽고 추한 그 형태로써 너희들이 믿음의 길을 왔느니라.
6 그리고 종교 지도자들이 그와 같이 왔느니라.
7 저는 따뜻한 집에서 호의호식하고 살면서, 끼니도 어려운 저희 신도 집에 찾아가 말도 안 되는 축복의 기도를 저 혼자 기분 내키는 대로 지껄여 주며 '아멘, 아멘!' 하면서 상석의 대우를 받으니, 그 심방이라 하여 저희 신도가 받는 그 고통스러움을 아는가?
8 그리고 금일봉이라 하여 주는 봉투를 받아 옴이니, 어찌하여 있는 자가 없는 자의 그 진골을 빼 마시며 피를 빨아먹는 그와 같은 형국을 하면서도 부끄러운 줄 모르고, 그것이 하늘의 뜻이라 그리하는가?
9 저희들의 성전에 찾아오는 그 시간과 거기서 재물을 거두어들이는 것도 부족하여 그들이 일하고 바쁜 가정에까지 저희들이 심방이라 하여 찾아감이

니, 그들이 없는 형편에서 대접하고자
차리는 노고와 고통을 생각했는가?
10 그리고 또한 그리 없는 형편에 차려
주는 것 또한 저희들 차지니, 너희들
이 구원을 받고자 하는 허황된 욕심에
서 그와 같은 짓을 하니 이는 너희들
의 고통이 마땅한 것이니라.
11 그러나 지금 나의 아들이요, 나의 성
령을 받아 만백성을 구하는 나의 아들
이 가는 길은 어떻더냐?
12 그가 있는 것, 없는 것 다 걷어 자신의
제자 중에 의식주가 어려운 자들에게
생활의 터전을 만들어 주니, 벌써 네
군데에 그와 같은 사업장을 만들어 그
들이 살아갈 수 있도록 해 주고 있음
이니,
13 얼마 되지 않은 믿음이요, 나의 법전
을 읽고 공부한 그들에게 네가 그와
같이 터전을 만들어 주는 것과 평생
거두어들이기만 하는 너희들과의 그
차이가 어디에 있으며, 그 가는 길이
어떤 것이 바른길이며 나 여호와의 사
랑을 베푸는 길인가를 너희들은 생각
해 봐야 될 것이니라.
14 사랑하는 나의 아들아!
15 "네, 아버님! 말씀하옵소서."
16 너의 제자들에게 이제 이르라.
17 내가 너희들에게 영광의 축복인 그와
같은 사업장을 그와 같이 수없이 열어
줄 것이며, 나의 성전에 와 기도하며
나의 법전을 읽고 진정 깨우친 자, 속
과 겉이 같은 자, 그들에게 의식주를
해결할 수 있으며 인생을 편안히 육의
삶을 살아가며, 남에게 부끄러우며 남
에게 어려움을 청탁하지 않는 삶을 살
아갈 수 있도록 사업장을 만들어 줄
것이니, 그들에게 너는 전하라.
18 너희들은 '나 하나 죽어서 많은 백성
을 살릴 수 있다면, 내가 가지고 있는
인생의 명예요, 내가 가지고 있는 사
업이요, 내가 가지고 있는 재물을 다
털어 열 사람, 스무 사람을 살릴 수 있
다면, 나는 비록 다 쓰러져 죽는다 해
도 그 길을 가겠다.' 하는 마음을 가지
고 있는 너희들이 되어야 될 것이니,
너희들 제자들은 다 같이 그런 마음을
가지라 그리 이르라.
19 나에게 경배하는 것이 가장 큰 기쁨이
요, 너희들이 나의 은총 속에 삶이니,
자기 자신 하나 쓰러져 죽는다 해도
여러 사람의 가정이요, 여러 사람을
살릴 수 있다면 너희 자신이 죽어 갈
수 있다는 그와 같은 마음 자세로써
살아가며, 너희들과 같이 성전에서 공
부하는 그 형제와의 사랑을 그리 나누
라 하라.
20 너희들이 너희 자신 하나 죽어 많은
형제를 살리겠다는 생각을 갖고 살아
갈 때, 거기는 반드시 승자의 길이 있
으며, 너희들이 패자의 길을 절대적
가지 아니할 것이니라.
21 그리하여 너희들이 또한 은혜를 받아
사업장을 운영하는 자, 이는 나 여호
와의 재산이요, 나 여호와로부터 받은
영광이요, 축복이니, 이 세상 수십억
인구 중에 너희들이 선택된 자이니,
도와준 사람에게 감사하며 고마움을
생각하며, 돕는 자가 자기 자신이 쓰
러짐에도 많은 사람을 구하고자 모든
재물을 다 던졌듯이, 도움을 받은 자

또한 그러한 마음으로 사업장을 운영할 때 그 사업장은 결코 쓰러짐이 없음이니라.

22 그와 같은 자를 내가 보호하고 보살핌이니라.

23 베푼 자는 저 하나 죽어 많은 형제들을 구하고자 하며, 나의 성전에 와 공부하고 나의 법전을 읽고 깨우치는 그 아름다운 형제들이 나 여호와의 뜻을 따르니, 여호와의 뜻을 따르는 형제를 위해서 자기 자신이 죽어서 모두를 이룰 수 있다면 던지겠다는 그 아름다운 마음을 가지고 줌이니,

24 받는 자 그와 같은 생각으로써 받아 운영한다면 이는 나의 뜻이니 너희들은 성업을 이룰 것이며, 실패가 없을 것이며, 오로지 승자의 길만을 가게 될 것이니라.

25 내가 법전에 기록하여 책으로 만들어 너희들에게 깨우쳐 주었음이니라.

26 두꺼비라 하는 것이 그 자식의 번식을 위해서 뱀을 약 올리며, 그 약 오른 뱀이 참지 못하여 그를 물었을 때 두꺼비의 고통은 얼마나 심하고 가혹하겠는가?

27 그러나 두꺼비는 그 고통과 그 죽음의 쓰라림을 감내하며 자기 후손이요, 자기 씨를 위하여 죽어 감이니, 너의 제자들에게 그와 같은 마음으로 세상을 살라 이르라.

28 그리 사는 것이 나의 성전에 와서 공부할 자격이 있는 나의 아들이요, 딸들이며, 나의 아들 앞에 와서 강론을 들을 자격이 있는 것이며, 그와 같은 마음으로 너희들이 살아갈 때 이 성전에서 피어나는 그 불꽃은 정녕 시들 수가 없으며 세상을 다 태울 것이니, 그와 같은 마음자리를 가지고 너의 제자들에게 내가 만들어 준 그 모든 사업장에서 최선을 다하라 그리하라.

29 그 사업장이 실패하면 너희들의 희생이 없으며 봉사가 없으며, 나를 경배하지 아니하며 나를 따르고자 하는 자가 아니며, 육의 생활이요, 육의 계산을 먼저 하는 자, 그 사업장에서 반드시 실패할 것이니라.

30 이를 너희들이 가슴 깊이 새겨 행하도록 그리하라.

31 모두는 다 자신을 태워 많은 사람을 구한다는 생각에서 너희 자신을 던지는 데 조금도 두려움이 없으며, 너희 재산을 나누어 줌에 있어서 주저함이 없고 두려워함이 없는 그와 같은 삶을 살 때, 그곳에는 나의 영광이 있을 것이니 반드시 그는 승자가 될 것이니라.

32 이를 명심해서 그와 같은 마음으로 베푸는 것이 나의 성전에 와 나의 아들에게 가르침을 받는 나의 아들의 제자들이 가야 할 길이니, 너희들에게 제1번의 덕목이니라.

33 내가 너희들에게 명하는 것을 거부하여 너희들이 이를 행하지 아니해서는 아니 될 것이니라.

34 그리고 받은 자는 그와 같은 마음으로써 자신을 다 바쳐 그 사업장을 살리는 것만이 나의 뜻이요, 내가 내린 재물에 대해 보답하는 길이라는 것을 잊어서는 아니 될 것이니, 이를 너희들 가슴속에 깊이 심어 마음가짐을 바로 세우도록 하라, 사랑하는 나의 아들아!

3,236 번째 하나님 말씀

2002년 9월 2일 23시 27분

1 사랑하는 나의 아들아!

2 "네, 아버님! 말씀하옵소서."

3 한 민족이요, 작은 나라를 다스리는 정승 판서라는 그와 같은 직함을 가진 자는 제 나름대로 얼마든지 부를 누릴 수 있으며, 벼슬을 팔아먹을 수 있으며, 저희들이 서민으로부터 갖은 간악한 방법으로 재물을 거두어들일 수 있는 것이 그 시대에 그들이 가지고 있는 권좌의 능력이 아니었던가?

4 그러나 그중에도 스스로 청빈하며, 스스로 제 직권을 남용하지 아니하며, 제가 정당히 받은 보수로써 살아, 그 어렵고 힘든 삶을 살아서 천추에 빛이 되는 그와 같은 이름을 남기는 자들이 있었음이니라.

5 그들은 일개 한 나라에 하나의 정승이요, 판서로서 한 부분을 담당하는 그 역할을 충실히 수행함으로써 그 직분을 다한 자들이니라.

6 그러한 자들도 자기에게 주어진 그 급료요, 국가로부터 받는 그 은혜 이상의 것을 부정한 방법으로 챙기지 아니하며 생각하지 않고 사는 자는 얼마나 청렴하고 굳고 아름답게 살았는가?

7 그리하여 백성들은 그의 청빈함을 지표로 삼고 삶의 모범으로 삼아 그들이 사는 데 교훈으로 삼아 오는 그와 같은 자들이 있었음이니라.

8 일개 한 국가요, 민족이라는 곳의 일부를 담당한 그들이 그와 같은 자세로 살아가는 모습을 보고 지금의 종교 지도자 너희들은 무엇을 느껴야 하는가?

9 너희들은 인생의 가장 소중한, 영원히 사는 생명을 구하는 그와 같은 역할을 담당한 자들이라 너희들이 말하느니라.

10 그러면서 너희들은 어찌 사는가?

11 일개 국가의 정승이라는 자의 살아가는 그 모습보다도 너희들은 더 청빈하고 더 겸손하며 더 근면한 모습으로 살아가는 것이 만백성을 나에게 인도하는 나로부터 선택된 자들이라 그리 말할 수 있지 아니한가?

12 너희들이 나의 피조물 만백성에게 거둬들여서는 아니 되는 그 재물을 영수증 하나 없이, 대가도 없이 그저 거두어들임이니,

13 자기가 부정하게 거두어들일 수 있는 자리에서도 거두어들이지 아니하며 청빈하고 청렴결백하게 살아가 인간 세속에서 모범이 되게 살아가는 그와 같은 사람들보다 너희들이 정녕 못하단 말이었던가?

14 나의 피조물 만백성의 생명을 구원하여 하늘로 인도한다는 너희들이 과연 일개 한 나라의 청빈한 정승만도 못한 자세로써 살아가는 그와 같은 직분이었단 말이던가?

15 너희들은 거두어들이지 말아야 할 것이며, 거두어들여서는 아니 되는 재물을 수단과 방법을 가리지 아니하고 거두어들이며 나의 피조물 만백성을 하늘에 오르는 구원의 길로 인도한다 그리 말하는 너희들의 그와 같은 행위와 인간 세상에서 그 직분을 남용하지 아니하며 청렴결백하게 살아가는 그 사

람들을 비교해 볼 때,
16 과연 누가 위대한 역사를 이루고자 하
는 자이며 더 큰 일을 하는 자들인가?
17 너희들은 두말할 것 없이 나의 피조
물 만백성을 구원하며 나 여호와의 뜻
을 따라 천국으로 만백성을 인도하는
너희들이 더 위대하며 그곳에 견줄 것
도 없다 말할 것이며, 너희들이 천배
만배 더 위대하다 그리 말할 것이니,
18 그렇다면 천배 만배 더 위대한 너희들
이 어찌 살아야 되겠는가?
19 너희들은 그들보다 더 청빈한 삶을 살
아야 될 것이니라.
20 그러나 거두어들여서도 아니 되며 거
두어들일 자격도 없는 너희들이 우리
부자의 이름을 팔아 세 치 혓바닥으로
써 재물을 거두어들이는 데에만 연연
하는 그와 같은 형국으로 살아감이니,
21 일개 정승으로서 청렴결백하게 살아
가는 사람보다도 너희들이 더 추하고
더러운 모습으로 살아가며 그들을 따
라갈 수 없는 그와 같은 형국으로 너
희들이 지금 가고 있으며, 그와 같은
역사 속에서 흘러왔으며, 현재도 너희
들이 그와 같은 방법으로써 성전을 지
어 놓고 그를 운영하며,
22 그를 운영하기 위하여 너희들이 신도
들에게 착취보다도 더 간악한 방법으
로써 수없이 거두어들이는 행위를 하
고 있으며, 너희들 스스로 지은 그 호
화로운 성전에 너희들이 지배자가 아
니라 노예가 되는 그와 같은 형국으로
변하는 지금의 형태를 너희들이 만들
었으니,
23 너희들은 자신이 부끄러운 줄을 알아
야 될 것이며, 너희들 자신이 얼마나
잘못된 자들이며 오만하며 부끄러운
자들인가 생각해 봐야 될 것이니라.
24 지금 나의 아들이요, 나의 메시지를
들어 나의 성령을 받아 기록하는 나의
아들의 삶이 어떠한 것이던가?
25 그는 부정한 방법으로써 재산을 모으
지 아니하며, 부정한 방법으로써 금화
나 은화 한 닢을 모으지 아니하며, 오
로지 저의 것을, 제가 능력 있는 그 모
두를 다 털어 저에게 와서 성령을 배
우는 그 백성들의 삶을 위하여 모두를
다 던져 줌이니,
26 그는 너희들처럼 거두어들이지도 아
니하면서 많은 백성들의 의식주를 해
결해 주며, 나 여호와를 믿는 자들이
요, 진정한 하나님의 성령을 듣는 축
복된 백성들이 얼마나 육의 삶과 영혼
의 삶이 행복한가를 그들이 충분히 느
끼고 그리 살아가는 것이니, 이것이
너희들과 너무나도 큰 차별화임을 알
아야 될 것이니라.
27 너희들은 여기서 깊이 깨우쳐야 될 것
이니라.
28 일개 한 나라의 정승이나 청빈한 자가
살아가는 그 모습보다도, 그가 이루는
그 역사나 그가 맡은 책무보다도 너희
들이 하는 것이 천배 만배 더 위대하
고 소중하다 말하면서, 하는 행위는
그들보다 천배 만배 더 추하고 더러운
모습으로써 살아가고 나의 백성들을
깨우친다 하니, 너희들이 얼마나 부끄
러운 자들인가 보라.
29 그러하니 나는 그 청빈한 백성보다도
못한 너희들을 선택한 일이 없으며,

너희들의 기도 소리를 들을 수 없나니,
30 그와 같은 자 앞에 가 금화와 은화를
바쳐 그것으로써 하늘에 오르는 길을
열고 그 티켓을 사겠다고 몸부림치는
자, 저희 형제에게는 단돈 10원도 베
풀어 주는 걸 두려워하여 베풀지 못하
며, 이웃에게 오른손이 하는 것을 왼
손이 모르도록 그와 같이 베풀어 줄
줄 모르는 자들이, 저 자신만을 알며
제가 구원의 티켓을 사 하늘에 오르겠
다는 그 욕심이 목에까지 그득히 찬
자들이니, 그 목에까지 똥이 차 있음
을 너희들은 알아야 할 것이니라.
31 그 더러운 오물이 목에까지 다 차 있
다는 걸 너희들은 알아야 될 것이니라.
32 너희들은 자신의 그 추한 모습을 깨우
쳐 보며, 너희들이 가진 그 모두를, 너
희들이 평생 먹고살 수 있는 만큼의
그 재물 외에는 모두를 만백성을 위하
여 풀어서 전하며 그들이 살아갈 수
있도록 이끌고 행하는 자가 나의 뜻을
아는 자이며, 내가 그 이름을 기억하
는 자임을 알아야 할 것이니라.

3,237 번째 하나님 말씀

2002년 9월 2일 23시 33분

1 사랑하는 나의 아들아!
2 "네, 아버님! 말씀하옵소서."
3 이제 너의 제자들에게 깨우쳐 주어야
할 것이니라.
4 너의 제자들은 나 여호와가 존재함을
굳건히 가슴속에 새기며, 너희들이 죽
어 와 나로부터 심판을 받으니, 곧 지
옥과 천국이 있음이니, 그와 같은 곳
에서 너희들이 지은 죄의 대가를 치르
며, 선행을 한 자 천국에 와 영원히 사
는 나의 낙원에서 살게 됨이니, 그것
을 믿고 깊이 깨닫고 있는 너희들로서
는 이제 행할 길이 남아 있음이니라.
5 너의 제자들에게 일러 깨우쳐 주라.
6 조용한 시간에 너희들만의 기도하는
시간을 가지며 너희들만의 반성의 시
간을 갖도록 그리 깨우쳐 주라.
7 너희들이 세상에 나와 살아오면서 너
희들이 잘못했던 그 부분 하나하나를
생각해 보도록 그리하라.
8 너희들 이름 석 자를 네 앞에 크게 써
붙여 놓고 너희들이 잘못한 것을 하나
하나 끄집어내어 '네가 그리 살았노
라. 네가 이것을 잘못했노라. 네가 잘
못했노라.' 그리 그 이름에게 잘못한
것을 하나하나 지적해 던져 주어 보라.
9 그러면 너희들이 얼마나 잘못 살았으
며, 너희들이 얼마나 부끄러우며, 너
희들이 지금까지 살아온 그 자신이 부
끄럽고 추하여 너희 이름 앞에 너희들
은 수없이 너희 자신의 욕을 하게 될
것이며, 너 자신을 원망할 것이며, 너
를 두려워할 것이며, 너를 저주하게
되는 그와 같은 깨달음이 있을 것이니
라.
10 너희가 추하게 살았던 그 하나하나가
너희 이름에 부끄러우며, 너희 자신에
게 부끄러운 그와 같은 깨달음을 너희
들이 알게 될 때, 너희 마음에 변화가
시작됨을 알아야 될 것이니라.
11 너희들 이름 앞에 너희들이 잘못한 것
하나를 던져 놓고 그 이름을 볼 때, 너
희들이 얼마나 고통스러운 그 깨우침

의 반성의 회개를 해야만 되는 것인가
를 알게 될 것이며,
12 너희 자신이 너무나 초라하며 추하고
더럽게 살아온 그 모습이 얼마나 너희
가 보기 부끄러우며, 너희 자신이 죽
고 싶은 마음이며, 너희 이름 앞에 너
희가 살아왔던 그 모두를 다 종이에
불살라 태울 수만 있다면 태워 버리고
싶을 것이며 지워 버리고 싶을 것이니
라.
13 그리하여 그를 태울 수도 없고 지워
버릴 수도 없는 그러한 너희 이름이며
너희 자신에게 너희들은 그저 한없이
저주하며, 스스로 너희들이 죽음의 고
통 속에서 자신을 던져 버리고 싶은
그와 같은 처절한 깨우침과 후회와 반
성의 시간이 너희들 마음속에 싹이 틀
때,
14 너희들이 스스로 깨달음을 얻을 것이
며, 너희들이 스스로 부끄러움을 알게
될 것이며, 너희들이 반성의 시간을
가지며 반성의 뜻을 갖게 됨이니라.
15 그와 같은 마음자리들을 가슴속에 깊
이 가졌을 때 세상사가 다 아름답게
보이며, 너희가 잘못하고 남에게 부끄
러운 짓을 하는 것이 얼마나 너희 자
신이 추한 모습이고 잘못된 것인가를
깨달을 것이니,
16 그때부터 너희 마음속에 새로운 새싹
이 소복소복 커 올라오니, 그리하여
너희들이 천사가 되는 것이며, 나 여
호와의 성령과 같은 마음으로 변하여
정녕 하늘에 오르는 길을 보게 됨이니
라.
17 그와 같은 깨달음을 알게 된 자, 너희
들은 불쌍한 자를 돌아다보게 되며,
어려운 자를 돌아다보게 되며, 이웃의
고통을 알며 나눔을 알며, 너희들이
정을 베풀며 사는 것이 얼마나 소중하
고 귀한 것이며, 너희들이 대화할 수
있으며 너희들이 줄 수 있으며 너희들
이 나누어 그와 더불어 같이할 사람이
있다는 것이 얼마나 축복된 길이며 영
광된 길인가를 알게 될 것이니,
18 그러한 마음자리가 너희들 가슴에 내
릴 때, 정녕 너희들이 나의 성령의 그
마음자리에 앉음이니라.
19 그와 같은 회개요, 반성의 눈물을 한
없이 너희들이 흘려 깨우치며, 너희
자신을 돌이켜 보며 너희 자신에게 채
찍질을 가하며 너희 자신에게 물어보
라.
20 네 이름에게 물어보라, 너 자신에게
물어보라, 지금까지 살아왔던 삶이 네
가 얼마나 아름답고 영광되며 당당하
며 떳떳한 모습으로 살았는가를.
21 거기에는 얼룩진 네 모습밖에 없을 것
이니 그리 알라.

3,238 번째 하나님 말씀

2002년 9월 2일 23시 41분

1 사랑하는 나의 아들아!
2 "네, 아버님! 말씀하옵소서."
3 지금 내가 너희들에게 전함이니, 이를
명심하여 행하도록 너의 제자들에게
일깨워 주라.
4 세상의 너희들의 종교 집단에서 믿음
의 길을 가는 자, 그리고 너희들의 손
으로 지은 성전에 가 경배하고 기도하

며 찬송 부르는 자는 구원을 받았다 하며, 구원을 받았다 생각하고 가는 그와 같은 백성들을 제외하고는 지금 많은 백성들이 어려운 자를 돕고자 하며, 그들을 위해서 무엇인가를 하고자 하는 사람들이 수없이 있음이니라.

5 그들의 마음과 뜻을 같이하며 그들의 마음을 감동시키며 그들이 마음에 감화를 받을 수 있도록 너희들이 아름답고 선한 모습으로 살아가는 모습을 보일 수 있다면,

6 그들은 감화와 감동을 받아 어려운 자를 도우며 오른손이 하는 것을 왼손이 모르도록 그와 같이 아름다운 역사를 이루고자 하는 나의 백성들이 수없이 많이 있음을 알아야 될 것이니라.

7 지금 욕심이 그득하여 오물이 목에까지 찬 자들, 저희들만이 구원을 받으며, 저희들만이 천국의 문에 갈 수 있다 그리 생각하며, 저희들이 하늘에 올라가는 티켓을 사기 위해서는 재산과 재물과 보물을 바치며, 물불을 가리지 아니하고 그저 잘못 가르치는 종교 지도자 앞에 가 구원을 받고자 몸부림치는 그들을 제외한 나의 피조물 만백성 중에는 유한 자가 수없이 많이 있음이니라.

8 그리하여 그들은 성서 한 줄 읽지 아니하고 성서의 뜻을 모른다 해도, 천 번 만 번 성서를 읽고 죽을 때까지 저희들이 지은 성전에 가 공부하고 듣고 또 들은 그와 같은 백성들보다도 더 왼손이 모르도록 오른손이 선함을 행하고자 하는 그와 같은 역사를 이루고자 하는 자들이 수없이 많이 있으나,

9 그들이 선택할 기회가 없으며 그들이 선택할 수 없는 것이 지금의 형국이기에, 그들은 베풀고 싶고 나누어 주고 싶어도 하지 못함이니라.

10 정녕 선한 자, 진실 된 자, 효성스러운 자, 열심히 노력하는 자, 그리고 5달란트의 역사처럼 조금만 도와준다면 살아갈 수 있는 자, 그와 같은 사람을 보면 그들은 도와주고 싶어 하며, 도와줄 수 있는 백성들이 수없이 이 세상에 존재하고 있음이니라, 사랑하는 나의 아들아!

11 그와 같은 마음을 가지고 있는 자들이 수없이 있음을 너는 기억 속에 두면서, 너의 제자들에게 일깨워 주라 그리 말하라.

12 도와주고 싶은 자가 정녕 도와줄 사람을 모르며, 도와주고 싶은 자가 미래가 보이는 사람이 없으며, 도와주고자 하나 그가 5달란트를 가지고 10달란트를 만드는 그와 같이 노력하는 자인지를 알 수 없기에 도와주지 못하는 백성들이 많이 있음이니라.

13 아름다운 마음으로 살고 있으며 너희들이 존경할 사람들이 수없이 있음을 알라.

14 그러니 지금 너의 제자들이 어떠한 형국으로 가야 되며, 나의 아들 네가 어찌 역사를 이루어야 되는가?

15 세상에 그런 사람들이 너의 제자들을 바라볼 때, 바로 여기 있는 자들을 위해서 모두를 다 던져도 한 점의 부끄러움이 없으며, 제가 억울함이 없으며, 실수됨이 없으며, 제 평생 모은 재산의 일부를 떼 준다 해도 후회할 일

이 없으며,
16 제가 너희들을 도와줌을 돌아서서 스
스로 후회하고 잘못했음을 느낄 일을
갖지 않을 수 있는 너의 제자들이요,
너희들의 집단에서 그와 같은 자들을
육성하고 양성해서 세상에 내보내는
것이 너희들의 할 일이며, 너의 제자
들이 변하는 모습이니라.
17 나의 성전에 와 나의 법전을 읽으며
나의 아들을 따라 공부하며 내가 나의
아들을 통하여 내리는 그 성령을 듣고
배우는 백성들, 지금 나의 성전에서
공부하고 깨우치는 백성 너희들은 누
구든지 너희들을 욕심내며 탐내는 그
와 같이 착하고 아름다운 백성으로서
너희들이 우선 변해야 될 것이니,
18 너희들이 그리 변했을 때 많은 사람들
이 너희들을 찾을 것이며, 너희들을
필요로 할 것이며, 너희들을 돕고자
할 것이니라.
19 이것이 나 여호와가 역사하여 너희들
을 도와줌이니, 너희들이 그리 변해야
되는 그 뜻을 알라.
20 그리고 너의 제자들이 또한 나의 피조
물 만백성에게 그리 모범을 보이며,
그들을 그리 가르쳐야 될 것이니라.
21 그리하여 너희들이 기른 제자요, 너희
들과 더불어 같이하는 백성이요, 너희
들의 형제라면 그 누구라도 그저 가장
소중히 여기는 금화와 은화를 관리하
는 그 열쇠를 맡길 수 있는, 주인이 편
안한 마음을 갖고 너희들에게 맡길 수
있는 그와 같은 나의 백성으로 너희들
이 변해야 되는 것이며, 그와 같이 너
희들이 개인의 변신을 위하여 그리 살
아가야 되는 것이니라.
22 그리 변했을 때, 지금 많은 백성들이
도와주고자 하는 마음이 너희들을 보
고 우러나도록 해야 될 것이며, 너희
들을 보고 도와주는 데 그 사람들이
한 점의 실망함이 없으며, 그저 기쁘
고 감사한 마음으로써 도와주면서 기
쁨을 얻을 수 있는 그런 사람들로 그
들이 너희들을 찾도록,
23 그리고 너의 제자들이 양성한 그 제자
들을 또 달라 하는, 그리고 보내 달라
하는, 그리고 그들의 기업을 너희들에
게 맡아 달라 하는 그와 같은 너희들
이 아름다운 심성의 집단이요, 나의
아들이요, 딸로서 변하는 것이 먼저임
을 알라.
24 그리 너희들이 변하는 모습이 보였을
때 내가 너희들을 도울 수 있는 나의
백성들을 수없이 보낼 것이니 그리 알
라, 사랑하는 나의 아들아!

3,239 번째 하나님 말씀

2002년 9월 3일 0시 40분

1 사랑하는 나의 아들아!
2 "네, 아버님! 말씀하옵소서."
3 수천 년 역사 동안에 수많은 나의 백
성들이 나로부터 생명을 받아 세상에
나가니, 철이 들어 너희들이 살아가며
한 가정을 이끌어 가는 그와 같은 장
년기의 세월을 지나면서 너희들은 나
이를 서서히 먹으며 햇수를 더해 감으
로 인하여 너희 자신이 변하며 늙어
가는 그와 같은 모습을 거부하고자 하
는 것이며, 그와 같이 늙어 가는 것을

벗어나고자 하는 바람과 생각을 애절
하게 갖지 않는 자 없을 것이니라.
4 또한, 너희들은 모든 인간사에 정들었
던 세상과 인간관계에 맺었던 정든 사
람들, 그리고 너희들이 인간관계에 누
렸던 부귀와 영화 그 모두를 놓고 죽
어 간다는 그 현실 앞에,
5 작별이 싫어 너희들이 떼를 쓰고 몸부
림치고 그 숨이 다할 때까지 너희들이
일어서고자 하며 너희들이 악에 가득
한 그와 같은 몸부림을 치고 버티고자
하나, 또한 삶의 끈을 그래도 놓기 싫
어 애를 쓰나, 그와 같은 죽음을 벗어
날 수 없으며 피해 갈 수도 없는 것이
너희들인 것이니라.
6 또한, 너희들은 너희들의 인생을 살다
하늘에 왔을 때 정녕 나 여호와 창조
주로부터 심판을 받는 것이 너무도 두
려워, 너희들은 죽어 와 나 여호와로
부터 심판이 없기를 바라는 그와 같은
마음이 또한 애절할 것이니라.
7 너희들이 육의 생활에 향락과 즐거움
으로 살다 죽어 육신이 한 줌의 흙으
로 돌아가듯이, 그것으로써 모든 것이
끝나는 인생이기를 바라는 마음이 끝
이 없음이니라.
8 너희들이 살아오면서 지은 죄에 대한
심판을 받는다는 것이 두려우며, 그렇
기에 죽은 다음에 창조주로부터 심판
을 받는 것이 없기를 마음속 깊이 바
라며 기대하며 사는 것이 또한 너희들
이니라.
9 그러나 너희들은 그것이 피할 수 없는
길임을 알아야 될 것이며, 너희들은
이와 같은 심판이 반드시 있으며, 그
심판에 의하여 너희들이 어떠한 대가
를 치르느냐 하는 것은 너희들에게 달
렸음이니,
10 아무리 너희들이 나 여호와로부터 심
판받기를 두려워하며 그 심판이 없기
를 기원하고 바래도 그는 피할 수 없
는 것이니라.
11 그리하여 너희들은 나에게 심판이 있
은 후, 너희들이 심판을 받아 너희들
이 지은 죄의 대가의 심판을 받는 그
자체도 죽기보다도 더 두려운 그와 같
은 너희들의 미래에 있을 그 일에 대
하여 너희들은 지옥이 없었으면 하며,
그저 너희들이 이것으로써 죽어 가는
인생이 끝나는 것이며 모두를 다 접어
두는 것이기를 바라는 마음이 간절할
것이니라.
12 그러나 너희들에게 반드시 심판이 있
듯이, 심판 후에는 너희들이 아무리
죽기보다 두려운 길이라도 지옥으로
갈 자, 천국으로 나에게 오를 자, 그가
구분됨이니,
13 너희들이 죽음의 문턱에서 죽음을 넘
기 싫어 몸부림치는 것이며, 정든 사
람과 정든 세상과 모든 부귀와 영화를
다 놓고 가는 것이 너무나도 억울하고
분하여 그 고비를 넘지 않으려 아무리
발버둥치고 놓지 않으려 해도 그 죽음
의 끈을 놓게 되어 있는 것이 엄연한
사실이듯이,
14 너희들이 아무리 갈구하고 원해도 너
희들은 나 여호와에게 심판을 받게 되
며, 심판에 따라서 지옥이나 천국으로
가는 것은 엄연한 사실이니, 너희들은
이를 알아야 될 것이니라.

15 너희들은 이제 상상도 할 수 없는 그
지옥에 가 영원히 죄의 대가를 치르며
그 속에서 살 것인가, 천국의 나의 품
에 와 영원히 존재하는 이 하늘의 낙
원에서 살 것인가 하는 것은 너희들
스스로 선택함에 달렸으니 너희들이
알아서 행해야 될 것이니라.

3,240 번째 하나님 말씀

2002년 9월 3일 0시 49분

1 사랑하는 나의 아들아!
2 "네, 아버님! 말씀하옵소서."
3 내가 너희들의 생명을 존재시키며 많
은 동식물의 생명수가 되는 비를 세상
에 내림이니, 단비라 하여 내가 그를
내리지 아니한다면 이 지구는 모두 갈
라질 것이며 생존할 수 있는 동식물은
하나도 없을 것이니라.
4 작은 미물에서 밀림을 좌우하는 짐승
에게까지, 그리고 그 모두를 통제하는
지혜로운 백성이라는 나의 피조물 너
희들까지도 내가 세상에 그 단비를 내
리지 아니하였을 때, 존재하고 살아갈
수 없는 것이니라.
5 그러나 내가 내리는 그 단비가 너희들
이 느끼지도 못할 만큼 부드러운 감각
으로 힘없이 떨어지는 물방울이 아니
더냐?
6 내가 내리는 그 비는 힘이 없는 작은
물방울에 불과한 것이니라.
7 그러나 그 물방울이 계속 떨어지고 또
떨어질 때 그 힘없는 작은 물방울이
단단하고 단단한 바위를 뚫는다는 사
실을 너희들은 알고 있지 않은가?
8 어찌하여 그와 같은 지혜를 너희들은
너희들의 믿음과 삶에 대비하여 생각
하지 아니하며, 힘없는 물방울이 계속
떨어짐으로 인하여 저보다 몇천 배 단
단한 그 돌을 뚫는다는 것을 모르는가?
9 나로부터 가장 아름다운 모습이요, 가
장 높은 지혜요, 판단력과 사고력을
받아 가지고 세상에 나간 너희들에게
내가 너희들이 지키고 하늘에 올 수
있는 그 영혼의 양식인 십계명을 지키
고 살라 그리 말하였거늘,
10 너희들은 인간이기 때문에 그를 지킬
수 없고 나의 계명대로 살 수 없다 하
며, 내가 너희들에게 지키라 명한 어
렵지도 않은 그 계명들을 지키지 못하
고 사느니라.
11 나의 성서에 기록되어 있듯이, '너희
들이 오른손이 행하는 그 자체도 왼손
이 모르도록 하라.' 그리 지키라는 그
와 같은 것들이 무엇이 어렵고 힘들기
에 그 하나를 너희들이 지키지 못한단
말이던가?
12 너희들은 힘없이 떨어지는 그 물방울
이 바위를 뚫는 그와 같은 힘과 능력
도 없는 것이던가?
13 계속 떨어지는 물방울이 바위를 뚫듯
이, 너희들이 그와 같은 마음으로 나
의 십계명을 지킬 수 있으며, 나의 법
전을 지킬 수 있으며, 나의 성령대로
지킬 수 있다 생각하고, 너희들이 물
방울처럼 꾸준히 노력하고 또 노력한
다면 그 속에서 너희들의 변화가 이루
어질 것이니,
14 그 변화는 물방울이 떨어지는 것보다
도 몇천 배 더 강한 변화로써 너희들

에게 이루어질 것이니라.
15 그와 같은 마음으로 너희들이 변화하
고자 하며, 천사가 되고자 하며, 나 여
호와 창조주의 심성이 되고자 시도하
고 노력한다면, 너희들은 그보다도 천
배 만배 나은 위력으로써 너희 자신의
변화를 이룰 것이며, 그 모두는 새로
운 역사로써, 너희들이 새로 태어나는
모습으로써 변화될 수 있다는 것을 너
희들은 어찌 모르는가?
16 사랑하는 나의 아들아!
17 너의 제자들과 나의 법전을 읽는 백성
들과 그리고 지금까지 구원의 길에 저
희들만이 구원을 받는다고 부르짖는
그들 모두에게 물어보라.
18 너희들은 과연 아무런 능력이 없으며
너희들 손바닥에 떨어질 때 큰 감각도
주지 못하는 그 힘없이 떨어지는 물방
울만큼도 능력이 없으며, 너희들이 모
든 힘을 다 발휘한다 하여도 그 힘없
이 떨어지는 물방울만큼도 힘이 없다
말하는가?
19 그리고 그들이 이루는 변화의 역사만
큼도 지혜를 가진 너희들이 변할 수
없다 생각하는가?
20 너희들이 그리도 능력이 없단 말이더
냐? 너희들이 그만큼도 해낼 수 없는,
가치가 없는 자들인가?
21 창조주 내가 나의 피조물 만백성을 그
리 만들었는가?
22 너희들은 여기서 알아야 될 것이니라.
23 떨어지는 물방울이 바위를 뚫는 그 힘
은, 힘없이 떨어지는 물방울이 꾸준히
변함없이 노력하고 또 노력하여 그 자
리를 때리기 때문이니라.
24 그러니 너희들이 그만큼도 힘이 없다
말할 수 있는가?
25 너희들은 여기서 깨우쳐야 될 것이니
라.
26 너희들이 나의 성령대로 살 수 없으
며, 나의 법전대로 살 수 없으며, 인간
이기에 그와 같이 살 수 없으며, 제3
의 시대에 내리는 나의 성령으로 기록
된 법전은 더욱이 지킬 수 없고 행할
수 없다고 말한다면,
27 그 한마디 말로써 너희들이 얼마나 무
서운 죄를 지으며, 그 죄는 영원히 나
로부터 용서받지 못하는 죄임을 알아
야 될 것이니라.
28 그런가 하면 그와 같이 가르치는 자,
나의 순박하고 사랑하는 피조물 만백
성에게 인간이기 때문에 창조주의 말
씀인 성경대로 살 수 없으며, 성경에
서 너희들에게 지키라 명한 그 대목들
을 지킬 수 없으며 십계명대로 살 수
없다 가르치는 자, 그리고 앞으로 나
의 법전을 접한 나의 백성들 중에 나
의 법전대로 살 수 없다 그리 말하며
그리 가르치는 자는 제가 그 말을 한
만큼 그 숫자가 죄가 되어 제가 말한
만큼 무거운 죄를 받는다는 것을 잊어
서는 아니 될 것이니, 그들에게 반드
시 지금 네가 깨우쳐 주라.
29 나의 법전으로써 그들에게 전하여 주
어, 그들이 이를 읽었을 때 깨닫지 못
하면, 저희들이 나로부터 어떠한 죄를
받는 것인가를 저희들이 죽어 와 알
것이니, 그 고통을 내가 덜어 주고자
함이니, 읽고 깨우쳐 죽어 와 내 앞에
서 그 무서운 심판을 받으며 지옥 불

로 가는 그 길을 면제받을 수 있도록 그리하라 전하라.
30 오로지 그것밖에 없음을 그들에게 전하여야 될 것이니라.
31 십계명은 전지전능한 창조주인 아버지가 불로 써 내린 것이니 지켜야 될 것이며, 성서에 기록되어 있는 너희들에게 힘들고 어려운 길과 너희들이 행해야 되는 지침을 내리는 그 대목들을 너희들은 지켜야 될 것이며,
32 마지막 너희들을 구하기 위해 내리는 나의 법전을 읽고 정독하여 너희들이 깨우치는 것만이 영광된 길에 오를 수 있는 것이라는 것을 그들에게 전해 주라.

3,241 번째 하나님 말씀

2002년 9월 3일 01시 05분

1 사랑하는 나의 아들아!
2 "네, 아버님! 말씀하옵소서."
3 너희 인간들도 세상에 살아가면서 그 삶에서 서로 만나고 부닥치며 너희들이 많은 시간을 가지고 상대를 해 오며 삶을 같이하며, 또한 평생을 같이 하는 부부요, 또 형제요, 이웃의 자주 만나는 사람들,
4 너희들이 세상사 육의 삶을 살아가기 위하여 세상에서 부닥치며 서로 같이 의논하고 협조하며 가는 자, 또는 언쟁을 하며 분쟁을 하며 서로 상대방을 시기하고 질투하며 또 서로 위로하고 격려하는 그와 같은 인간관계요, 모든 인간사의 삶에서 얽히고설킨 그 사람들끼리 부닥치는 그들의 마음을 너희들은 스스로 어느 정도 알게 되어 있으며, 그 마음을 아는 것이 너희들이니라.
5 그리고 그가 무엇을 요구하며 무엇을 원하는 것이며, 너희들이 그에게 무엇을 해 주었을 때 그가 기쁘며, 그가 너희들에게 어찌해 줄 것인가를 너희들이 느낄 수 있는 것이 인간 세속에서 너희들이 알고 있는 삶이며, 너희들이 그만큼 너희들의 지혜로써 그걸 미리 짐작하고 깨닫고 살아가는 것이니라.
6 하물며 인간 세상에서 너희들이 만나고 부닥치는 그 육의 삶 속에서 누가 무엇을 생각하며 어찌할 것인가 그와 같은 것을 서로 깨닫고 알고 있거늘,
7 창조주인 나 여호와가 너희들의 마음 속에 생각하는 것과 너희들이 원하는 것과 너희들이 이루고자 하는 것과 너희들이 지금 사악한 마음을 먹고 있는 것과 천사와 같은 마음을 갖고 있는 것이며, 너희들이 남을 위하여 분개하고 있으며 너희 스스로 분을 이기지 못하며, 너희가 잘한 것도 없으면서 남을 핍박하고 남에게 뒤집어씌우려 하는 것이며, 너희들이 도둑질하고 남에게 뒤집어씌우는 것이며, 너희들이 간음하고 그를 안 했다고 버티는 것이며, 이와 같은 너희들의 돌아가는 마음을, 천둥 번개보다도 빨리 지나가는 너희들의 잘못하고 잘함을 모르겠는가?
8 내가 하나도 놓치지 아니하고 안다 하였거늘, 너희들 인간 세상에서 너희들이 서로의 마음을 느끼고 알면서 내가 너희들을 모른다 생각함이니, 이것이

너희들이 얼마나 어리석은 마음의 형
태로 살아가는 것이던가?
9 너희들은 그리 말할 것이니라.
10 너희들이 어렵고 힘든 그 모든 역경을
거치면서 나 여호와가 너희들의 마음
을 모르며 너희들의 뜻을 모르며 너희
들이 갈구하는 것을 모르는 것이며,
11 너희들은 나 여호와가 정녕 존재하지
아니하며 나 여호와는 실존하는 것이
아니라 생각하며, 너희들은 나 여호와
를 원망하며 너희 스스로 한탄하며 나
여호와를 찾아 나의 성전에 와 나의
법전을 읽고 법전을 깨달으면서도, 내
가 내리는 그 성령을 나의 아들로부터
직접 듣는 너희들 자신도 마음이 변화
되는 것은 무서우나, 정녕 너희들이
받고 소원하는 것을 얻지 못함이니,
12 너희들 마음속에 불안하며 공포스러
운 마음과 의혹의 마음을 버리지 못하
는 것이 너에게 가장 가까운 제자들이
생각하는 마음이요, 나의 법전을 읽은
백성들이 또한 그리 생각할 것이니라.
13 그러나 너희들은 내가 너희들의 마음
을 모른다고 생각해서는 아니 될 것이
며, 그는 너희들이 생각할 수도 없는
일임을 알라.
14 내가 너희들의 마음을 모름이 아니요,
너희들의 마음을 다 알며 너희들이 원
하는 것이 무엇인지 아나, 다만 너희
들이 받을 만한 마음의 준비가 되어
있지 아니하며 다스려져 있지 아니하
며 변화되어 있지 아니하기에 너희들
은 받을 수 없음이니라.
15 내가 너희들에게 무어라 일렀느냐?
16 내가 너희들에게 은혜와 상을 내리기
위하여, 너희들이 신부로서의 자격이
없으나 내가 너희들 열여섯 가족에게
신부라 명했음이니라.
17 그리하여 너희들 열여섯 가족은, 아이
도 어른들도 너희들 자신도 그 모두가
신부가 되었다 하였음이니, 너희들에
게 얼마나 큰 영광과 은혜를 내렸으
며, 너희들이 구원의 길에 한 발자국
을 다가오는 그와 같은 축복의 길을
내려 주었는가?
18 내가 너희들은 신부라 말하였음이니
라.
19 너희들이 신부의 자격이 없으나 내가
너희들에게 미리 신부라 말하였음은
너희들이 지금까지 변해 온 그 과정과
또한 너희들이 신부로서 자신을 갖고
자 노력할 때 너희들의 빠른 변화를
위하여 너희들에게 크나큰 상을 내리
고자 하는 나의 뜻이니라.
20 그러나 어찌하여 너의 제자들은 그리
도 어리석은가?
21 너희들은 너희 스스로 신부로 변하는
것을 먼저 해야 될 것이거늘, 너희들
자신은 신부와 같은 마음이 없음이니,
그 신부가 입은 하얀 드레스에 너희들
이 검정 물을 뿌려 놓았다 하면 과연
그 신부는 그를 입고 식장에 들어갈
수 있겠는가?
22 바로 너희들이 그와 같은 형국이니라.
23 너희들 마음에 아직도 검은 마음이 도
사리고 있음이니, 신부가 입은 그 드
레스는 검정 물은 보이기는 하나 너
희들의 그 검은 마음은 보이지도 아니
함이니,
24 너희 스스로 그 검은 마음을 버리지

못하고 나에게 무엇을 얻고 구원받고
자 하여 나를 원망하는 그와 같은 어
리석은 행위를 함이니, 너희들은 그
어리석고 우매한 행위에서 벗어나야
될 것이니라.
25 너희들은 다시 한 번 너희들 자신을
돌아다보아야 될 것이니라.
26 그리고 너희들 자신의 뼈를 깎는 반성
과 자신의 채찍질과 자신이 변하고 깨
달아, 지금까지 살아온 모든 삶을 하
나하나 기록하여 너희들이 잘못한 것
을 한번 짚어 보라.
27 과연 너희들이 나로부터 은혜를 받고
육신의 고달픔을 벗어나고 그 소원을
이룰 수 있는 축복된 자들인가?
28 축복을 받을 수 없는 자들이 너희들이
니, 내가 너희들에게 그를 내리지 못
하고, 너희들에게 신부가 되었다 말하
였음이니, 곧 이는 너희들이 조금만
더 노력하여 신부가 된다면 내가 너희
들에게 상을 내리는 기쁨을 얻고자 함
이니,
29 내가 너희들에게 내리는 그 상이 너희
들의 기쁨이 아니요, 너희들의 육의
기쁨이요, 영혼을 구하는 기쁨보다도,
이와 같은 것을 내릴 수 있는 나의 백
성이 세상에 존재함이 나 여호와의 기
쁨이요, 나의 더 말할 수 없는 행복이
기에 내가 너희들에게 먼저 신부라 명
하고 그리 변해 달라 간곡히 부탁하는
것이거늘, 어찌 너희들은 그리도 어리
석은가?
30 너희들은 이 세상에서 가장 행복한 자
들이며 행복한 백성임을 알라.
31 너희들이 이 세상에서 제일 행복한 백
성들이며 너희들보다 더 축복과 영광
을 받은 자가 없다는 것을 알아야 될
것이니라.
32 너희들이 오늘의 축복에 감사하는 마
음을 먼저 가지며, 너희들이 정녕 나
의 심성과 같이 그리 변하는 길밖에
없음이니라.
33 그리 변하여 너희들이 신부가 되었을
때, 모두를 다 얻을 것이며 내가 내려
줄 것이거늘, 어찌하여 너희들은 그리
도 어리석은 삶에 허덕이고 있는가?

3,242 번째 하나님 말씀

2002년 9월 3일 01시 11분

1 사랑하는 나의 아들아!
2 "네, 아버님! 말씀하옵소서."
3 저희들이 지은 성전에 와 구원을 받는
다 하여 '아멘!' '할렐루야!' 하며 예수
의 이름으로 축복받았다 하며 금화와
은화를 바쳐 하늘에 오르는 그 티켓을
사고자 하며 하늘에 재물을 바침으로
구원을 받는 영광을 얻는다 그리 믿고
오는 백성들과 아무것도 모르고 그저
육신의 삶이 죽으면 한 줌의 흙으로
돌아간다 말하는 자, 이와 같은 나의
피조물 만백성 그 모두가 그래도 그들
이 원하는 것이 무엇이더냐?
4 그들은 바로 죽음에 와 지옥 불의 고
통스러움이 아닌 그저 편안한 길을 살
수 있는, 너희 영혼이 축복받아 하늘
나라에 오르는 그와 같은 것을 바라는
것이 너희들의 가장 큰 목적이요, 너
희들의 소원일 것이니라.
5 그리하여 지금 2천 년 동안에 나의 뜻

과는 관계없이 살아온 믿음의 길을 가
던 백성들과 그저 신은 존재할 것이라
생각하며, 또는 신은 존재하지 아니한
다 생각하며, 그러면서 너희들이 죄를
지었을 때는 나로부터 심판받는 것을
두려워하며, 어렵고 힘든 일에 처했을
때나 생명에 위험을 느낄 때 너희들
스스로 찾는 것이 무엇이더냐?
6 '하나님! 도와주옵소서. 하나님! 살려
주옵소서. 하나님! 저에게 기회를 주
옵소서.' 그리 너희도 모르게 부르짖
음이니, 이것이 무엇이더냐?
7 바로 너희들이 나로부터 생명을 받아
나간 증표이니라.
8 그리고 내가 존재함을 너희들이 알고
있음이니라.
9 그러나 너희들이 세속에 살면서 생활
속에 찌들며 생활 속에서 선을 행하지
못하며 나의 뜻대로 살지 아니하며 사
악한 곳에 너희 자신을 던지고 사는,
육의 삶에만 모두를 맞춰 준비하고 살
아가기 때문에 나를 잊고 삶이니라.
10 그러나 그러한 백성이요, 구원에 들어
섰다는 백성이요, 모든 종파에 매달리
는 그 백성, 너희들이 하늘에 오르는
그 구원의 축복을 위해서 사는 것이
아니던가?
11 그리하여 지금 너희들이 제3의 시대
에 그리 원하고 갈구했던 영광과 축복
과 너희 인생의 목적인 구원의 빛이
요, 천국의 문에 들어설 수 있는 축복
이 가득 찬 나의 법전이 세상에 지금
내려가고 있으나, 너희들은 이를 보려
하지도 아니하며, 이를 열어 보지도
아니하려 하며, 이를 들어 보지도 아
니하려 하며, 이를 읽으려고 하지도
않음이니,
12 너희들의 구원의 길이요, 미래를 보장
해 주는 것은 나의 법전이며, 두 번 다
시 이런 역사가 이루어질 수 없으며
이것이 마지막 나의 성령이거늘,
13 그리하여 나의 성령을 나의 아들에게
내가 직접 메시지로 내려보내며 내가
직접 나의 아들을 통하여 너희들을 통
제하는 이와 같은 역사의 변화가 이루
어지고 있거늘,
14 너희들은 이 법전에 귀 기울이려 하지
아니하며, 이 법전의 뚜껑을 열고 들
여다보지도 아니하려 하며 읽으려고
도 하지 아니하니,
15 너희들이 영원히 사는 그 천국의 길은
바로 나의 법전이거늘 너희들은 이를
버려두고 지옥의 길로 달려가는 데에
만 용감하니, 너희들이 과연 머지않은
너희들의 육의 삶이 끝나는 그 시간에
어찌하려고 그리하는가?
16 너희들이 깨달아야 할 것이니라.
17 지금 내가 제3의 시대에 너희들을 구
원하기 위하여 축복이 가득 찬 나의
법전을 너희들에게 내려보내니, 그저
이 뚜껑을 열고 너희들이 몇 줄의 글
자만 눈으로 보고 읽는다 하면 구원의
길을 바라볼 수 있는 이 법전을 너희
들이 버려둠이니, 그 후회를 너희들이
어찌 다 감당하려 하느냐?
18 이와 같은 나의 기록을 세상의 만백성
에게 전함이니, 이를 보고도 너희들이
깨닫지 못한다면 어찌하는가?
19 나 여호와의 음성으로써 나의 아들을
통하여 직접 너희들에게 전하는 메시

지이니 이는 나의 음성임을 알라.

3,243 번째 하나님 말씀

2002년 9월 3일 01시 20분

1 사랑하는 나의 아들아!
2 "네, 아버님! 말씀하옵소서."
3 너희들이 칼이라는 그 흉기로 상대방
의 살을 베고 찌르면 그가 얼마나 고
통스럽고 아프겠는가?
4 그러나 칼이라는 흉기를 가지고 너희
들의 살을 베고 찌르지 아니할 때 너
희들은 그 고통을 느끼지 못함이니라.
5 그러기에 너희들이 고통을 모르기에
남에게 그와 같은 아픈 상처를 냄이
니, 너희들이 남의 아픈 상처를 너희
자신의 상처의 아픔과 같이 느낄 수
있다면 너희들은 감히 그 흉기를 가지
고 남에게 상처를 낼 수 없을 것이니
라.
6 그러나 너희들은 너희들이 찔렸을 때
의 그 아픔을 돌아다보지 아니하며 그
를 생각하지 않음이니라.
7 너희들이 남을 시기하고 질투하는 그
말로 하여금 상대방이 얼마나 가슴 아
프며 얼마나 괴로워하며 슬퍼하는 것
인가를 너희들은 모르니, 자신이 당해
야만 알며 자신이 겪어 봐야만 아는
것이 너희 인간이니, 그 얼마나 어리
석고 우매한 자들이라 하였느냐?
8 너희들이 칼을 가지고서 앞에 있는 사
람에게 상처를 내는 것보다도 더 아픈
것이 말로써 상처를 내는 것이요, 보
이지 않는 먼 곳에 있는 사람에게 말
로써 그를 상처를 입히는 것이 흉기로
상처 입히는 것보다도 더 큰 죄라 하
였으며, 그것은 영원히 지울 수 없는
것이라 하였음이니라.
9 너희들은 너희들의 슬픔과 남의 슬픔
을 똑같이 느낄 수 있는 그와 같은 현
명한 자로서 살아가야 함을 알아야 될
것이니라.
10 너희들은 지금 진정한 믿음의 길이 무
엇이며 내가 원하는 길이 무엇이며 어
떤 길을 너희들이 선택하여야 하늘에
오를 것인가 그 자체를 구분하지 못하
며 분별하지 못하는 그와 같은 너희들
의 지금의 삶을 살고 있는 것이니라.
11 너희들은 정녕 사악한 것으로써 살며,
사악한 것에 용감하며, 너희들이 죄를
짓고 산다는 것이 나로부터 심판을 받
고 지옥 불에 가 얼마나 무서운 죄의
대가를 치르는 것인가를 생각하지 못
함이니라.
12 그리하여 너희들은 사악한 쪽으로, 인
간으로서 해서는 안 될, 남들이 눈살
찌푸리는 그와 같은 질서를 파괴하는
행위도 서슴없이 함이니,
13 너희들은 지옥이 얼마나 무서운 곳이
며 천국이 얼마나 영화로운 곳이며 행
복한 곳인가를 견주어 생각할 수 있는
지혜를 가져야 될 것이니라.
14 너희들은 지금 육의 삶의 이 세상에서
중립을 지키고 있는 상태임을 알라.
15 너희들은 시소라 하는 것의 가운데 서
있음이니라.
16 너희들이 어느 쪽에 힘을 더 주느냐에
따라서 한쪽으로 기울어짐이니, 악의
쪽으로 발을 붙여 힘을 줄 것이냐 선
한 쪽에 힘을 줄 것이냐 하는 것은 너

희들의 선택에 달렸음이니라.
17 너희들이 지옥 불이 얼마나 두렵고 무
서운지를 너희들이 가 보지 아니하고
체험하지 아니하였다 해도 너희들 스
스로 너희 죄의 대가가 얼마나 무서울
것인가를 상상하여 보라.
18 그렇다면 너희들이 지옥으로 가는 그
길을 선택할 수 없을 것이니라.
19 선한 천국을 너희들이 생각해 보라.
20 정녕 너희들이 천국에서 산다 그리 생
각해 보라.
21 그러면 너희들이 그 천국을 오지 않
을 수 있겠는가?
22 너희들은 지금 지옥 불에 가 살지 아
니하나, 지옥 불에 가서 너희들의 삶
의 그 죄를 하나하나 스스로 너희들
머리로 기억해 보라.
23 지옥에 어떤 벌이 있으며 어떠한 벌로
써 너희들이 죗값을 치르는가를 너희
들이 생각나는 대로 하나하나 한번 기
록해 보라.
24 그리고 그 벌 중에 너희들에게 하나가
해당된다는 것을 반드시 너희들은 그
리 너희 것으로 만들어야 될 것이니라.
25 그리고 천사가 되어 하늘에 오르는 길
도 또한 너희들이 하늘의 역사가 어찌
이루어지는가, 천국의 호화로움과 천
국의 영화로움과 천국의 그 황홀한 것
을 너희들이 상상하며 하나하나 기록
해 내려가 보며, 너희들이 거기에서
어떤 삶의 선택을 받을 것인가 그리
생각해, 너희들이 천국에 온 자라 생
각하고 한번 깨우쳐 보라.
26 그러면 너희들이 천국을 가지 아니하
여도 천국의 영화로움을 알 것이며,
지옥에 가지 아니하여도 지옥의 고통
을 알 것이니, 너희들이 여기에서 바
로 선택해야 할 것이니,
27 시소 가운데에 서 있는 너희들의 발길
이 어느 쪽으로 가느냐 하는 것은 너
희들의 깨우침이요, 너희들이 가 보지
않아도 가 본 것처럼 느끼며, 너희들
이 보지 아니하였어도 본 것처럼 느끼
며, 너희들이 벌을 받지 아니하였어도
벌을 받는 그 느낌을 깨달아야 될 것
이며, 너희들이 천국을 보지 못하며
천국에 와 보지 아니하였어도 천국을
향하여 상상의 나래를 곱고 아름답게
펴 보라.
28 그러면 너희들은 어느 길을 선택할 것
인가?
29 내가 너희들에게 깨우침을 이리도 상
세하고 자세히 너희 손에 쥐여 주거
늘, 그 이상 무엇으로써 너희들을 깨
우쳐야 될 것인가?
30 나의 아들을 잠을 재우지 아니하고,
밤과 낮을 가리지 아니하고 너희들을
깨우치기 위하여 내가 가장 기초적인
그 깨달음을 전하여 너희 손에 쥐여
줌이니, 언제까지 내가 나의 아들에게
이와 같은 역사로써 나의 성령을 전하
여야 되겠는가?
31 내가 너희들에게 전할 것이 수없이 많
이 있음이니라.
32 시와 같은 아름다운 글귀를 너희들에
게 내려 주고 싶으며, 아름다운 꽃 한
송이보다도 더 향기로운 향기를 느낄
수 있는 그와 같은 나의 성령을 너희
들에게 전하고 싶으며, 너희들이 눈물
을 흘리며 읽는 하나의 소설의 구절이

나 너희들이 감동받아 읽는 시의 한 구절 같은 그 아름답고 너희들이 감히 생각할 수 없는, 그 신비롭고 비단결 같은 나의 뜻을 전할 그 기회를 어찌하여 너희들은 이리도 막고 나에게 기회를 주지 아니하는가?
33 비단결보다 더 곱고 구름에 나는 것보다 더 아름다운 시적인, 내가 너희들을 가르치며 너희들이 소설책에 눈물짓는 그 아름다운 구절을 내려보낼 것이거늘, 이와 같은 것을 내가 너희들에게 내릴 기회를 정녕 너희들은 막으려 하며 듣지 않으려 하는가?
34 이제는 너희들을 탓하며 너희들을 바로잡기 위하여 나 여호와의 매질함을 멈추게 해줄 수는 정녕 없는가?

3,244 번째 하나님 말씀

2002년 9월 3일 08시 48분

1 사랑하는 나의 아들아!
2 "네, 아버님! 말씀하옵소서."
3 내가 만든 이 지상에 너와 더불어 살아가는 이 시대의 백성들과 그 모두에게, 그 동양의 작은 나라에서 기적의 역사가 이루어지고 있지 아니한가?
4 창조주인 나 여호와가 너를 통하여 이 동양의 작은 나라의 언어와 글로써 만백성을 통일하고자 하는 이 역사가 시작되었음이니,
5 네가 벌써 3부에 돌입하여 나의 법전을 책으로 만들어 지금 48권에 임박하고 있으니, 이 모두를 이제 만백성에게 전할 때가 왔음이니라.
6 나 여호와로부터 성령을 받아 160권의 법전을 세상에 내니, 그 한 권마다 288쪽이요, 그가 오늘 날짜로써 3부의 48권에 지금 임박하고 있음이니, 이 기적을 동양의 작은 나라의 백성들에게 너는 전해야 될 것이며, 만백성에게 이와 같은 기적의 역사를 보여야 될 것이니라.
7 오늘, 너희들이 말하는 2002년 9월 3일을 기하여 만백성에게 이 동양의 작은 나라에서 기적의 역사를 이룸을 전하는 그와 같은 사업으로 네가 시작해야 될 것이니 그리 알라.
8 세상을 다 공통으로 만드는 이 동양의 언어로써 내가 160권의 법전을 세상에 내려보내니, 3부인 48권은 각국 민족의 언어로써 그들이 이를 읽어 기초를 깨달으며, 4부부터는 동양의 너희 글과 너희 문자로써만 세상에 이를 전하게 됨이니,
9 그리하여 공통어가 된다는 이와 같은 것을 너희들만이 안고 알고 넘어가는 것이 아니라, 이제 모든 기계문명의 움직임을 통하여 세상 각국에 이를 알려야 될 것이며, 동양의 백성들에게 이와 같은 기적을 깨우쳐 주어야 할 것이니라.
10 지금 동양의 나라에서 기적이 이루어지고 있으며, 그 기적에 대한 상세한 내용을 기록하여 이제 그들에게 전해 줄 때가 되었음이니라.
11 그리하여 그들이 이를 읽고 안 읽는 것은 그들의 선택의 길임을 알아야 될 것이니라.
12 내가 나의 법전 한 권이 무어라 말하였느냐?

13 하늘에서 쏟아지는 그 소낙비 속에 하
나의 황금 물방울을 내가 내려보낼
때, 그걸 너희들이 손으로 받을 수 있
는 그 영광보다도 더 위대한 것이 나
의 법전 한 권을 읽는 것이라 하였느
니라.
14 이미 1부의 16권이 세상에 나왔으며,
이제 3부가 다 되어 가며 48권의 나의
성령을 받아 네가 기록해 감이니, 이
를 만백성에게 전해야 할 것이며, 앞
으로 160권의 법전의 기적의 역사를
이룬다 그리 전하라.
15 그리고 하늘을 두루마리 삼아 쓰고 또
써도 다 못 쓴다는 나의 그 성령이 지
금 내려가기 시작함이니, 네가 죽을
때까지 나의 성령을 받아 만백성에게
하늘에 오르는 길을 인도할 것이니,
16 오로지 책으로 전해지는 것은 160권
이요, 나머지는 너희들의 말로 지도자
의 가르치는 교본으로써 기록되어 남
을 것이라는 것을 이제 동양의 작은
나라의 백성들에게 전하여, 이 역사에
동참하고자 하는 자들에게 문호를 개
방하라.
17 그리하여 시작하는 것이 너희들이 이
제 해야 할 사업이니 그리 알라.

3,245 번째 하나님 말씀

2002년 9월 3일 09시 32분

1 사랑하는 나의 아들아!
2 "네, 아버님! 말씀하옵소서."
3 내가 나의 법전을 기록하여 책으로 만
들라 하였음이니, 네가 최초에 1,500
부를 만들어 세상에 내었으며 그 세상
에 나온 1,500부 중에 한 권을 한 여
인이 읽었음이니, 그리하여 그 한 여
인을 네가 제자로 삼게 되는 인연이
되었으며, 그리고 나머지 책을 내가
회수하라 하였음이니라.
4 1,500부의 나의 법전을 만들어 세상
에 내 놓으니, 거기에서 너의 제자 한
여인을 구하였으며, 그 한 여인으로
하여금 네가 지금 서울이라는 이곳에
옮겨 제1부인 열여섯 권의 법전을 만
듦이니,
5 그 여인의 저린 마음과 손끝이 아픈
그 노력으로 인하여, 그의 모든 정성
을 다 들인 그 공으로 열여섯 권의 법
전이 세상에 나와 지금 성전을 만들었
으며, 그리하여 지금의 너희들이 오늘
제자로서, 또 나의 아들의 신부로서
열여섯 가정이 또 선택을 받았음이니
라.
6 한 여인이 1부의 책 열여섯 권을 만들
고 3만 부를 세상에 내보내어 만백성
에게 전하였으니, 거기서 내가 추린
것이 신부라 한 너희들 열여섯 가정이
니, 바로 그 여인으로 하여금 3만 부
의 책이 세상에 나가 너희들 열여섯
가정을 구했음이니라.
7 이제 너희들이 할 일이 남았음이니라.
8 나의 아들이 지금 10부로 나눠진 160
권의 법전 중에 3부인 48권에 돌입하
고 있으니, 이제는 지금서부터 너희들
이 이 48권의 법전을 세상에 전하는
역사를 시작하여 14만 명이라는 나의
전사들을 규합해야 될 때이니, 내가
그들을 위하여 문을 개방함이니라.
9 이제 나의 성전에 그와 같은 백성이

요, 제자들이 찾아오니, 너희들 열여
섯 가정을 신부라 내가 명하여 너희들
을 구원하여 하늘에 오르는 길을 열어
주었음이니, 오로지 너희들은 이제 그
자격을 획득하는 일만 남았다 하였음
이니라.
10 그리하여 3만 부라는 법전이 세상에
나갔으며 그로 하여금 너희들 열여섯
가정을 구했으니, 그 열여섯 가정 너
희들이 이제는 나의 법전이 세상에 나
오며 동양의 작은 나라에서 기적을 이
루며, 이것이 세상 만백성이 사용하는
공통어로 천 년에 걸쳐 이루어지며 너
희들을 구원하는 길이 여기에 다 있음
을 전하여, 14만 명의 나의 전사들을
이루어 놓아야 되며 편성해야 되는 것
이 지금서부터 시작됨이니라.
11 그러니 너희들이 나의 법전을 전하는
것에 전념하여 세상에 만들어 내야 될
것이니라.
12 나의 피조물 만백성이 평생 각종 헌금
이요, 금화와 은화를 바치면서 믿음의
길을 간다 하여 저희들이 어떠한 종파
든 거기에 가서 기도드리고 경배하며
그와 같이 왔느니라.
13 나무를 믿는 자, 바위를 믿는 자, 짐승
을 믿는 자, 산천을 믿는 자, 그와 같
이 저희 나름대로 믿음이라는 것을 가
지고 가며 구원을 받고자 했으며, 소
원하고 복을 빌며 그와 같은 저희 나
름대로의 신앙 속에서 지금까지 살아
온 그 백성들, 그리고 성전을 지어 그
곳에 와 금화와 은화를 바치며 기도로
써 눈물의 회개를 하는 자는 구원을
받는다고 가르친 자, 그들의 마음이
다 무엇인지 아는가?
14 그들에게 공통점이 있음이니라.
15 그들은 허전함이니라.
16 그리고 그들이 손으로 만져 볼 수도
없으며 들을 수 도 없으며 볼 수도 없
는 그 허무하고 공허한 저희 나름대로
의 신앙 속에서 지금까지 그들은 너희
들 말대로 울며 겨자 먹기 식의 형태
에서 설마 복이 되겠지, 저희들에게
축복이 있겠지, 그리고 저희가 바친
것만큼 덕이 있겠지, 귀신이 떡을 얻
어먹었든 너희들이 말하는 우리 부자
에게 저희들이 눈물로써 드린 그 기도
가 상달되어 저희가 듣고 있는 것처럼
나 여호와가 듣겠지 하는, 그와 같은
저희들의 기대 심리에서, 밑져 봐야
본전이라는 그와 같은 마음으로 지금
까지 믿으며 왔으니,
17 그들이 가지고 온 그 신앙이 무모하며
잘못되었으며, 그들의 공허하고 허전
한 마음은 지금도 달랠 길이 없으며,
저희 후손도 달랠 길이 없으며, 그들
이 죽어 갈 때까지 그 허전하고 공허
한 마음을 채울 수가 없음이니라.
18 그러니 그들에게 나의 법전 한 권을
전해 줌으로 인하여 그들이 깨우침을
알며 스스로 변화되는 역사를 이루며,
그들의 공허하고 허무한 마음이 지워
지며, 정녕 나의 음성으로써 기록된
나의 법전에서 그들이 나의 음성을 들
으며 나의 뜻을 깨닫게 됨이니,
19 그리하여 그들이 천사의 마음과 같이
변하였을 때 그들은 나의 음성을 들으
며 나의 형체를 볼 수 있으며, 그들의
인생의 삶의 가장 소중함을 알게 될

것이니라.
20 그들에게 나의 법전을 전해 주고 채워
주는 것이 이제 열여섯 전사 너희들이
해야 할 일이니,
21 힘을 모아 모든 것을 다 동원하여 이
역사를 이루는 데 게을리하지 말 것이
며, 오늘 이후부터 너희들은 머리를
맞대고 그에 대한 연구에 연구를 거듭
하여 너희들이 나의 뜻을 이루도록 그
리하라.
22 이제 나 여호와가 너희들의 성전의 문
을 열어 줄 것이며, 만백성의 전사가
모이도록 할 것이니 그리 알라.

3,246 번째 하나님 말씀

2002년 9월 3일 11시 48분

1 사랑하는 나의 아들아!
2 "네, 아버님! 말씀하옵소서."
3 너의 제자들에게 일러 이리 전하라.
4 나의 아들이 6일 만에 한 권의 법전을
세상에 내보냄이니, 내가 이 세상을
창조한 그 날짜에 나의 아들은 한 권
의 법전을 세상에 냄이니라.
5 너희들은 나의 아들이 한 권의 법전을
6일 동안에 세상에 내서 너희들 앞에
내놓을 때, 크나큰 금괴 하나씩 너희
들의 금고에 그득히 쌓인다고 생각할
수는 없겠는가?
6 나의 아들이 6일에 걸쳐, 이 세상을
창조한 그 짧은 시간 내에 한 권의 법
전을 세상에 만들어 냄은, 너희들에게
커다란 금괴 하나씩을 선물하는 것보
다도 더 위대하고 값지다는 것을 너희
들은 어찌 모르는가?
7 너희들은 그와 같은 마음으로써 기뻐
하며, 나의 아들이 써 내는 그 법전을
대하기를 그와 같은 마음으로 대해야
할 것이니라.
8 내가 오늘 성서에 있는 뜻을 너희들에
게 가르침이니라.
9 너희들이 하늘의 창고에 보물을 그득
히 쌓아 놓으면 구원을 받는다 하였음
이니, 하늘의 나 여호와가 너희들에게
내린 인간 세속에서 살아갈 수 있는
재물이요, 부귀영화는 그 60점 속에
다 존재한다 하였음이니라.
10 그리고 너희들 인간의 삶은 그 60점
안에서 모두가 다 끝나며, 그 60점의
한계를 벗어났을 때 너희들이 영의 세
계에 돌입한다 하였음이니, 너희들이
가지고 있는 그 보물이요, 재산이요,
그 모두가 다 무엇이더냐?
11 그것은 육의 세상에서 벗어날 수가 없
으며 거기서 모두가 다 끝나는 것을
너희들은 깨달아야 될 것이니라.
12 한 사람의 생명이 살다 60이라는 그
점수 안에서 내가 내려 준 그 모든 것
을 갖고 누리고 살다 너희들이 한 줌
의 흙으로 돌아가며, 너희들의 영혼이
나에게 와 심판을 받을 때 너희들의
재물이요, 그 모두도 다 거기서 끝나
는 것이니, 그걸 들고 하늘나라에 오
는 자 보았는가?
13 너희들은 죽어 오는 그 순간에도 너희
들이 만들었던 금화요, 은화요, 그 재
물을 하나도 짊어지고 오지 못하는 형
국이거늘, 더군다나 너희들이 어찌하
여 살아서 나에게 그 재물을 하늘에
바친다 하느냐?

14 여기서 너희들은 깨우쳐야 할 것이니
라.
15 너의 제자들은 이 마음을 깊이 가슴에
심어서 너희 것으로 만들어야 될 것을
잊지 말라.
16 너희들의 모든 재물은 육이 사는 그
속에서 다 끝나는 것이니라.
17 너희들이 죽을 때 그 영혼에서 모두는
다 끝이 남이니, 그 재물을 하늘에 쌓
아 놓는다는 그와 같은 엉터리 같은
말에 현혹되지 말며 거기에 너희들이
혹시나 하는 미련의 마음을 가져서도
아니 됨을 알라.
18 이제 너희들이 하늘나라의 창고에 쌓
아 놓는 그 보물의 의미를 내가 너희
들에게 명하노니, 너희들은 정녕 하늘
나라에 그 보물을 그득히 쌓아 놓도록
그리하라.
19 그것이 바로 무엇인지 아는가?
20 내가 6일 만에 나의 아들을 통하여 한
권의 법전을 세상에 내려보내니, 너희
들이 나의 법전 한 권을 정독하고 깨
우쳐 그 의미를 나의 뜻에 맞춰 해석
하고 이해하며 너희 생활을 바로잡아
가는 것이 바로 하늘에 쌓는 보물이니
라.
21 내가 너희들에게 성령으로 내려 준 것
을 너희들이 지키고 순종하며 거역하
지 아니하며 나의 뜻이라 믿으며, 거
기에 따라서 내가 명한 것을 너희들이
그대로 실천하고 살아가는 모습으로
변하는 그 양이 곧 무엇이더냐?
22 나를 기쁘게 함이요, 나의 뜻에 순종
함이니, 너희들은 그것이 하늘나라의
창고에 보물을 쌓는 그와 같은 역사임
을 알라.
23 그 보물이라는 것이 무엇이더냐?
24 어찌하여 그 재물이 육의 세상을 벗어
나 영혼의 세상에까지 와 그 효과와
그 능력을 발휘한다 생각하는가?
25 감히 생각지도 말라.
26 재물이라는 것은 너희들이 욕심을 가
지고 있으며 시기와 질투와 모든 악의
근원이기에, 너희들은 육의 세상에서
그 악의 근원을 제거하며 사는 훈련을
나로부터 받아 육의 세상에서 모두를
끝내는 것이니,
27 하늘에 있는 너희들의 보물 창고에 그
득히 쌓아 놓는 것은 바로 나의 법전
한 권 한 권을 너희들이 정독하며 그
뜻을 깨우치는 그것이 하늘나라의 보
물 창고에 보물을 그득히 쌓아 놓는
것이니라.
28 나의 법전을 너희들이 몇 권을 읽어서
얼마나 깨우쳤으며 얼마나 정독했으
며 이를 몇 번 반복하여 읽어 깨우쳤
느냐에 따라 그것이 너희들이 말하는
하늘나라의 보물 창고에 보물을 쌓는
것이니, 이제 하늘의 보물의 뜻을 알
았다면, 나의 법전을 가슴에 안고 정
독하고 또 정독하여 너희들의 보물을
그리 쌓아 놓으라.
29 너희들이 재물을 바쳐 가지고 재물의
손실을 보면서, 육의 삶에서 어렵게
모은 그 재물을 갖다 바치면서 그 재
물이 보물로서 하늘에 쌓이는 것이 아
니니라.
30 너희들이 시간을 내어 시간 나는 대로
나의 법전을 읽고 깨우쳐 그 깨달음을
얻어 행하는 그것이 하늘에 쌓는 보물

이니라.
31 읽는 것도 하늘에 쌓는 보물이요, 그
뜻을 깨우쳐 그리 행하는 것은 더 값
진 보물이니라.
32 수천수만 가지의 보물의 종류가 있듯
이, 너희들이 나의 법전을 읽고 깨우
치는 그 양에 따라서 그 보물의 빛이
찬란하게 나고 나지 않음이니, 하늘에
보물을 쌓는 뜻이 여기에 있으며 제3
의 시대에 이루어짐을 알라.
33 나의 아들 예수의 시대에도 너희들이
암흑의 세계였으니 그 암흑의 세계에
서 어디 보석이 있으며 진주가 있는가?
34 그리하여 쌓아 놓을 길이 없으며 쌓을
수도 없음이니라.
35 내가 나의 성령으로써 세상에 내려와
직접 너희들을 통제하고 가르치며 깨
우치는 지금의 나 여호와의 시대만이
그 보물을 쌓아 놓는 그 역사가 이루
어짐이니라.
36 이제 너희들이 법전 한 권을 읽는 것
이 보물임을 알라.
37 그리고 나의 아들이 6일 만에 법전 한
권을 세상에 내는 것이 너희들의 그
육의 세상에 금괴 하나를 쌓아 놓는
것보다도 더 기쁘며 더 영광이라는 것
을 너희들이 값는 마음으로 너희 자신
들의 마음을 그리 다스려야 될 것이
며, 그와 같이 법전 한 권 나오는 것을
너희들이 소중히 알아야 될 것이니라.
38 그리하여 너희들은 이를 읽고 또 깨우
쳐 하늘에 보물을 그득히 쌓아 놓는
영광을 얻도록 그리하라.
39 그것이 너희들의 심판의 기준이니, 바
로 변화되어 너희들이 깨닫는 것이 심
판의 기준이 아니더냐?
40 이 답은 너희들이 나의 심성으로 변하
는 것이며 천사와 같은 마음으로 변하
여 사는 것이니, 바로 너희들이 보물
의 양에 따라서 심판을 받는 그와 같
은 역사의 흐름이니,
41 이제 이 시대에 그것이 이루어짐이니,
진정한 뜻을 너희들이 알았을 것이니,
이 뜻을 너희들 가슴에 깊이 심어 너
희들의 마음에 동요함이 없이 그리하
라.

부 록

【하나님께서 가르쳐 주신 운동】

천재지변이 일어날 때, 동물이나 미물들은 미리 알고 대피하지만, 인간은 알지 못하고 큰 화를 당합니다. 하나님께서 인간에게 가장 높은 지혜를 주시고 완벽하게 창조해 주셨기에 동물들보다 더 잘 알 수 있지만, 욕심으로 마음이 혼탁해져서 한 치 앞을 보지 못하는 것입니다.

마찬가지로, 인간은 누구나 스스로 필요한 운동을 해서 건강을 지킬 수 있도록 하나님께서 만들어 주셨습니다. 우리의 머리에서 우리 몸에 필요한 동작을 해 달라고 끊임없이 신호를 보내지만, 인간이 혼탁하게 살아서 그 신호를 알아채지 못합니다. 그러니 자연스럽게 자기 몸이 원하는 그 신호를 따라서 운동하는 것이 하나님께서 가르쳐 주신 운동 방법입니다. 바로, 우리의 영이 육을 이끄는 운동입니다.

▶ 하나님 운동법

1. 눈을 감고, 발을 어깨너비로 벌리고 바르게 선다.
2. 몸에 힘을 풀고, 허리를 숙이면서 손과 머리를 아래로 내린다.
3. 허리를 펴고 싶을 때, 천천히 펴면서 하고 싶은 동작을 하면 운동이 시작된다. (사람마다 다르다.)
4. 멈추지 말고, 어떤 동작이든지 자기 몸의 느낌대로 계속 이어서 한다.

▶ 참고 사항

① 눈을 감은 상태로 아무 생각 하지 않고, 자기 몸의 느낌대로 움직입니다.

② 마음을 비우고, 욕심을 버리고, 지난날의 잘못을 반성하면서 몇 차례 시도하다 보면, 자기도 모르게 하고 싶은 동작이 끊임없이 생깁니다.

③ 운동 장소는 방 안이든 운동장이든 관계없으며, 걷거나 달리고 싶을 때는 눈을 떠도 됩니다.

④ 매일 40분 이상, 주 4회 이상, 3개월 이상 하면 음식 조절에 들어갑니다.
- 음식으로 생긴 병은 음식으로 치료하게 되며, 어떤 음식을 먹어야 하는지 스스로 알게 됩니다.
(자기 몸에 필요한 음식만 먹고 싶어집니다.)

⑤ 사랑하는 사람과 함께 운동하면 서로 치료해 주기도 합니다.

⑥ 운동을 하다가 몸의 어느 한 부분을 계속 손으로 자극한다면 그쪽에 이상이 있는 것이니, 의사에게 상담을 받고 적절한 치료를 받으면 됩니다.

⑦ 다이어트 및 기타 건강관리에 효과적입니다.

⑧ 꾸준히 운동하여 영이 맑아지면, 자신의 과거와 미래를 스스로 보게 됩니다.

누구나 스스로 하실 수 있습니다.

간행사

《새로운 성경》은:

· 새로운 성경은, 하나님께서 선량하고 선한 자를 선택하여 십계명을 암송하도록 하시고, 십계명을 암송한 다음에 음성으로써 들려주시는 말씀을 듣고 그대로 카세트테이프에 녹음해서 받아쓴 책입니다.

· 90분짜리 녹음테이프 700여 개에 달하는 말씀으로, 1999년 8월부터 2004년 7월까지 총 160권(권당 288쪽)을 완성하였으며, 그 이후에도 현재까지 계속 말씀을 내려 주고 계십니다.

· 새로운 성경은 "하늘을 두루마리 삼고 바닷물을 먹물 삼아 쓰고 써도 다 못 쓴다"는, 끝없이 방대한 하나님의 말씀이 두루마리로 직접 내려오는 것입니다. 이러한 새로운 성경은 구약과 신약을 폐하려는 것이 아니라 "인봉된 성서의 비유의 뜻"을 상세히 설명하여 완성하고자 하나님께서 직접 내려 주신 말씀입니다.

《새로운 성경》의 구성:

· 제 목: 2013년, 160권 모음집을 발간하면서, 본 도서의 제목을 "하나님! 말씀하옵소서"에서 《새로운 성경》으로 명해 주셨습니다.

· 단행본: 각 권당 288쪽(신국판) 책이 160권까지 시리즈로 출판됩니다.
(모음집은 단행본을 16권씩 묶어서, 총 10부로 구성됩니다.)

《새로운 성경》의 성경적 근거:

· 신약 성경 [요한복음] 16장 13절에 "진리의 성령이 오시면 그가 너희를 모든 진리 가운데로 인도하시리니 그가 자의로 말하지 않고, 오직 듣는 것만을 말하며" 하신 말씀처럼 하나님의 음성을 들은 것만 기록하였으며,

· "장래 일을 너희에게 알리시리라" 하신 말씀과 같이 개인, 나라, 인류의 "장래"일을 하나님께서 알려 주시는 것만 기록하여 책으로 만들었습니다.

《새로운 성경》의 기록 방법:

· 1999년 8월부터 하나님께서 저에게 들려주시는 음성을 기록하였습니다. 처음에는 제가 들은 말씀을 불러 주면 저의 아내가 기록하여, 2000년 1월 29일에 1권 초판이 세상에 나왔습니다. 2000년 4월부터는 주시는 말씀을 받아 녹음기에 기록하여 시리즈로 출간하기 시작하였습니다.

· 녹음을 시작하면서 하나님의 말씀을 받는 데 가속도가 붙었고, 2001년 5월 3일에 1부(1~16권까지)를 인쇄하여 출판하였으며, 2004년 7월까지 총160권 분량의 말씀을 받아 기록하였습니다.

하나님께서 저에게 주신 것은:

· 첫째, 만백성을 상대로 내려 주시는 "기도", 둘째, 수시로 내려 주시는 "묵상", 셋째, 개인의 과거, 현재, 미래를 알려 주시는 "개인 기도", 넷째, 개인의 건강을 위해서 내려 주시는 "음식 처방", 다섯째, 하나님께서 가르쳐 주신 "운동"등이 있습니다. 이 중에 첫 번째, "기도"를 책으로 편찬하였습니다. 사람의 생사, 개인의 미래에 관한 천기는 수록하지 말라 하셨습니다.

강론 안내:

· 하나님께서는 지금도 매일 저에게 새로운 하늘의 비밀의 말씀을 내려 주고 계십니다. 수시로 내려 주시는 말씀을 정리해서 제자를 육성하라는 말씀에 따라 매주 강론을 하고 있습니다. 누구나 무료로 들으실 수 있습니다. (book160.com)

《새로운 성경》을 읽는 분들에게 드리는 선물:

· 개인 기도: 개인의 과거, 현재, 미래에 관하여 말씀을 내려 주십니다.

· 음식 처방: 사람은 음식을 먹고살다가 건강을 잃으니, 음식과 운동으로 건강을 되찾는 방법을 알려 드립니다. 단, 하나님이 계심을 믿고, 십계명을 지키겠다고 진실로 서약하는 분들께 알려드립니다.

《새로운 성경》의 은혜와 기적:

· 새로운 성경 전160권은 16권씩 묶어서 총 10부의 모음집으로 구성됩니다. 모음집 한 부를 읽고 깨우치는 자에게 하나님께서 다음과 같은 기적이 있다고 하셨습니다.

· "첫째, 그가 죽어 하늘에 갔을 때 그의 죄를 묻지 아니하며, 구원을 받는 위대한 은혜가 있으며, 둘째, 그의 소원과 소망이 이루어지고, 셋째, 죽은 자(부모, 형제, 자식, 사랑하고 은혜 입은 분)의 이름으로 구입한 책을 읽고 누군가 한 사람이 깨우칠 때, 그 죽은 자가 지옥에서 천국으로 구원을 받게 되며, 넷째, 유산, 중절 수술 등으로 태어나지 못한 아이를 위하여 구입한 책을 보고 한 명이 깨우쳤을 때, 그 아이가 사람으로 다시 한 번 태어나는 은혜를 받는다."

· "새로운 성경"을 3회 이상 정성을 다해 정독하는 자, 성서의 비밀을 알게 되고, 세상의 이치를 알게 되며, 세상을 지배하고 통제할 수 있는 지혜를 다 얻게 된다고 하셨습니다. 이 책은 만백성이 정독하고 이웃에게 전하여, 평생 가슴에 묻은 슬픔과 고통의 짐을 벗고 미래를 위한 힘찬 삶을 살아가도록 하는 책입니다.

끝으로

· 하나님께서는 흰 눈이 세상을 덮듯이 새로운 성경을 온 세상에 전하라고 하셨습니다. 《새로운 성경》을 각국어로 번역해서 온 인류에게 구원의 길을 깨우쳐 주고, 그 수익으로 가난하고 어려운 백성을 구제하여, 만백성의 영과 육을 함께 구원하는 선지자의 임무를 수행하라고 저에게 명하셨습니다.

· 하늘에서 내려 주신 말씀의 보화를 만백성에게 나누어 주는 것이 선지자의 임무라고 하셨습니다. 새로운 성경을 통해서 얻는 재물을 사용할 곳도 하나님께서 일일이 명해 주십니다. 모든 재물은 저의 자의로 쓸 수 없고, 하나님께서 명하시는 대로만 쓰여집니다.

· 어떤 명분으로든 십일조나 각종 헌금을 거두어들이지 말라 하셨으며, 국내뿐 아니라 각국에 성전과 단독 서점을 운영하며, 한국의 많은 젊은이들을 전 세계에 지도자로 내보내라고 하셨습니다.

· 우리는 세계적으로 새로운 성경을 보급하며 어려운 이들을 돕는 역사를 해 나갈 것입니다. 지금까지 비록 몇 명 안 되는 제자들과 함께 이러한 일을 역사했지만, 앞으로도 계속 하나님께서 기뻐하시는 일들을 해 나갈 것입니다. 부족한 저희에게 여러분들의 지혜와 성원을 보내 주시기를 바랍니다. 많은 분들의 참여와 도움을 간절히 기다립니다. 감사합니다.

한국어로 내려온 《새로운 성경》 단행본을 출간하며
2016년 4월 10일

발행인 **김 용 철**

한국어로 내려온

새로운 성 경 · 3부 · 제44권

지은이 하나님 말씀
대역자 김용철

초판인쇄 1쇄 2009년 11월 21일
재판인쇄 1쇄 2017년 4월 3일

펴낸 곳 도서출판 하얀마음
등록번호 제 10-2107호 (2001년 2월 14일)
주소 서울시 노원구 덕릉로86길5, 2층
전화번호 02) 313-1114
팩스 02) 393-5554
전자우편 book160@hanmail.net
편집위원 조나영 김미향 이석교
제작지원 김철종 조현숙 김영환 이계숙

도서상담 1600-7527
ISBN 978-89-5875-144-1 (04230)
978-89-5875-100-7 (세 트)

값 10,000원
잘못된 책은 구입하신 곳에서 바꾸어 드립니다.

※이 책은 10부로 제작되며, 각 부 16권씩 총160권으로 구성됩니다.※

1부	2부	3부	4부	5부	6부	7부	8부	9부	10부
1권	17권	33권	49권	65권	81권	97권	113권	129권	145권
2권	18권	34권	50권	66권	82권	98권	114권	130권	146권
3권	19권	35권	51권	67권	83권	99권	115권	131권	147권
4권	20권	36권	52권	68권	84권	100권	116권	132권	148권
5권	21권	37권	53권	69권	85권	101권	117권	133권	149권
6권	22권	38권	54권	70권	86권	102권	118권	134권	150권
7권	23권	39권	55권	71권	87권	103권	119권	135권	151권
8권	24권	40권	56권	72권	88권	104권	120권	136권	152권
9권	25권	41권	57권	73권	89권	105권	121권	137권	153권
10권	26권	42권	58권	74권	90권	106권	122권	138권	154권
11권	27권	43권	59권	75권	91권	107권	123권	139권	155권
12권	28권	44권	60권	76권	92권	108권	124권	140권	156권
13권	29권	45권	61권	77권	93권	109권	125권	141권	157권
14권	30권	46권	62권	78권	94권	110권	126권	142권	158권
15권	31권	47권	63권	79권	95권	111권	127권	143권	159권
16권	32권	48권	64권	80권	96권	112권	128권	144권	160권